元寇役の回顧

紀念碑建設史料

太田弘毅 編著

錦正社

元寇紀念碑――亀山上皇銅像――（福岡市博多区東公園）

正面からの銅像（編著者撮影）
於福岡市博多区東公園――旧称、千代松原――（2008年8月現在）。

台座にある「敵国降伏」の銅銘（醍醐天皇の宸筆を有栖川宮熾仁親王転写）

亀山上皇銅像

元寇記念碑建設の位置は、明治二三年二月、官許を得て福岡市東公園に選定された。ついで福岡城の外廓堡塁の廃址を購って巨大の石材を搬運し、記念碑の基礎とした。同年四月二日起工式を挙行。同三二年にはいって記念碑の設計を定め、碑頂上に推戴する銅像模型の製作に着手。像は亀山上皇の銅像で、容貌装束は各地社寺等所蔵の当時の遺物と考古学者の考証にもとづき、福岡市出身の彫刻家山崎朝雲（一八六七―一九五四）が考按意匠にあたり、三五年九月模型を竣工した。模型は三六年に東京九段の遊就館に遷して拝観に供し、賞賛を博した。ついで鋳造地佐賀市の谷口鉄工所に遷し、鋳造にかかった。鋳造の料として、滑腔砲・野戦砲等大小砲身二二箇の下付を得、三七年八月銅像の鋳造が終り、日露戦争で旅順の攻略眼前に迫った一二月二五日、除幕式が挙行された（『元寇紀念碑来歴一斑』）。

（川添昭二『蒙古襲来研究史論』、一三九―一四〇頁）

刊行に寄せて

湯地丈雄（一八四七―一九一三）は後半生を元寇紀念碑建設運動に捧げた篤志の士であるが、現在では全くといえるほど忘れられ、埋もれた存在となっている。

編著者太田弘毅氏は蒙古襲来と倭寇の研究で夙に知られ、それぞれ専著を世に問うている。傍ら湯地丈雄に関する文献の収集に努め、このたび関連史料を含め、『元寇役の回顧――紀念碑建設史料――』刊行の運びとなった。

本書によって湯地の人物と業績が世人に認識されることになれば、まことに喜ばしい。古い知己として、編著者永年の労を多とし、広く人々に迎えられることを祈る次第である。

平成二十一年八月

安岡昭男

序

本書は、元寇紀念碑建設運動——建碑運動とも略称される——についての史料集である。元寇紀念碑建設運動とは、湯地丈雄を首唱者として、明治時代になされた。元寇役——蒙古襲来——を回顧しながら、護国——国防——思想の高揚を図るものであった。具体的には、亀山上皇銅像の建設に伴う、護国運動であった。

本書の主題を、『元寇役の回顧』としたのは、次のような理由による。湯地丈雄を中心とする人々が明治時代において、「元寇役」——蒙古襲来、文永役・弘安役——を「回顧」し、ここから〝歴史の教訓〟を得た上で、強力なる護国運動を展開したことによる。このような経緯を、簡潔に表示しようとして、『元寇役の回顧』と付し主題とした。さらにその副題を、「紀念碑建設」運動についての「史料」集を意味する、「紀念碑建設史料」とした。そもそも、元寇紀念碑建設運動は、護国運動の象徴として、「紀念碑」——元寇紀念碑——「建設」を標榜し、実際に「紀念碑」を「建設」したのである。したがって、それに関する「史料」の集成という意味に鑑みて、このようにした。

元寇役を回顧するとは、どのようなことなのか。元寇役の際に身を以て国難に代わらんと、その決意を示された亀山上皇や、鎌倉幕府を指導して国難を克服した北条時宗、そして、善戦・敢闘して日本を死守した鎌倉武士を、賞讃する運動にほかならない。元寇撃退を再評価する運動と、言い換えてもよい。鎌倉時代の昔の出来事を回顧することによって、そこから〝歴史の教訓〟を汲み取ろうとする、一大国民運動でもあった。〝歴史の教訓〟を得て、明治時代における護国思想の高揚を叫ぶところに、その運動の目的が、定められた。因みに、この運動の中心と目され、象徴的存在となったのが、元寇紀念碑——亀山上皇銅像——建設であった。

元寇紀念碑建設運動を発議・推進した人物は、「元寇紀念碑建設首唱」――あるいは「元寇紀念首唱」――の肩書を持つ湯地丈雄であった。さらに、湯地丈雄を助けたのは、矢田一嘯画伯や佐野前励師（日菅上人）等の人々であった。本書では、湯地丈雄・矢田一嘯画伯および佐野前励師に関係する、各種文献や絵画あるいは、伝記等を史料として収集し再録した。

具体的には、「元寇紀念碑建設首唱」の肩書を有する、湯地丈雄の著作が中心となる。湯地丈雄自身、多くの書物――小冊子が多い――や、編纂物を記し、広告ビラをも作成、それらを自分で発行している。出版元から公刊されている本もあるが、元寇紀念碑建設事務所名で出版されているものも多い。とにかく、これらの書物や編纂物・広告ビラそして、当時の新聞などから史料を集め、項目を立て整理分類した。

湯地丈雄等が、元寇紀念碑建設と護国運動を行なうに当たり、力を入れたのが全国行脚である。最初は「護国幻灯会」と名づけ、幻灯を使用しての講演会を行なっている。後に矢田一嘯の描く大油絵――パノラマ画・テンペラ画――を、日本全国に運搬して、それぞれの土地で展覧会・講演会を催すことになるのだ。その際元寇役の回顧に、大きな役割を果したのが、この大油絵――パノラマ画・テンペラ画――であった。この大油絵――パノラマ画・テンペラ画――は、総数十四枚のシリーズ物である。この元寇役を描いた歴史画を、絵画史料として、本書に収め得た。このことは、現代の我々も、元寇役を回顧するのに、大きな力となる。本書が、元寇役の回顧のための、文字による史料集の一面と、絵画による史料集――写真集と呼んでもよい――の一面を、併せ持つと言っても誤りではない。

そもそも、元寇紀念碑建設運動と、それに伴う形でなされた、護国運動関係の生の史料は少ない。十四枚の大油絵――パノラマ画・テンペラ画――についても、残存する史料は稀少である。十四枚の大油絵――パノラマ画・テンペラ画――は、写真集として何回か別々の出版社から、出ていることは確かであるが、古書市場にも滅多に出ない。なにしろ、明治二十〜四十年代にかけて刊行事業が行なわれているので、その当時に出版された書籍類や小冊子、あるいは広告ビラなどが、時の経過もあってか残存していないのである。本書に収め得た各種史料も、国会図書館にしか所蔵されていない史料がほとんどであった。湯地丈雄自身は、多くの本——小冊子であるが——を書き、自分で出版している例は多いのであるが。所蔵していない点では、長い歴史を有する大学図書館も例外ではない。したがって今ここに、本書を編纂著作して、当時の元寇紀念碑建設運動と護国運動に対して、史料的に光を当てる作業の意義は十分にある。

なお、本書を刊行することに当たり、多くの方々にお世話になっている。明治時代史研究の第一人者で、その視点から、本書刊行の意義を、評価されたのが、安岡昭男先生である。本書のために、「刊行に寄せて」を頂くことができ、光栄の至りである。並びに、本書の第一部に収めた史料『元寇紀念碑来歴一斑』のコピーをお送り下さったり、その他いろいろと長年にわたり、元寇役・元寇役研究史全般にわたって、御指導をいただいている斯界の権威川添昭二先生。さらに、このたび本書に収録し得た『十二歳の初陣』や、その他の軍歌の数字譜から五線譜への転写表記について、御教示下さった二人の音楽家。即ち野口玲子氏と青木裕子氏。また、本書が引用した、あるいは参考とする各種の史料を、捜索するのに協力を惜しまず、実際に探し出して下さった仙石和道氏と岡野充氏。そして、いつも激励して下さる、水軍史の専門家たる佐藤和夫氏。それぞれの皆様に対し、厚く御礼申し上げ、ここに感謝の意を表する。

平成二十一年八月吉日

編著者　太田弘毅

凡例

一、本書では、「元寇」の文字を用いる。「元寇」は、「蒙古襲来」とも呼称されるが、本書において収録した各種史料では、「元寇」を使用する例が多い。したがって、「元寇」の呼び方を用いる。

一、本書の主題目を、「元寇役」としたのは、本書において「元寇」の文字を用いたという、叙上の理由に依拠したものである。

一、本書の副題を、主題を受ける形で「紀念碑建設運動史料」としたのは、元寇紀念碑建設運動の史料を集めたことから、このようにした。

一、元寇紀念碑建設運動を、紀念碑建設運動とも言うケースとともに、建碑運動という語も使用した例もある。

一、原史料中には、多くの漢字にルビを付している文献も多い。だが、特殊な表記をしている漢字や、難解な漢字にはルビを残すものの、それ以外の漢字のルビは原則として省略した。

一、多くの原史料には、句読点を打っていない例もある。このような文章は、今からこれら原史料を読解しようとすると、切れ目なしの文章となり、きわめて読みにくい。したがって明治時代当時の文章を、そのまま伝えることを考えつつ、句読点を付す作業を編著者の責任において適宜行なった。

一、史料の歴史的かなづかいは、そのまま残した。ただし、旧字体は現行の常用漢字へと改めた。変体仮名は、現在の表記に改めている。

一、引用した史料各種では、時には紀念を使用したり、ある場合には記念を使ったりしている。本書で引用転載する際には、原文の使い方をそのまま踏襲して、統一することはなかった。因みに紀念も記念も、両方とも通用する使い方である。

一、本書では、大きく第一部から第九部まで分け、多くの史料を整理し分類している。一つの史料をそれぞれの分類項目に従って、分割しているケースもある。付編として編著者の論文一編を、巻末部に置いた。

一、絵画史料として用いた大油絵――パノラマ画・テンペラ画――十四枚は、『元寇』（奥付なし）という写真集から転写した。もともと奥付がないので、発行所あるいは発行年については全く不明。この写真集を転写の原本としたのは、類書の写真集と比較して、最も鮮明であったからである。なお、十四枚の大油絵――パノラマ画・テンペラ画――それぞれに付した「図解」は、『元寇画鑑』から採った。また、それぞれの大油絵――パノラマ画・テンペラ画――に添付した「説明」は、『元寇画帖――護国記念精神教育――』から引用した。同書にも、同じ大油絵――パノラマ画・テンペラ画――が掲載されており、いわゆる説明を意味する一文が存在するからである。その他、『精神教育　元寇反撃　歴史画光栄録』という本にも、七枚に限定した「図解」があるので、適宜これも引用した。さらに、『国民教育元寇画』からも、解説部分二個所を引用した。

一、本書の引用・参考文献の中でも、最重要の大油絵——パノラマ画・テンペラ画——の転写原本たる『元寇』（奥付なし）は、編著者所蔵のそれを使用した。この写真集は、白黒——モノクロ——写真で、構成されている。

一、本書の引用・参考文献の中でも、最重要の『元寇画帖——護国記念精神教育——』（湯地丈雄）は、国立国会図書館蔵のそれを用いた。この原本の中の、大油絵——パノラマ画・テンペラ画——に付してあるべき、二個所の「説明」部分が、破損していて、引用不可能のケースもあった。そこでは『国民教育元寇画』の該当部分を用いて、その欠を補っている。

一、引用した史料には、それぞれ出典や頁数を明記した。ただし、『元寇』（奥付なし）および、『元寇画帖——護国記念精神教育——』さらに『国民教育元寇画』には、もともと頁が付けられていない。それゆえ引用に際し、頁の数字表記はしていない。また、『元寇画鑑』は、折本形式でこれまた頁がない。したがって、頁の表記をしていない。

一、本書は、史料を編纂した点では、太田弘毅を編者と呼ぶべきであるだが、付編として論文一編を加えている。したがって、太田弘毅を編著者とした。

目次

第三部　幻灯史料――初期の講演会は幻灯を携行――…… 75

第六部 絵画関連史料

付 編 論 文

元寇役の回顧

――紀念碑建設史料――

第一部　概観的史料

〔概観的史料1〕

○　元寇紀念碑建設運動の原点

同運動については、『伏敵編』編了のときに湯地によってまとめられたと思われる「元寇紀念碑建設紀年略表」（「記録」C所収）や、元寇記念碑つまり亀山上皇の銅像が福岡市東公園に建設され明治三七年一二月二五日、除幕式が挙行されたときに来会者へ配布された『元寇紀年碑来歴一斑』（明治三九年六月発行『福岡県全誌』下編所収）によってその概略を知ることができる。同運動は明治一九年五月湯地丈雄が福岡警察署長となって来任したことをきっかけとし、同二一年一月から本格的な運動にはいり、同三七年一二月、建碑を完成するに至ったものである。運動の発端はこうである。福岡着任後、湯地はその所管内を巡察し、蒙古襲来遺蹟として知られた粕屋郡志賀島の蒙古首切塚を踏査したが、所轄の数郡みな蒙古襲来反撃の古跡でありながら、一片の記念とすべきもののない状況を知り、これを嘆いて一大記念碑建設の事業を企てるに至った。これが運動の発端であるが、明治一九年八月、清国の北洋艦隊が長崎に寄港したときの上陸水兵の暴行事件をつぶさに見聞した湯地は、国民の敵愾心を発揚する必要性を痛感して、この運動をおこす決心を固めた。さらにこの年日本全土に猛威をふるったコレラの猖獗に際し、疫病の撲滅と地元民衆の保護にあたった湯地の脳裏には、蒙古襲来時における現地の惨害が生々しく想起され、運動開始の決意をいやがうえにも固いものにしていった。なお、条約改正達成の意図から政府によって推進された欧化政策が明治二〇年、鹿鳴館に醜態化されて、国粋主義者からの反撃をうけるが、湯地の建碑運動も反欧化政策＝国権主義の歴史的文脈の中に位置づけられよう。

（川添昭二『蒙古襲来研究史論』、一一七―一一八頁）

註

「清国の北洋艦隊が長崎に寄港したときの上陸水兵の暴行事件」とあるのは、長崎事件とか長崎清国水兵暴行事件とか呼ばれる、日清間に惹起した大事件。この大事件が、湯地丈雄をして元寇紀念碑建設運動と、それに伴う護国――国土防衛精神の高揚――運動へと、駆り立てる動機となった。湯地丈雄にとっては、当時の大国である清国の存在が、かつて鎌倉時代の日本を睥睨し、ついに日本を侵略した元帝国の存在と二重写しとなっていた。それゆえに清国に対して、危機感をつのらせたのである。

〔概観的史料2〕

○　長崎事件――長崎清国水兵暴行事件――

日本と清国との関係は台湾琉球問題以来不和を生じ、朝鮮問題が両国の感情をさらに悪化させていたが、天津条約（明一八・四）で朝鮮における日清勢力の衝突は一応回避された。しかし明治十九年八月には長崎で清国水兵が日本巡査と乱闘事件を起こした。当時清国の誇る堅艦、定遠・鎮遠（ドイツ製・主力艦）に威遠・済遠を加えた北洋艦隊四隻は水師提督丁汝昌が率い八月長崎に入港滞泊していたが、十三日、上陸した清国水兵一名を暴行により日本巡査が清国領事に引渡した。十五日、清国水兵多数が上陸し巡査と衝突し士官一名・水兵四名と巡査二名死亡のほか双方に負傷者を多く出した。清艦大挙来援の風評も伝えられ、国民の対清感情を一時硬化させた。日清両国委員が長崎県庁で会審（九・六～一二・六）したが不調で、井上外務卿は交渉を東京に移し、清国公使徐承祖と折衝し、翌二十年二月八日、両国政府は、それぞれ自国の法律に照らして公平に処弁することを声明し、相互に撫恤金支給を約し、難航した長崎事件は落着した。

（安岡昭男『日本近代史』、増補新版、二八一頁）

〔概観的史料3〕

○ 長崎事件を報ずる当時の新聞

《解説》長崎事件を報ずる当時の新聞を、ここに引用しよう。長崎事件――長崎清国水兵暴行事件――については、当時の有様を新聞記事で知るのが、よい方法と思い、ここに転載する。「支那水兵暴行」事件は、日本の国論を沸騰させたようである。長崎事件を機に、日本人の対清国あるいは、清国人に対する警戒心・敵愾心は高揚した。湯地丈雄も、この事件を原点として、護国運動――元寇紀念碑建設をその象徴とする――に、後半生をかけて従事することとなった。次に掲げるのは、当時の新聞記事で、長崎事件の詳細を報じている。最新の報道さらに詳報と、新聞報道らしいスタイルで、事件の顛末を伝えている。長崎事件の後始末の談判は、清国側の強硬姿勢などで、ゴタゴタ続きで長びいたのだ。日清の交渉は難航した末に解決した。「談判やっと落着」の見出しがそれを示している。「日本側の判決下る」とあるのは、日本側による日本人に対する処分である。

・清国軍艦「定遠」の水兵、長崎で暴行〔明治19年8月15日東京日日附録〕

長崎電報〔八月十四日午後三時廿五分特発〕昨夜当港に碇泊の清国軍艦定遠号の水兵暴行をなし、巡査が取り鎮めんとしたる処、双方に負傷数名あり。

・清国水兵暴行の詳報〔明治19年8月18日　時事〕

支那水兵暴行の詳報〔長崎八月十七日午後特発〕　十五日の夜当市街にて、支那水兵大暴行をなせし原因は、元十三日の夜支那水兵四、五名、寄合町ラクイウテイ（楽遊亭か）にて酩酊の上乱暴せしゆえ、巡査その者を拘引せんとせし処、大勢の水兵群集し来たり、ついに巡査に負傷せしめたり。巡査も大勢集まり来たり、ようやくにして乱暴せし者は捕えたり。この時水兵中にも負傷一名ありたりとぞ。それより水兵二百名ばかり、右拘引せられたる暴行者を取り戻さんと、警察署の門前に蟻集したれども、警察署にては大勢の巡査門戸を鎖して厳重に固めたれば、門外の水兵は、ついに何事もなさずして引き取りたり。しかるに十五日の夜は、この晩の仕返しと見えて、支那水兵三百名ばかり廿名、三十名ずつに組をなして上陸し来たり、広馬場町の飲食店に群れを成し居り、通行の巡査を引き捕えてすこぶる侮辱を与えたり。この事の知らせあるや否や、大勢の巡査この場所に駆け付け来たれり。待ちもうけたる水兵は、大勢の巡査の来たるを見るや否や、いずれも日本刀或いは仕込杖を打ち振りて、たちまちに一名の巡査を切り倒したり。これより一場の騒動となり、水兵は皆八十名ずつ位に群れをなして、梅ケ崎町、浜ノ町警察署等へ押し寄せんと進行せり。この道筋にて通行の市民に大勢負傷せしめたり。巡査は道路に数十の人力車を列らねて塁となし防ぎ戦うたり。市民は皆門戸を鎖し屋根より瓦を投じて防ぎたり。それより市民はますます大勢となり、ついに水兵を四方八方に追い払いたり。この時支那水兵中士官即死一名、負傷三名、水兵即死三名、負傷五十余名あり。警察官の中には警部負傷三名、巡査即死二名、負傷十六名あり。市民には負傷十余名ありて、全く十一時に鎮定せり。その後、談判の模様未だ分からず。随分むずかしきこととならん。丸山近傍の市民は昨夜は皆、家財を取り片付けて用心をなし居りたり。

・談判やっと落着〔明治20年2月10日　時事〕

長崎事件落着　昨年八月、長崎に於いて支那水兵が暴行を行いたる事に付いては、両国政府より各委員を長崎に派して、その事実を調査せしめ、会議四十回の長きに及びたる末、委員会は中止となり、その後我が外務大臣と清国公使並びに李中堂との間にて往復商議を遂げ、ついに本月八日を以って双方ともその応に審理し、及び懲罰すべきや否やは、ともに両国司法庁に於いて、各自国の法律に照らして公平に斟酌所弁せしめ、互いにその審理処弁に干与せざらんことを約して、その局を結びたりと云えり。この事件たる是非曲直のある処、初めより判然明白なるものなれば、かく双方にて審理処弁することとなりし上は、清国政府に於いては必ず条理のある処によりて、その典刑を明らかにし、他より干与せざるを幸いとして、自国の罪人を曲庇するがごときことなかるべしと思わるるなり。

・日本側の判決下る（明治20年4月13日　東京日日）

長崎事件関係の被告人等は、長崎軽罪裁判所及び重罪裁判所において精覈（せいかく）の審理を遂げたる末に、左の宣告を受けたり。――（中略）――重禁錮一年六月に処せられたるもの一名、同九月に処せられたるもの一名、同六月一名、同三月一名、拘留三日一名、その罪を論ぜざるもの四十三名にて、全く処分の終結を告げたり。その罪の問うべきはこれを問い、宥すべきはこれを宥し、法律に照らして公平至当の裁判を下し、毫も正理に悖（もと）る所なきは、我が紙上に連載せる裁判言渡書にて明白なりとす。かく外交に於いては善隣の好誼を重んじ、裁判に於いては公直の司法を旨として、唯々正理に始終するを見て、清国政府が大いにこれに満足するは言を俟たずして知るべきのみ。我すでにかくのごとくなれば、清国に於いてもこの処分に関して、そのなし得べきの公直を示し、以って我を満足せしむるの望みあるを知るなり。これ豈に東洋の一美事にあらずや、読者以っていかんと思考するか。

（明治ニュース事典編纂委員会編『明治ニュース事典』、第三巻、五八七―五九〇頁）

〔概観的史料4〕

○　元寇紀念碑建設運動の経過

この運動は、明治二一年一月、湯地が自己単独の名で建碑義捐金募集広告を全国に配布したのにはじまるが、その広告の中に「此工成るの後一目瞭然見る者自ら我国権の重すへきを知り且之を拡張するに鋭意なると同時に将来を警戒する其効豈に小小ならんや」と述べており、この運動の国権主義的性格が明瞭によみとれる。湯地の唱道にしたがって朝野知名の士の賛同を得て、運動は軌道にのった。四月には発起者一〇〇名になんなんとし、委員一五名を選んで事務がとられることになり、五月、福岡県書記官・伯爵広橋賢光が事務委員長となった。以下この運動の開始当時の状況を「来歴一斑」から紹介しよう。「爾来専ら建碑の精神を天下に周知せしむるの方法を講し蒙古襲来に関する軍歌唱歌の譜を刷成し又は俚俗の耳に入易き小冊子を綴り幾多の費用を抛ち広告書と共に四方に散布したるもの幾万なるを知らす又一面には新聞に演舌に努めて人心を鼓吹するや漸く世人の耳目を聳動し東西有力の士之を賛成し府県枢要の各地に於て自然に事務所の起るものあるに至り東京大阪京都名古屋三重広島馬関長崎等一斉に運動を興し一時非常の好況をみて世人に迎へられ福岡事務所も殆んど其指揮統一を為す能はさるの情勢あり。」「俚俗の耳に入易き」小冊子というのは紫山居士著・中洲居士補『元寇反撃護国美談』（明治二四年一〇月、本文七四頁）である。佐野前励を先登とする日蓮銅像の建設も、この運動を契機としている。

同年一二月、事務委員長広橋賢光が内務書記官に転じて『伏敵編』編纂が開始されるに至ったことは前述のとおりである。建碑運動の詳細を述べる余裕はないので、その特徴的なことを若干述べておきたい。湯地は明治二三年三月、官を辞してこの運動に専心した。蒙古襲来に関する各種幻灯映画数十枚を作っていわゆる護国幻灯会を各地で開催し、矢田一嘯の手になる元寇大油絵十数枚を携えて全国各地で展覧会を開催している。円覚寺の釈宗演が、明治三六年四月五日、北条時宗の命日に祭典をおこなったおり、同祭典挙行に寄せた湯地の尽力を感謝しておくった感謝状に「特に蒙古大油絵の展覧並に愛国幻灯の開会等に於ける熱心懇篤なる御説明は、一同愛国の大精神を喚起せしめたる事と確信致候」と述べているが、湯地の運動の愛国的側面からする影響の深さを示すものである。湯地がおこなった元寇講話の聴衆人員は明治三四年一月で一〇〇万人に達していたといわれ、「四百余州を挙る十万余騎の敵……」の軍歌は全国津々浦々に歌われた。東京では義捐角力が起こり、大阪では元寇演劇が起こって、この面からも蒙古襲来に対する世人の認識は深められていった。湯地は自らの運動を「護国ノ大業」とし、「教育上ニ利セン」との観点から（「紀年略表」）軍歌唱歌の類を印刷散布し、護国幻灯会の開催、大油絵の展覧会、元寇講話等をおこなっていったのである。それら啓蒙的諸手段を通じての国民への教化力は広く強かった。湯地の運動に即してもう一度『伏敵編』編纂との関係を見直してみよう。前記「元寇紀念碑建設紀年略表」によれば、

抑モ紀念碑建設ノ事業ハ国家防護ノ感念ニ関シ頗ル大挙ナリ、其工未タ半ナラスト雖モ人心ノ帰向ハ日ヲ追テ進ミ、無形ノ紀念碑ハ既ニ国民脳裏ニ建テリ、伏敵編出ルノ後ニ於ケル人心ハ当ニ数倍スルモノアルヘシ、而シテ又紀念物ノ現出スルノ日ヲ待テ伏敵編ノ功ヲ顕ハスコト亦量リ知ル可ラサルモノアラン、

と述べている。すなわち、護国の大業としての建碑運動の内容をなすものは、国家防護の感念に関するものであり、建碑という物の造立をとおして、それを国民の脳裏に定着することが狙いであった。その意味から『伏敵編』編纂の功は量り知れないものであると評価されているのである。このことは同書編纂の思想的性格を示唆するものである。

（川添昭二『蒙古襲来研究史論』、一一八―一一九頁）

註

この〔概観的史料4〕は、元寇紀念碑建設運動・護国運動を、具体的に記述しており有益である。また的確に当時における運動の流れを、把握し叙述している。これを足がかり手がかりにして、さらにこの運動を分析するのにも、不可欠の史料と言えよう。

〔概観的史料5〕

○護国の義務――元寇紀念碑建設運動の根底にあるもの――

《解説》護国の義務とは何か。一言で言うならば、国土防衛――国防――の義務を、果たすことにほかならない。明治十九年に起こった長崎事件が、湯地丈雄をして護国運動――元寇紀念碑建設をシンボルとする――へと赴く原点となったのだが、「護国の義務」を説いている一文がある。護国思想の神髄が、ここにはある。

護国の義務は、上天子より下庶民に至るまで、苟も其国に生息する者、皆之を負担せざるはなきなり。古今東西孰れの国にても、国民この大義を重んじ、護国の精神に富める者は、能く其国旺興し否らざる者は、則ち其国遂に衰亡するを免かれず。往昔、希臘（ギリシア）、羅馬（ローマ）、の興りたるは、其国民の精神旺んにして而後に大に興り、又其亡びたるは其国民この精神衰へて而後に忽ち亡びたるものなり。近時、英、米、普、仏、露、等の暴に其富強を逞うし、波蘭（ポーランド）、印度（インド）、等の前後に亡滅し、埃及（エジプト）、土耳其（トルコ）、等の国勢日に衰兆を顕はし来るものは、亦豈に其国民が其国を護るの精神に消長あるに因るにあらずや。我が文永弘安の交、元の世祖忽必烈(コツピツレツ)、其祖、鉄木真(テムジン)が亜細亜諸国を併呑し、進んで欧州に侵入して、露西亜(ロシア)、匈加利(ハンガリー)、等を襲撃したる余威を持して、夙に宇内を席巻するの大志を抱き、遂に、支那、四百余州を掠奪し、朝鮮を属隷とし、一嚇十余万の大軍を発し、我日本を征服せんとするに方り、我国上下人心一致して、護国の精神凛然侵すべからざるものあり。彼の無礼を鳴らし、彼の不法を罪し、亀山上皇は尊き御身を以て、国難に代はらんことを大廟に祈禱あらせられ、時の執権北条時宗は断じて彼の牒使を卻け、辺海の防御を天下に号令し、勇将烈士、国家の為めに、楯となり、鉾となり、必死の決戦を以てさしも慓悍兇猛なる、十余万の元兵を一挙に圧殺し、彼の忽必烈をして肝胆寒からしめたるは、豈に千古の快事と謂はざるべけんや。若し不幸にして、当時我国人敵愾の気象に乏しく、腰を跼め、膝を折り、彼の威風を仰ぐが如き、卑屈手段に出づるもの之あらしめんか。我が金甌無欠の日本帝国は、此時に於て或は亡国の金宋たらずんば、即ち属隷の朝鮮たらんこと、亦未だ知るべからず。亦危からずや。亦危からずや。余此章を一読し慨然として之を附記す。

（湯地丈雄『元寇反撃　護国美談』、一一—一三頁）

〔概観的史料6〕

○一大紀念碑の建設を決意

《解説》一大紀念碑建設を決意することには、どのような意味があるのか。元寇役の回顧から、護国思想の高揚を図るとなると、具体的象徴物が不可欠となる。そこで考え出されたのが、そのシンボルとなる元寇紀念碑の建設だった。元寇紀念碑を元寇役に際して、戦場と化した福岡の故地に建設する営為が、最も効果的であった。

国に殉ずるといつても、国家はいま平和である。すぐさま身を捨てて尽すといふことは何もなささうである。しかし、人心は一見安らかであつても、それは無難の中で安眠してゐるに過ぎない安らかさで、本当の心構へが出来てゐての安住ではない。このままで、ひとたび大難に遭遇すれば、ひとたまりもなく砕け散る心もとない安逸である、まづ、この安逸に警鐘を打鳴らして、逞しい目覚めを与へなくてはならない。治にゐて乱を忘れぬ精神を培はねば、乱に遭つて乱を制する物心両面の用意を空しくし、偉大なる国難をひき起すことにもなるであらう。いまこそ民心を警醒し、国防精神の昂揚を計らねばならない絶対の秋である――。それにはまづ、この感慨の熱血をそそいだ福岡附近の土地をもつて、弘安四年のむかしに起つた外寇の惨禍と、これにたいして尽された忠勇義烈な国民の行動とを追憶させるために、その一大紀念碑を建設しよう――とわれに問ひ、われに答へて点頭(うなづ)きながら、見上る空はあくまでも浄い青さであつた。

（仲村久慈『湯地丈雄』、三四―三五頁）

〔概観的史料7〕

○　元寇紀念碑建設檄文の作成

それればかりではなく、文永弘安の両役といふものがどのやうなことであつたかさへ、はつきり知つてゐない人々が多かつた。いつの間にかこの大国難の歴史は世人の記憶から薄れ去り、忘れられてゐたのである。まして、何事もないのに、外敵などと言ひ出したので、そのやうな観念が全々なかつた人々には、狂人の寝言のやうにも響くのであつた。そして丈雄のことを誰いふとなく、〝元寇狂〟と呼んだ。――（中　略）――丈雄はすぐにでも署長の職を辞めて、一意この運動に献身したかつたのであつたが、着任して間のないことではあり、後任の人を得ないうちに辞めては自分の官職に対する責任が済まないので、心は早瀬のやうに急きながらも、凝と職を守つてその日の来るのを待つた。そして、明治二十一年一月一日、第一回の元寇紀念碑建設の檄文を草して、時の内閣各大臣や全国の新聞社に送つて同意を求め、その同志を募つた。

（仲村久慈『湯地丈雄』、三八―三九頁）

註

「明治二十一年一月一日、第一回の元寇紀念碑建設の檄文を草して」とあるが、これが「元寇紀念碑建設義捐金募集広告」（『元寇紀念碑来歴一斑』所収）にほかならない。この時点では、志賀島にある通称〝首切塚〟と呼ばれている地に、建設するつもりであった。また、この「広告」の挿絵には、馬上姿の北条時宗像を、碑上に配する予定でもあったため、そのように描かれている（後に建設地も、碑の上に置く人物も変更される。最終の建設地は、千代松原――現福岡市博多区東公園――である。そして碑上の人物は、亀山上皇となって、現在に至っている）。

〔概観的史料8〕

○『孫みやげ——日本無双紀念碑咄し——』

《解説》『孫みやげ——日本無双紀念碑咄し——』とあるが、「日本無双紀念碑」とは、元寇紀念碑にほかならない。「日本無双」の語に、元寇紀念碑建設にかける湯地丈雄の意気込みが、ここに見てとれる。湯地丈雄が、全国の心ある人々を奮起させるためと、元寇紀念碑建設への協力を求めるためにこの小冊子を作成した。一冊の広告宣伝用パンフレットであり、広く配布した。出版されたのは、明治二十二年六月十五日。その緒言には、「此編は俚耳に入り易すからん事を欲して作れるものなれば、敢て具眼識者の覧を求むといふにあらず。此外にも世間に知らせ度美談も続々有之集録中に候間、尚之に同感なる詩歌文章に至る迄寄送あらば幸甚」とある。一般の国民を相手にして、作成したもので、きわめて平易な内容。ここでは挿絵付きの「老婆と孫の咄し」「学校問答」そして「書生仲間の咄し」を摘記収録した。他に「官員仲間の咄し」とか、「金満家同志の咄し」があるが、挿絵部分は省略して、文章のみを引用した。この『孫みやげ』は、長期にわたり販売。販売広告には、「孫みやげ（三銭）、老婆と孫との問答、其他家庭教育にて、元寇歴史を知らしめ、軍歌唱歌を添て戦況を諳らんせしめ、元寇四十余年間の年表あり。外国人の感動来状あり。該歴史の名誉を明らかにす」（『増補　元寇反撃　護国美談』、六版、明治二十九年、末尾）とある。

・老婆と孫の咄し

（婆）坊ヤ此日本といふ国はネ、神国ともいふて宜い御国ダヨ、だから世界中の人が羨やみますヨ、六百年の往昔蒙古といふ大国の王様が、此御国を奪ひ取らうとして幾度も攻めて来た事がありますトカ、其時はネ天子様もお武家方も百姓町人も日本国中大騒ぎで、筑前の国博多といふ処の方角は、家も倉庫も皆んな焼き払はれ、沢山の人が殺されるやら、捕はれるやら今少しのこと、御国が蒙古の属国にならうとしたので、勿体なくも亀山の上皇様が、

老婆と孫の咄し

御自身に神様へも仏様へも蒙古退治の御祈禱を遊ばすやら、日本国中は誰れも彼れも一生懸命に軍をなさつた処に、俄に颶風が吹て、異人の艦が一晩の中に海の底へ沈んだから、運が強くて日本の勝利となりましたヨ、その軍の有様は、これを御覧なさい描いてありますヨ（蒙古襲来戦闘の状を描きたる国立銀行紙幣を孫の眼前に出せり、因に云ふ、最初第一より第三十二に至る国立銀行の壱円紙幣の発行高四百八十万〇九千二百〇八枚は皆な該戦闘の図なりト）能く目を覚して御覧ヨ、日本の出来てから此かた、こんなあぶない事はありませんヨ、だから御父さんや御兄さんや御姉さん方が日本国中の人と御相談なすつて筑前の博多へ大きな紀念碑といふものが建ちますから坊をつれて見に行きますヨ、楽しんでおいでヨ。

(坊) それでもお婆さん博多は遠いもの――。

(婆) ナーニそんな事云ふと人が笑ひますよ。遠いといふても今に鉄道が何処にも出来ます、又蒸汽船も通つておりますから、博多はおろか外国に行くにも、お隣りの様ですヨ、おまへも早く大きくなつて、御国の為に忠義をすれば、この通り日本国はおろか外国にも名が揚がり升ヨ。

学校問答

・学校問答

（教師）皆さん、我国の歴史上に於て国民挙つて同一の感覚を与へますは何事ですか

（生徒）明治十年西南の戦争であります

（教）ノー〱

（生）明治維新の戦争であります

（教）ノー

――〔中　略〕――

（生）蒙古襲来の事であります

（教）其襲来に大功を奏したるは誰が力であります

（生）亀山上皇の身を以て国難に代らんと伊勢の大廟に祈り給ひし畏き大御心と、鎌倉の執権北条時宗が英断果決の胆略でございます

（教）今日に至りどうしてこれを思ひ起しました

（生）我日本帝国憲法の万国に恥ぢぬやうに出来たるも畢竟彼の空前絶後の一大国難に当り君民一致、辛ふじて勁敵を退けし以来外敵のあなどりをうけず我国威の赫々たりしに基く事と稽ふれば誠に感慨に堪へません、昨日先生の御講義中に皮の存せざる毛将た安（いず）くに伝（つか）んと、古人の語を引いたお話も此道理に適する事と存じます、則ち我国の独

立を全ふしたればこそ此憲法も立派に出来ました、又今後国権も益々鞏固に、且つ拡張し得る事と存じます
（教）若し今日斯る国難の起りしならば皆さんどうなさいます
（生徒一同）身を以て国に殉ずる覚悟であります、苟くも歴史を読むからには、当時の事を面のあたり我身に受けて考へなくてはなりますまい、左ればにや昨年新聞に見えました通り筑前那珂郡井尻高等小学校生徒数百人が、歴史の講義を聴き感ずる所あり、各々其父兄に請ひて少しづつの銭を集めて元寇紀念碑建設費に義捐し、世人に感涙を流さしめたる美談も畢竟愛国熱心の致す所と存じます、及ばずながら我々も国家の独立を計る一人なれば予てこの覚悟を致しをります
（教）ヒヤ〱神功皇后の三韓征伐も秀吉の朝鮮征伐も、明治六年の征韓論も我日本人に対外進取の気象ありし事は勿論であり升、併し、国民として第一国難の有りし事を忘れてはなりますまい、又今後何時にも箇様の国難が起るかも知れませんから、学問をするにも商法をするにも何をするにも軍事のあるべき考へを抱くのが緊要であります
諸子は筑前那珂郡井尻校の生徒が唱へた軍歌を暗誦し得ますか
（生徒一同合唱する）

・書生仲間の咄し
（A）オイ君元寇紀念碑は何うか
（B）君ア知らんか、困るネー君ア無神経極る、少しパトリオチック（愛国心）の人間になり給へ、僕等ア君、固より貧乏書生だから大金を義捐する訳には行んが、一片の精神止む能はず遂に同志を糾合して少々づつの出金をし

書生仲間の咄し

たサ、郵便切手を代用で疾くに福岡の建設事務所へ送つたぜ、処がネー、僕等精神家の姓名は其頃の新聞紙上に赫灼たりサ、角力社会でさへ義捐するではないか、君も牛肉を一晩止めて義捐すべしダ、又外国人も此挙を賛成し続々出金するとは感心だよ、君、蒙古襲来絵詞、蒙賊記、元寇紀略、蛍蝿抄（けいじょうしょう）、外交志稿杯（など）を一読し給へ、日本国に生れて黙つて居られるものか、君、沖縄県の官民が対外の精神に富んだるを見給へ、建碑の義挙を聞くや否や直ちに協力して義捐金を送つたではないか、却て近きに居る内地の人がぐづぐづしては恥づるよ、当時モンゴリヤン（蒙古）の忽必烈が世界を併呑せんと欲したる猛勢は、各国歴史にも見ゆるぜ、君もしつかりし給へ、目今宇内（もくこんうだい）の形勢はどうだらう、学者も金持も共に同腹に成らなくては日本も危ひヨ。

・官員仲間の咄し

（甲）元寇紀念碑はエライ人気になりましたナー

（乙）されば実に空前絶後の事でありますから、御承知の通りこの義捐沙汰の多き中なれど、小官（わたくし）は疾くに郵便為替で、応分の金円を福岡の十七銀行へ振込みましたが、貴下はまだですか扨々御思案の深い事、守銭奴といはれては民間有志に恥ぢますヨ。

(甲) 固より小官も御同感です、敢て思案するに非ず同僚と申合せて不日纏めて送り升ヨ。

・金満家同志の咄し

(甲) 蒙古の紀念碑とかで、又寄附の咄が始まりましたが、お互様に少し顔がありますから幾許か出しませんでは、

(乙) 左様デス、併し今度の事は税金とも違ひますから構はんでもいいようなものですけれども、子供等が学校で歴史の話を聴いて躁ぎ立るから是非とも寄附をしなければ居られぬ様に成りました、毎度お勧めに預る神社仏閣の建立とか、保存とかの沙汰とは比べの出来ないものと、思ひ当つて見ますると、誠に尤も千万立派な企てでありますから私はツイ張込む気に成ましたヨ、処が、店の小僧までがこれを聞つけ、我も〳〵と少々づつ投げ出しましたから、是も一つに集めて寄附致しましたヨ、商人仲間に愛国心の無き杯と云はれ度ありませぬ、お前さんも今度は後年まで子供に笑はれぬ様に御気張なさつたが好ござりましよう、其払込向はネー、

福岡県福岡第十七国立銀行

同　筑紫銀行

東京府日本橋区小舟町第三国立銀行

同区　海運橋第一国立銀行

——〔以下、十一の銀行あるいはその支店名を列挙している。省略〕——

福岡元寇紀念碑建設事務所、又東京京都大阪の各出張所へ郵便為替で送ればようござりますヨ、烏渡此領収証御覧下されませ、私の顔に碍らぬ丈は致しましたヨ、

(甲) 御話にて益々感服いたします、私も、東京大阪の支店、北海道出張員へも申遣し御同様に奮発致させましょう。

（原著は未見。絵の部分は、湯地丈雄『国民教育元寇油絵大幅製作序言』、広告ビラ表面、文章は、仲村久慈『湯地丈雄』、四三一五三頁の該当部分から、それぞれ引用）

〔概観的史料9〕

○　最初の建碑予定候補地――〝首切塚〟の現状――

日将に没せんとす。紅影猶ほ海に残りて、静波に連射し、梢を伝ふる松の雫、吹き払ふ風に散る玉は、砂石（いさご）の中に転（まろ）び入る。是れぞ筑前国粕屋郡志賀島村の海岸なる、蒙古首切塚と称する古荒墳に非ずや。山は遠くして翠黛一髪（すいたいいっぱつ）、迎ふが如く、笑ふが如く、巌石起伏して、崩濤雪を捲く、残塁遺墟扶疎（ふそ）として、其間に参（まじ）はり、今日行人をして、懐古慷慨の涙を灑（すす）がしむるものは、是れ亦博多湾の海浜に沿ひたる古戦場に非ずや。噫当時の兄弟姉妹が、身を国家の犠牲に供し、猛火を踏みて辞せず、硝煙を冒して恐れず、丈夫（ますらを）の最（い）とも烈しき最後を遂げ、其名赫々として千載に亘りて朽ちざるものは、死して余栄ありと云ふべし。然るに我々祖先の国家の為めに、其身を犠牲に供したる、古戦場に一片の紀念碑と称するものなく、其功名を旌表（せいひょう）し、其雄魂毅魄（ゆうこんきはく）を寄するに足るべきものなし。豈に遺憾の限りならずや。古人の英霊をして知ることあらしめば、其れ将た何とか謂はん。噫我同胞兄弟は、何を以て古人に地下に見えんや。爰に元寇紀念碑建設の壮挙あるに際して、蒙古来襲の始末を略叙して、以て天下同志の士に告ぐと云ふ。

筑前旧誌略に曰、蒙古塚は志賀島にあり。志賀神社の中西の方、海岸に土人「クビキレ」と云ふ塚あり。これ弘安四年、蒙古の賊船博多をさして襲ひ来りし時、生捕りし賊を屠りて埋めたる所と云ひ伝へたり。明治十三年の春、伊太利亜ゼノア皇孫、此地に船を寄せて、居民に蒙古塚の有り所を問ひ臨視されたり。曾て聞き居られしにや。余又曾て蒙古塚を往尋せり。塚は志賀島の海岸に沿ひたる小丘にして、老松其上に蟠崛(ばんくつ)し、松下に小なる石地蔵尊を安置す。海中より遥に之を望めば、宛然(さながら)画図の如し。村民云ふ、此の地蔵は、昔より幾度之を作るも、忽ち何者にか其首を刎ねられ、全体を備ふることなし。故に土俗之を首切れ地蔵といひ、又た此塚を首切塚と云ふと。蓋し村民皆な其祖先が、昔時蒙古の来寇に苦しめられしことを、口碑に伝へ、之を憤怒するの余り、蒙古の塚なればとて、斯る振舞を為すことにや。又た此島には、単に蒙古塚と云ひ伝ふるもの処々にありて、残碑断碣(ざんぴだんかつ)野草の間に横たはれり。

（湯地丈雄『元寇反撃　護国美談』、三―五頁）

〔概観的史料10〕

○『元寇紀念碑来歴一斑』

《解説》『元寇紀念碑来歴一斑』は、元寇紀念碑建設事務所が、まとめた建設略誌。したがって、きわめて信憑性の高いものである。この史料は、その表題が示す通り、元寇紀念碑建設の過程を、重要史料を入れながら綴った重要文献。とりわけ、「元寇紀念碑建設義損金募集広告」や、資料集『伏敵編』の上梓の経緯、あるいはその前後の期間に並行して展開された、護国運動――護国精神高揚運動と呼称してもよい――の実情を、知るのには不可欠な史料。元寇紀念碑――亀山上皇銅像――除幕式の際に、来会者に配られたパンフレット。「元寇紀念碑は、全建設事務所が、多年の経営に係り、客年十二月廿五日、除幕式挙行の際、来会者へ配布せられたる『元寇紀念碑来歴一斑』を得されば、之を左に掲くる事となせり」（『福岡県全誌』下編、三三一頁）とある。

『福岡日々新聞』には、「東公園地に建設せられたる元寇紀念亀山上皇御銅像除幕式は本日を以て挙行の筈なり。因て同建設事務所に於て編纂したる来歴一斑を掲ぐることとせり」（同紙、明治三十七年十二月二十五日付、三面）とある。「同建設事務所に於て編纂とあり、湯地丈雄その人の手になる、信憑性の高い史料と言えよう。同紙はこの『元寇紀念碑来歴一斑』全文を、明治三十七年十二月二十五日付三面・十二月二十七日付三面、そして十二月二十八日付五面に、三回に分けて掲載している。また、『九州日報』も、この『元寇紀念碑来歴一斑』の冒頭部分一部を省いてはいるが、ほぼ全文を、分載している。十二月二十五日付二面・十二月二十七日付三面・十二月二十八日付四面がそれである。

我筑前の沿岸たる、元寇の古戦場にして、歴史的著名の地区に係ると雖とも、既に六百有余の星霜を閲し、其遺蹟の見るへきもの少なく、僅に粕屋郡志賀島に、蒙古首切塚と称し、海岸突たる孤丘上、数株の老松を戴く、古墳の存するものあるに、過きざるは、識者の常に、遺憾とする所なり。偶明治十九年、熊本の士湯地丈雄氏、職を福岡県警部に奉し、福岡警察署長たり。曾て其所管内を巡察して、此地に航し、島民の指導を得、此遺蹟を探り、当時を追懐し、低徊之を久矣。嗚呼文永弘安の役、畏も亀山上皇命を懸け、社稷を護らせられたまひ下には、西陲警備の勇将烈士、身を鴻毛に比し、激戦奮闘難に殉し、帝国の威武を、海外に耀したる名誉を、無窮に旌表し、且方今内外の国勢に鑑み、大に国民の敵愾心を涵養し、金甌を万億年に護するは、刻下の急務なりとし、茲に一大紀念碑建設の事業を企てたり。是元寇紀念碑の胚胎する所にして、往々之を有識者に謀る。人皆其挙を排斥せすと雖も、資金醵集の容易ならさるを顧慮し、倶に起て世に発表せんとするものなかりき。

二十一年一月、湯地丈雄氏意を決し、内外同志の士を求めんと欲し、自己単独の名を以て、建碑義捐金募集広告を、全国に配布す。其全文左の如し。

元寇紀念碑建設義捐金募集広告

我国古来、外寇の事を温ぬるに、三尺の童子も、蒙古襲来の当時を言はさるは無し。和漢年契を閲せよ。弘安四年、元大挙入寇。撃鏖(げきおう)之。彼れ至元十八年、師殲于大日本とは、則此役なり。其顚末に至ては、載て彼我の歴史上に照々たるを以て、爰に贅せす。而して其現状たるや、筑前国那珂・御笠・粕屋・怡土・志摩・早良等の数郡に跨り、博多湾の海浜に沿ひ、当時の戦場と称するもの各所に散在し、残堡塁断猶存すと雖も、既に六百有余の星霜を経、桑滄も啻ならす。好古有識の士にあらさるよりは、之を問ふもの稀なり。僅に粕屋郡志賀島村海岸に、蒙古首切塚と称するもの在るも、一小丘に両三の松ある而已にて、土人の指示を求むるに非されば、亦何物たるを知るに由なし。嗚呼空前絶後、如此外寇の衝に方り、勁敵(けいてき)を海隅に窮追し将を屠(ほうむ)り、士卒を鏖(みなごろし)し、彼不世出の豪雄を以て、宇内を睥睨(へいげい)したる、元の世祖忽必烈をして、肝胆寒からしめ、日本の威烈を、海の内外に輝したる名蹟を、独り土人の口碑に委し、之れか紀念とすへき一片の石たも留めさるは、豈に遺憾ならすや。蓋し四海同仁、均く是人也、誰か其命を重せさらん。唯国の為めに軽き而已。誰か後昆なからん。彼れも亦哭して天涯を望み、吊祭(ちょうさい)向ふ所を、知らさるの憾なかる可けんや。干茲広く同感の士と謀り、一大紀念碑を、此地に建て、以て古英雄の偉勲を、不朽に旌表し、魂魄(こんぱく)も亦帰する所あらしめんと欲す。殊に其海岸たる、汽船出入の咽喉にして、内外人過る毎に、要地名勝たるを称賛歎美するの海門たるに於てをや。果して此工成るの後、一目瞭然、見る者自ら、我国権の重すへきを知り、且之を拡張するに鋭意なると同時に、将来を警戒する其効、豈に少小ならんや。江湖愛国の志士、希くは幾分の資を投し、賛成助力あらんことを。

明治二十一年一月　　在福岡　湯地丈雄

対外的名誉事業の一ひ湯地丈雄氏に唱道せらる、や、朝野知名の士翕然として賛同し、当時陸軍中将第六師団長男爵山地元治・福岡県知事安場保和・陸軍少将第十二旅団長長谷川好道・福岡県書記官伯爵広橋賢光・同山崎忠門・福岡地方裁判所検事正木昇之助・粕屋郡長小野隆助・福岡区長山中立木・福岡県会議長吉田鞆次郎・九州鉄道会社長高橋新吉・銀行頭取小河久四郎・同磯野七平等の紳士名を、発起者に列し、建碑の成功に尽力すへきことを快諾せらる。先是在福岡退職陸軍中尉津田信秀・江藤正澄・渡辺檀・七里恒順・香山俊久等有力の諸氏、大に其挙を賛し、特に幹旋奔走の労を執り、創業に助力せられたり。

二月八日、元寇紀念碑建設事務所を岡新地福岡倶楽部に設置し、香山俊久氏を事務員とし、創立に関する諸般の事務を担当せしむ。仝月偶福岡県内に於て陸軍参謀旅行演習あるに会す。陸軍中将小沢武雄氏統監たり。御傭独乙人メッケル氏外一名之れか講師たり。伏見宮殿下・北白川宮殿下及、各師団参謀長以下参謀将校数十名、尽く県下に集る。而して其作戦方略たるや、我国外国と対抗の攻守に係り、土地は蒙古襲来の古戦場たり。歴史の存する所地理の関する所、当時企画の緒に就ける元寇紀念碑設立の精神と自ら相符合し、殊に両宮殿下并に諸将校の協賛を博したるは、発起者に無限の感動を与へたりと云ふ。

四月二十七日、第一回発起総会を福岡倶楽部に開く。会する者安場保和氏外十八名。此時に至り該事業を翼賛し、発起者たる者殆んと百名に達す。因て経営せる事業進捗の便を図り、総集会に於て委員十五名を選定し、発起者を代表し通常事務を処弁せしむ。五月伯爵広橋賢光氏を推して、事務委員長とし、津田信秀・渡辺檀・香山俊久・湯地丈雄四氏を以て、事務委員とし、事務所を福岡天神丁に移転す。

七月知事安場保和・福岡裁判所長原田種徳・書記官伯爵広橋賢光・同山崎忠門・収税長山形脩人・警部長中原尚雄諸氏の名を以て、全国諸官衙に建碑趣旨書を発送し、義捐金募集に関し、便宜を与へられんことを依嘱すると同時に、之れか賛同を求む。爾来専ら建碑の精神を、天下に周知せしむるの方法を講し、元寇反撃に関する軍歌唱歌の譜を刷成し、又は俚俗の耳に入り易き小冊子を綴り、幾多の費用を抛ち、広告書と共に四方に散布したるもの、幾万なるを知らす。又一面には新聞に演舌に努めて人心を鼓吹するや、漸く世人の耳目を聳動し、東西有力の士之を賛成し、府県枢要の各地に於て、自然に事務所の起るものあるに至り、東京・大阪・京都・名古屋・三重・広島・馬関・長崎等、一斉に運動を興し、一時非常の好況を以て、世人に迎へられ福岡事務所も、殆んと其指揮統一を為す能はさるの情勢あり。如上創業の際に方り、鋭意拡張を主とし、進取他を顧るに遑なく、各事務所所要の経費は、其収入を以て、其支出を償はさるに至りしは、甚た遺憾とする所なり。

日蓮宗僧正佐野前励氏、布教の為め九州を巡歴し途次、偶福岡を過き湯地丈雄氏を事務所に訪ひ、具に建碑唱道の由来を聴き談論風発。古今に互り意気相投し、満腔の誠意を以て、之を美挙とし曰く、我宗祖日蓮上人は蒙古襲来の外患を予言し、立正安国論を著し、一身を犠牲に供し、以て外寇の掃攘を祈願し、法徳を後世に発揮したる愛国心の凝結は、普く人の知る所たり。故に吾人上人の誠意を紹述し、奮て此事業に協定すへしと、誓約する所あり。此会合や他日佐野前励氏の主唱に係る、元寇紀念日蓮銅像の、元寇紀念碑と相対し、十里松原に聳立し人をして、其遺勳を追懐し、感奮興起せしめたる、事業発展の動機にして、今氏か発起者として、終始一貫尽瘁せらるゝ縁由とはなれり。

十二月、事務委員長伯爵広橋賢光氏、内務書記官に転任す。先是広橋伯、主として元寇史料編纂の業を起し、広く内外古今の文書旧紀を渉猟し、文学博士重野安繹氏と謀り、山田安栄氏に嘱して、元寇の事蹟を編輯し、名けて伏敵編と云ふ。蓋し官幣中社箱崎神社宸額の文字に取れるなり。引証精確記事詳細、観者をして其境を蹈むの思あらしめ、以て世道人心を益したるは、深く其労を多とする所なり。

二十二年一月、外寇防御の遺跡筑紫郡水城村水城堤畔に榜標して、（憂国の士少時車を停めよ）と大書し、国道通行者の目を惹き、以て元寇当時国難の状を、追懐せしむ。

二十三年二月、官許を得紀念碑建設の位置を、東公園千代松原に選定す。尋て福岡城の外廓堡塁の廃趾を購ひ、巨大の石材を搬運して、紀念碑の基礎とす。三月事務員湯地丈雄氏職を辞し、一身を賭して事業に委し、其初志を貫かんことを期す。四月、書記官猪鹿倉兼文氏を、事務委員長に推す。

四月二日、建碑起工式を、千代松原に挙行す。場の中央に祭壇を築き仮殿を設け、壮厳なる地鎮祭をなし、此日式場に列したるは、福岡及附近文武高等官以下数百人、及県立各学校職員生徒二千四百余名、武装して式に列し、威儀斉粛分列式を行ひ、退場すると同時に、進して箱崎海浜に集合し、海上に仮装せる敵艦に向ひ一斉に発火し、海潮を蹴て吶喊するの状、実に壮観を究め、数万の参観者、鯨波を揚けて之を讃し、其声海若を驚し、須臾にして敵艦尽く火焰を揚けて覆没す。於是凱歌の中に式を畢へ、来賓を祝筵場に導き、白沙青松の間に立食の宴を張り、頗る懐古の情を喚起せり。

五月、元寇に関する大油絵を製作し、伊勢大廟の傍に掲け、神廟参拝者の覧観に供し、当時の事蹟を全国に周知せしめ、併て世人をして治に居て乱を思ひ、敵愾心を喚起し、護国の観念を鞏固にせんとす。又湯地丈雄氏、元寇に関する各種幻灯映画数十枚を作り、護国幻灯会と称し、或は矢田一嘯氏の手に成る、大油絵拾数枚を携へ、展覧会を全国各地に開設し、孜々護国の観念を鼓吹すること十数年。南船北馬、席暖るの遑なく、苦心惨憺、一難を加ふる毎に勇気を倍し、三十四年一月に於て、元寇講話の聴衆百万人に達し、都鄙を論せす、幾百万の軍人学生（四百余州を挙る十万余騎の敵）なる、壮烈の軍歌を唱ふるに至り、国民の元気を作興したるは、同氏の熱誠亦与りて力ありと謂ふへし。

九月、事務委員長猪鹿倉兼文氏転任す。書記官山崎忠門氏を委員長に推す。

十二月福岡県に於て、有志者元寇紀念碑設立の趣叡聞に達し、宮内省より金壱千円、福岡県へ恩賜の栄を荷ひ、一同憾泣措く所を知らす。

二十四年二月、伊勢大廟の傍に掲けたる、元寇反撃油絵六枚を、学習院に寄附し、又仝油絵写真六枚及蒙古兜写真一枚を、宮内省に献納し嘉納せらる。

十月前、事務委員長伯爵広橋賢光氏の主として編纂に成る、元寇史料たる伏敵編を、宮中に献上し左の宣旨を賜はる。実に無上の幸栄とす。

宣旨

伏敵編

附録 靖方溯源

竹崎季長 蒙古襲来絵詞

右者今般献上相成候処国民必読之良著にて御満足被思召候旨
御沙汰候条此段申入候也
明治二十四年十一月廿六日　侍従長 侯爵 徳大寺実則
伯爵広橋賢光殿

二十五年三月曩に、各府県の要地に設置したる、義捐金募集出張事務所を廃止し、努めて経費を節約し、事務の錯雑を避け、該事業に係る事務は、総て県庁に於て、取扱ふものとし、属磯田正敬氏委員となり、福岡事務所委員津田信秀・木山惟貞二氏より、金銭簿冊其他事務の受授を了せり。此の時に当り前年以来政界の動揺、又は湖南の事変、尾濃の震災等天災地殃頻に起り、歎声野に満ち人心挫折し、事業の進捗に博しき影響を蒙り、乃ち漸進持久の方針を定め、募金の運動は時機の熱するを待ち、一時中止するの已むを得さるに至れり。

五月、委員長山崎忠門氏非職となる。警部長中原尚雄氏を委員長に推す。

二十六年三月、委員長中原尚雄氏非職となる。爾後委員長たることを諾するものなく、委員属磯田正敬氏、依然事務に従事せり。

二十七年十月、湯地丈雄氏、従来東京事務所に於て、取扱たる募集金に係る、収支精算書を携帯帰県し、委員属磯田正敬氏と共に、既往事務管掌の責任を明にし、将来の事務担任者に対する誓約書を、県知事岩崎小次郎氏に提供し、金銭物品の受授を完了せり。爾後建碑に関する事務を、庶務会計建築に分類し、庁務の余暇を以て、各課に於て分掌処弁せり。

二十八年七月、知事男爵岩村高俊氏委員長となり、書記官緒方道平・参事官山田邦彦、及湯地丈雄三氏を以て委員とし、義捐金の保管及収入支出は、一切県庁に於て掌理し、専ら建碑資金の増殖を図り、義捐金募集に要する運動費は、幻灯会若くは、油絵展覧会等の収入を以て之れに充て、建碑義捐金は、画然其経済を分離し、且各地方に於ける義捐金は、総て福岡県庁に宛、送金あらんことを、各府県知事及郡市長に通牒せり。

十月、建碑創始の際に方り、事業を翼賛し、名を発起者に列するもの、殆んと百名の多きに至りしも、年月を経るに随ひ、事業の消長と共に、冷熱の情自然に変更す。於是事業経営上必要に迫り、所在発起者磯野七平氏外五十七名に対し、創業以来の経過、及将来施設すへき経営に関し、熟議を遂くる為、時日を期し県庁に、参集すへき旨を報知したり。而して予定期日に至り参会するもの、僅に中尾伊作氏外十名に過きす。此会合に於ける参列者一致の意見として、該事業は去る二十一年以来複雑なる沿革を経、吾人発起者に於て、俄に議定し事業の進行を期し難きものあり。依て自今現在金品を挙て県庁に一任し、宮内省御下賜金を基礎とし、更に画策を立て、此事業を成功し、発起人等の初志を達せしめられんことを切望す、との議を決定し、茲に旧来の発起人は、一旦解散せり。於是委員長は、当日欠席の各発起人に対し、決議の要旨を通知すると同時に、日を期して意見の有無を問ひしも、一人の異議を提起したるものなかりし。爾来専ら義捐金の集纏を督励し、経済の状況を顧慮し、設計の範囲に於て、建碑地盤築造工事に着手し、之を竣成したり。

二十九年十一月二日、故対馬守護代宗助国に、従三位を贈られ、故壱岐守護代平景隆に、正四位を贈らる。蓋し共に是れ、元寇当時の驍将、絶海の孤島を死守し、奮て手兵を提け、幾百倍の敵を支へ、遂に刀折れ馬斃る丶に至り、従容として国難に殉したる忠烈を、嘉みせられたる特典なり嗚呼。聖恩の優渥なる、六百年前の枯骨を潤し、忠魂義魄、地下に瞑するの照代に遭遇し、誰れか感泣せさるものあらんや。

三十年一月、湯地丈雄氏会主となり、元寇殉難者贈位祝祭会を、東京上野公園日本美術協会列品館に開き、神仏両式を以て盛大に之を挙行したり。当日神祭には、権大教正平田盛胤氏祭主となり、次日仏式には東叡山輪王寺門跡、之れか導師となり、式中近衛軍楽隊の演奏ありて、多数の参会者は、厚く此挙に同情を表したりと云ふ。

三十一年三月、知事会我部道夫氏委員長となり、書記官入佐清静氏を副委員長に、参事官竹内熊二・技師鶴田多門・属戸田宣徳・属津田練太郎・属島田義亮・属神武良知・技師片山万治の七氏を、委員に指定し事務を分掌せしむ。

三十二年四月、知事及書記官の更迭あり。新任知事深野一三氏継承して、委員長となり、書記官谷口留五郎氏副委員長となる。此時に方り、義捐金の集纏漸く緒に就けり。乃ち紀念碑の設計を定め、碑頂上に推戴する、銅像模型の製作に着手す。像は亀山上皇の尊像にして、玉貌及装束は、各地神社仏閣等に宝蔵せる当時の遺物と、今代考古学者の考証に基き、美術界の名家たる彫刻師山崎朝雲氏か考按意匠に係り、幾多の辛苦を積み、三十五年九月模型を竣工せり。而して銅像鋳造の原料たる青銅、凡そ参千貫を要し、殊に尊像を奉戴するに依り、一種清潔の材料を撰み鋳造し、万世不朽に伝ん為め、二十七八年の戦役戦利品、其他軍用廃砲等の下附を、陸軍省に出願せり。

三十四年三月十六日、第十五帝国議会衆議院に於て、議員安部井盤根・鈴木重遠二氏に由て、元寇殉難者国祭に関する、左の建議案を提出せらる。越て二十四日、満場一致を以て、可決建議ありたり。

謹て惟るに、我が国紀元二千五百六十余年、未曾て外寇の侵略を受けたることあらす。若希有の例を史上に求むれば、唯り文永弘安の元寇ある而已。抑元の勢力欧亜二州を蹂躙し、遂に支那四百余州に君臨し、南進の余威に乗して、兵を我か九州に加へ、将に呑噬の欲を逞くせむとす。此の時に当り幸に上聖主あり、畏くも玉体を以て、神明に誓はせられ、下北条時宗の断あり。将卒士民赤誠身を致し、義勇国に殉するありて、以て克く此の外難を、危機一髪の間に救ふを得。国家之か為に独立を全す。蓋其の功績の偉大なる、史上豈比すへきものあらむや。今や時去り跡遠くして、人鬼祭られず、忠魂帰する所を知らす。唯元寇紀念碑建碑の挙に対し、曩に優渥なる恩賜あり。福岡県庁の保管に依りて、基礎工事既に成り、其の落成期して待つへき也。

然り而して、其の祭祀の典に至ては、殆と闕如たり。是忠魂を慰め、国家の元気を鼓励する所以にあらす。今維新前後の殉難者は、悉く国祭を享けさるなきに、独り元寇殉難者の此典に与らさるは、実に明治照代の闕典ならすや。政府は宜く相当の方法を以て、国祭の式を定め、永く追遠の典を挙けられんことを望む。

右建議す

三十五年十月、知事の更迭あり。新任知事河島醇氏委員長となる。十二月、書記官の更迭あり。新任書記官山田揆一氏副委員長となる。此の時に当り、建碑事業は創始以来、已に十五年の歳月を経過し、其間幾多の変遷を経て、荏苒今日に及ひ既往に徴し、将来を推し前途成功の日期し難きを憂慮し、殊に建碑に付嚢に福岡県に対し、宮内省より恩賜金拝戴の栄を荷へるを以て、当時の発起者は、勿論県民協力して速に之を完成し、積年の目的を達せさるへからす。然るに奈何せん、当時未た資金の充実せさるに依り、工事の進捗意の如くなる能はす。於是鋭意義捐金の集纏を図ると同時に、経済の整理を為し、土壇・盛土・石階段・煉瓦・基礎等の工事を進行せり。

先是前委員長深野一三氏は、事業困難の状を、佐野前励氏に告け、碑上に奉安すへき、亀山上皇の尊像模型彫刻及銅像鋳造運搬の事業を、負担せんことを謀る。佐野前励氏の義侠心に富める、奮て其嘱に応し、爾来鞠躬尽力模型漸く功を奏するに及ひ、忽ち日宗門の紛擾に関し、累を招き奇禍を買ふの不幸に陥り、氏か企画に係る日蓮銅像の経営と共に、一頓挫を生するの逆境に逢着せり。然れとも多年の熱誠は、益々確く耿々として犯すへからす。爾来季年ならすして、宗門の紛擾解決と共に、一時の冤を雪き、進んて力を建碑事業に致せり。

三十六年八月、河島委員長は、更に佐野前励氏に対し、尊像彫刻成工の上は、進んて銅像鋳造及運搬の業に関し、協約する所あり。此の時に方り尊像の木型既に成るを以て、佐野前励氏は、彫刻技師山崎朝雲及湯地丈雄二氏と謀り、官許を得て、尊像を東京九段坂上遊就館に奉遷し、公衆の拝観に供せしか好評嘖々、近代美術界の傑作として、賞賛を博せしは、聊山崎朝雲氏苦辛の労を慰するものありし。尋て京都及大阪等、衆庶の拝観を経る毎に、非常の盛況を以て歓迎せられ、鋳造地なる佐賀市谷口鉄工場に奉遷せり。先是河島委員長は、銅像原料の下附を、陸軍大臣に再願し、幸に陸軍少将大蔵平造氏・宮内省文事秘書官伯爵広橋賢光氏・貴族院書記官金山尚志氏等、特別の尽力を得。滑腔砲、野戦砲等大小砲身二十二箇を、遊就館より下付せられ、鋳造の料に供することを得たるは、当局及三氏に対し、多大の謝意を表する所なり。

三十七年一月、谷口鉄工場主谷口清八氏は、尊像鋳造に関し、佐野前励氏と契約を締結し、無上の名誉として極力大成を期し、孜々之れか準備を整へ、同年二月五日を卜し、尊像鋳造起工式を挙くるに方り、佐野前励氏は、佐賀に赴き委員長河島醇氏・副委員長山田揆一氏、及福岡日日新聞・九州日報両社員を、谷口鉄工場に招請し、式に臨まれんことを約せり。期日に至り恰も日露国交断絶し、海陸軍動員召集の命あり。全国民の意気衝天の時に一致し、河島委員長・山田副委員長共に、公務鞅掌の為、臨場を中止せられたるは、元寇紀念碑の寄縁として、深く感銘する所なり。加之本年は、恰も亀山上皇崩御より六百年に会し、元寇の役躬ら国難に当り、克く勁敵を殲滅し、彼をして復辺境を窺ふの念を絶たしめたる偉勲を追賞し、五月十七日、故正五位下北条時宗に、従一位を贈らる。而して今や征露の皇軍は、連戦連捷挙国敵愾心の磅礴(ぼうはく)するを機とし、苦心焦慮郡市長に協約するに、義捐金の集纒を以てし、鋭意工事の進行を促し、之れか成功を期せり。

八月十日、尊像の鋳造全く成り、佐賀より之を東公園に奉遷するや、河島委員長・山田副委員長以下、之を吉塚停車場に奉迎せり。爾来工事を督励し、夜以て晷に継き予定の遂行を了し、茲に千代松原に尊厳なる異彩を発現せる、高さ七十一尺の大碑を完成し、儼として我邦の光輝と名誉を、万世に垂るゝを得たり。於是十二月二十五日、外征の戦機正に発展し、奉天の攻略眼前に迫り、旅順の死命窮感の時に於て、除幕式を挙け、以て上帝室の鴻恩に報ひ奉り、下全国幾百万の義捐者に向て、其厚意に副ふることを得たるは、既往十有七年に渉り、斡旋尽力せられたる、発起者諸氏及各委員長、并に委員諸氏の賜にして、茲に満腔の誠意を以て感謝する所なり。

（『福岡県全誌』、下編、三二一―三三七頁）

註

この『元寇紀念碑来歴一斑』の中にある、「元寇紀念碑建設義捐金募集広告」に関して、補足説明しておく必要がある。最初に元寇紀念碑を建設しようとした場所は、「粕屋郡志賀島村」にある「蒙古首切塚」と称されている、「一小丘」であった。「広く同感の士と謀り一大紀念碑を此地に建て以て古英雄の偉勲を不朽に旌表し魂魄も亦帰する所あらしめんと欲す」とあるのが、それである。しかし、実際には、元寇紀念碑――亀山上皇銅像――は、「粕屋郡志賀島村」の「蒙古首切塚」と称されている「一小丘」に、建設されていない。当初の予定から、設置場所が変わったのである。現在の元寇紀念碑――亀山上皇銅像――は、千代松原、今の福岡市博多区の東公園に建設されて、今に至っている。

〔概観的史料11〕

○　元寇紀念譚

《解説》「元寇紀念譚」の「譚」という字は、「談」と同じである。ここにおいては、元寇役に至るまでの歴史を略述している。この「元寇紀念譚」の題名には、「げんこうきねんものがたり」と、ルビが振られている。冒頭部分では、蒙古民族の興起から説き始める。建国の英雄である、「鉄木真(てむちん)」を、「然れば成吉思可汗(じんぎすかん)鉄木真は、羅馬(ろーま)の該撒(しーざる)、仏蘭西の拿破崙(なぽれおん)と肩を比して、威名を世界の歴史に留めぬ」と記す。そして、フビライハン＝「忽必烈(くびれい)」の野望へと言及している。「雄姿傑出父祖の遺業を大成するの志を抱き」とあるのが、それである。中央から後部分では、元寇役――蒙古襲来、文永の役と弘安の役――について、大きな頁を割く。そして、「元寇紀念碑建設の挙は、豈に一個人一地方の為めに謀るものならんや」と、述べる。さらに続けて、「今此碑を筑前の博多湾に建立するは、其の文永弘安両度の交戦地にして、特に歴史上に縁故を有するを以てなり」と、かつての古戦場たる「博多湾」に、「建立」する意義を強調している。「明治二十三年紀元節」の日付があり、「元寇紀念碑建設起工式」に因んだ、物語譚にほかならない。

今を隔ること大約ね六百五十余年の昔。韃靼蒙古の曠野に鉄木真(てむちん)と呼做す。世界無双の豪傑起りにける。この人器量抜群にして。兵馬の運用神の如く、攻むれば破れざる莫く。当れば砕けざる莫く、亜細亜洲中無数の邦国を略滅(せめほろぼ)し。欧羅巴洲の東南部露西亜(ろしあ)、匈加利(はんがりー)等に侵入し。城を落して其王を虜にし。国を亡ぼして其民を奴とし。其美女をかすめ。財物を奪去りて。部下の将士に恩賞をあておこなひ。自ら帝王中の帝王と号して、成吉思可汗(じんぎすかん)の位に登り。己が攻取たる広大なる土地に。諸子諸弟を封じて、其国々の王侯と成し。自ら大権を握りて四方に臨み。恩威並び行はれければ。鉄木真の声名はさながら雷の如く天下に轟きて。威風に靡かぬ草木もなく。然(さ)れば成吉思可汗鉄木真は。羅馬(ろーま)の該撒(しーざる)。仏蘭西(ふらんす)の拿破崙(なぽれおん)と肩を比して。威名を世界の歴史に留めぬ。

鉄木真の第四子を拖雷(とーるい)といふ。驍勇(げうゆう)父に類し。兼て智謀あり其兄窩濶台(おこだい)と共に夏(か)国を滅ぼし、尋(つい)で又強大なる金国(きんこく)を滅ぼしける、拖雷の子忽必烈(くびれい)に至りて雄姿傑出父祖の遺業を大成するの志を抱き。大小数百戦。毎に奇捷を奏せずといふこと無く。其軍気の鋭く。威勢の盛なること。恰も猛虎の羽翼を生じ。風に随て林中を飛行するが如く。力は山を抜き。気は世を蓋ひ。壮図勇略四海を混同し。天下唯だ一人帝王の位に立たんことを望みける。斯くて忽必烈は計謀の全く熟するを待ちて。其雲の如く幕中に屯する勇将と。其雨の如く旗下に集まる猛士とに号令し疾風の砂を捲き奔馬の坂を下る勢ひを以て長駆して宋（そう）の社稷を転覆し。遂に支那四百余州の土地を横領して。幾億万の人口を脚下に臣服せしめ。国号を改めて元（げん）と称し。更に朝鮮をも属国としてければ。爾余の大小国孰れも其の威勢に敵し難く。稽首して臣と称し。争ふて好を通じ貢を納め。只だ忽必烈の鼻息のみを窺ひたるぞ是非もなき。

元主忽必烈は已に四方の諸国を征服なしければ驕慢の心ますます増長し。我が日本の国美はしく。金銀財宝に富めることを聞知り如何にして之を奪ひ己れが版図に入れんものをと。朝暮に思を凝らし、我が人皇九十一代亀山帝の御宇文永の四年以来。屢々無礼なる牒書を寄せ。恐喝手段をもて首尾よく我国を服征せしめんと欲し。又その度毎に心利たる部下の者を牒使として。実は探偵の事を含め。密々我国の国情地理を取調べ。万一恐喝手段に乗らざるときは。兵力を用ゐ一戦の下に切従へ。己れの欲を逞しうせんとぞ企てける。

此時我国に於ては、惟康親王将軍の職に任じ。御年猶ほ幼う在ましければ。執権北条相模守時宗代りて政柄（まつりごと）を秉り。智勇兼備よく諸侯を服して。衆望おさ〳〵其父時頼入道にも譲らざりけり。時宗は元使の齎したる牒書を一見。忿然として怒気面に溢れ。かゝる傲慢不遜なる来書を。仮初にも受理せんこと。是れ我日本の国体を汚し。国の尊栄を失ふものなり。勿体なくも日出処の天子は。神聖に渡らせたまひ。敢て他邦の非礼をば。受させ給ふべうもあらじと。直に奏聞の上其書を退け牒使を国外に追払ひぬ。然れど元主忽必烈は固より心中に一物あれば。斯ても猶頻りに牒使を送りて。其意を遂んと試み。又対馬の島民を奪去りて。之を本国に伴ひ。威光を示し。温言を加へ。我国の事情を探聞し。文永の十一年には朝鮮の軍隊を先導とし。一千五百の軍艦に。三万三千の軍勢を搭して。不意に我が九州に押寄せ。壱岐対馬を奪ひ。肥前筑前の沿海に寇し。思ふが儘に乱暴を働きけり。此役に対馬の守護代宗助国。壱岐の守護代平景隆は。一族主従城を枕に尽く討死し。其外鎮西の武士共。此処彼処(ここかしこ)の防戦に。雲霞の如き敵軍の中に切入り。天晴潔く最期を遂るもの多かりしが。日本男児が国を護るの精神は火をも恐れず。水をも避けず。蒙古何万来ると雖も。争(いかで)か能く此の精神を奪ひ得べき。博多の街衢(がいく)は。一矩灰燼に付するも玄洋潮怒り浪激し。颶風に乗じて。最後の一戦縦横奮撃し。遂に我軍の大勝利となり。之を文永の役といふ。其翌年元主忽必烈は又々杜世忠(とせいちゅう)何文著(かぶんちょ)なんといへる五人の者を撰みて牒使とし。前の如き無礼不遜の牒書を送り。這回(このたび)こそ有無の決答に因りて。更に大軍を発向し。我が日本を一揉に揉潰さんと身搆へけるぞ胆太けれ。堂々たる我が大日本大八洲は。開闢以来万世一系の天子を戴き。国民忠君愛国の気。寧ろ死して護国の鬼となるも。生て亡国の奴となるものあらんや。我国小なりといふと雖も上下人心一致して。二千余年東洋の東に独立し。敢て他国の凌侮を受たること無し。此時北条時宗が毫も遅疑せず。断然として其牒書を退け。彼の無礼を責め。彼の不遜を詰り。牒使五人を鎌倉の竜の口に斬首して。大決断を天下に示し。専ら辺防と出征の準備を為したるは。凄じくも又た壮なり。去程に元主忽必烈は。時宗が杜世忠等を斬首したる報道を聞き。憤怒の念に得堪へず。諸大将を廷中に召して。大に日本を討つの謀議を運らし。阿剌罕(あらかん)を征東総大将とし。范文虎に兵六万、船三千五百を付して。之を江南軍と称し。海路直に九州に向て進発せしめ。忻都、洪茶丘(こうさきゅう)に。蒙古朝鮮の軍合して四万船九百艘を督せしめ。之を東路軍と名け。路を朝鮮に取り。壱岐対馬を経て、筑前の太宰府を襲はしむ。其総勢十万余騎、船艦四千四百艘。舳艫(じくろ)相啣(あいふく)み。海を蔽て押来れり。

かくあらんと予て期したる北条時宗は。一族北条実政を鎮西の探題とし、武藤、大友、菊地、島津、松浦、大村、秋月等を始とし。九州の諸侯及び四国の兵に号令して。筑前の博多に屯せしめ。山陽、山陰、東山、北陸の軍兵を催促して。京師を護衛し。敦賀の津を固め。辺海漏ること無く防御の備を立けるが。敵は支那四百余州を席巻し。勝誇りたる鋒先なれば。其勢は破竹の如く、況て後備の軍勢は。何千万あるかも定かならねば。這回(このたび)の合戦。勝利の程如何あらんと。人々安き心はなかりき。時に弘安の四年にして。亀山帝は是より前大位を後宇多帝に譲り。今は上皇と申し奉りけるが。深く此事に御心を悩まし給ひ。わが御代にしも斯る乱出できて。まことに此日本のそこなはるべくば。御命をめすべきよし。御手づからかゝせ給へる宣命を。伊勢の大廟に奉り。敵国降伏を祈り給ふ。申すも中々に勿体なき事の限りなり。五月廿一日元の大軍壱岐対馬を襲ひ。尽く島民を殺戮し。六月五日筑前の志賀島に迫り。是より筑前の博多を焼点として。無数の兵艦運動し。筑前肥前の沿海に於て。合戦止時なかりしが。我軍気の旺盛にして。勇士の国を護る一念は。凝て鉄石よりも堅く。火玉に当り。剣戟(やいば)に触るも。毫も撓まず。奮闘決戦して。屢々敵軍を窘(くる)しめ。敵の船艦を遥かの沖合に逐退けぬ。折しも閏七月一日前夜より大風吹起り敵船漂没破潰し。狼狽惑ふ程こそあれ。我軍進撃して大将を斬り士卒を殺し。前後左右に切まくり。残賊千余人を筑前の那珂川に斬首しければ。さしも海上に充満たる船艦は。一日のうちに其影をも留めず。十余万の元軍は哀れ此の一挙に鏖殺されてけり。後にて于閶、呉万五、莫青、の三人を還して告る処あらしむ。之を弘安の役とは称す。

弘安の役に元の軍兵が九州の沿岸に残暴惨毒を極めたる状況(ありさま)。並に我が勇士草野二郎、河野六郎等の面々が必死の決戦を為し。功名手柄を顕したる物語。及び此の合戦の前後の始末、内外の事情に就き微細の記事は。伏敵編、護国美談等に譲り。爰には姑(しばら)く之を略しぬ。読者(よむもの)は只だ記憶すべし。彼の傲慢不遜眼中天下敵なしと称せる元主忽必烈も、我国人の勇武に屈し。其後日本を奪ふ念慮を絶ち。その版図は終に東方日本海を超ること能はざりしを。

元寇紀念碑は我国歴史上。一大名誉の代表者たり。文永、弘安、護国軍の勲功章たり。之を以て祖先の忠義を表旌（ひょうせい）し、之を以て国民の元気を振興し。之を以て子孫を奨励し。之を以て皇室の尊厳を明かにし。国家の洪謨（こうぼ）を賛成し。帝国の独立を強固にし。之を以て欧米文明諸国と駢馳し。之を以て仏国、独国の凱旋門に方（あ）て。合衆国の独立閣に比し。之を以て我国当年護国軍の勲功名誉を内外に知らしめ。後世千万載不朽に伝へんことを期す。元寇紀念碑建設の挙は、豈に一箇人一地方の為めに謀るものならんや。詢に我国の為めに深く感ずる所のものありて。已まんと欲して已むこと能はざるに因るのみ。而して今此碑を筑前の博多湾に建立するは、其の文永弘安両度の交戦地にして。特に歴史上に縁故を有するを以てなり。嗚呼我愛国忠君の日本臣民にして誰れか亦此感を同しうせざるものあらん。蓋し其伸縮は各自の啓発心如何に存す。

明治二十三年紀元節　　中洲学人記

（湯地丈雄『元寇画帖――護国記念精神教育――』）

〔概観的史料12〕

○蒙古の略史――成吉思汗による諸国征服以後――

其征服したる国々を分ちて四大王国となし、諸王子を封じて之が君主となれり、即ち長子朮赤（ジウチ）を西北阿羅思（ヲロス）地方に封じ欽察（キンツァ）国と称し、二子察哈台（ツァガタイ）を土耳其斯坦に封じ察哈台国と称し、三子窩濶台（ヲゴタイ）を其の本国蒙古及ひ支那の地に封ず大宗是れなり、成吉思汗崩ずるの後太宗、定宗、憲宗其の遺志を継ぎ、屢々兵を西方に出し、再び西域（波斯（ペルシャ））を征服し伊蘭(イラン)の国と称せり。

成吉思汗鉄木真死するの後は、施雷(トールイ)暫く国の政治を取扱ひしが、続(つい)て其の兄窩濶台父の位を継ぎ、金を攻めて之を滅し勢益々振ひ、在位十三年歳五十六にて卒す、其の廟を太宗と云ふ、太宗の子貴由(キユウ)位に即(つ)き、在位三年歳四十三にて卒す、之を定宗と云ふ、諸王大臣会議して施雷の長子蒙哥(モウカ)を推して位に即かしむ、之を憲宗とす、蒙哥諸将に令してます〳〵攻略を務めたり。蒙哥の弟に忽必烈(ボヒレー)と云へるものあり、施雷の第四子にして鉄木真の孫なりしが、時機に乗じ大に兵を起し諸将を指揮して、宋を攻め之を滅して支那を一統し、国号を元と改め、燕京に都せり。此の時四方より貢を上(たてまつ)るもの千余国、世界万国殆ど其の鋒に当るものなきの勢なりき。こゝに至り忽必烈は、其の百戦百勝の余威を籍りて、大胆にも我が日本帝国を併呑せんと、十余万の大軍を起し数千艘の大艦を以て、筑紫の辺海に襲ひ来りしが、我が国の威武に敵し難く、遂に大敗して十余万の将士を失ひたり。

忽必烈の後、数世の君皆賢明なりければ、国内無事にして儒教を崇び仏法を信じ、多く学者を出せり。後順宗の世に至り、権臣は威勢を玩(もてあそ)び君主は遊宴に耽り、国の政治漸く衰へ、盗賊争ひ起るに至れり。此の時張士誠、陳友諒等兵を起して一方に拠り、国内大に乱れたり、次て朱元璋なるもの淮右(わいゆう)に起り、諸州を征服し終に燕京を陥れしかば、順宗は北に奔(はし)りて死せり、元の世は十代八十九年にして亡ぶ。

成吉思汗より忽必烈に至るまて、用ゐるところの人々は、蒙古本部の外、満州の人あり、支那本部の人あり、波斯人あり、アラビヤ人あり、猶太人あり、其の外仏教、回教諸国の人々を用ひ、且つ遠く耶蘇教の人に及へり、而して成吉思汗は、大に其の人材を擢(ぬき)んで将帥と民政官とに用ひ、耶律楚材(ヤリーヅーサイ)を亡国の余に挙げて宰相となし、郭宝玉を降虜の中に抜きて大将軍となし、ユンムハイを挙げて砲政の事を掌(つかさど)らしむ、太宗に至り其の遺意を奉じ英吉利人を用ゆ、世(せい)祖(そ)も亦其遺法に基き、外国人を用ひ砲政、会計、印章の事、仏教の事、天文医薬の事より、外国語の通弁、翻訳官の事に至るまで之を掌らしめ、又伊太利人マルコポロ親み用ゐて、羅馬法王の許に遣せしことあり。是れ祖宗以来広く遠人を用ひて、其の技能を致さしめし所の大要なり、されば宰相、将帥等には非常の人傑出で、勇将は雲の如く謀士は雨の如く、皆文武兼備の人々にして、一時の英雄豪傑悉く之を網羅せさるはなし。かく蒙古の威力盛にして万国を震動せしめたるは、決して其の理由なきに非さるなり。

（湯地丈雄・高橋熊太郎『少年世界　元寇』、一〇―一三頁）

〔概観的史料13〕

○成吉思汗鉄木真の事

成吉思汗鉄木真の事を略叙するは、最も必要の事ならん、由りて左に其の大略を記す。

成吉思汗諱は鉄木真、姓は奇渥温氏、韃靼蒙古部の人なり、父を也速該(エソガイ)と云ひ、母を月倫(ウーリン)と云ふ、世々韃靼に付属し、遼、金に貢を奉りし一種族なりけるが、也速該に至りて諸部落を併呑し、勢日に愈々強し、塔々爾(タタール)部を攻め、其の部長鉄木真を獲て帰るの途次、跌里温盤陀山(ヲリワンブダサン)下に於て、其の婦月倫一子を挙げ、名を鉄木真と命ず、即ち武功を誌すなり。也速該死して鉄木真は尚ほ幼(いと)けなかりしも、母月倫と共に其の部下を統べ、カラクハルなる者を師とし、兵法を学び戦陣の術を講ぜり。又鉄木真の人となり、深沈大度にして自(おのずか)ら人を服するの器量を備へければ、各部落のものども孰れも、其の徳に服し従ひたり。是より鉄木真の勢力次第に強大となり、諸部落を征服し、進んで四隣の諸国を攻略し、諸部長を幹灘河(ヲノン)の源に会せしめ、自ら成吉思汗の位に即けり、其の後文字を製し、宮城を築き、法律を設け、更に進んで中央亜細亜より欧羅巴に乱入し、数多の国々を攻め滅し、帰りて後六盤山に卒す、在位二十二年歳六十六太祖と号す。

（湯地丈雄・高橋熊太郎『少年世界　元寇』、一六―一七頁）

註

鉄木真即ち後の成吉思汗を生んだ偉大なる母、「月倫」（ウーリン）に言及している。この「月倫」なる婦人を賞讃しているのが、〔概説的史料14〕である。「因として　婦人の教育美談を記せん」、とあるのがそれである。

〔概観的史料14〕

○　因として　婦人の教育美談を記せん

忽必烈の祖父を、鉄木真と云ふ。其母親を（ウイリン）と云へり。征戦中にウイリンの夫エソガイ病歿せしに付、四方敵国より、復讐の兵を引受け、困苦難酷極りなく、僅十三才なる鉄木真を、助けつゝ、到頭四方に打勝ちたるのみならず、鉄木真をして有名なる仁君と、仰かるへき人物と迄に至らしめ、あまたの猛将勇卒を服従せしめ、終に王中の王と称し（成吉思汗）の位に昇り、長男の朮赤、二男の察合台、三男の窩濶台、四男の旋雷を、所々の国王に封して、亜細亜は勿論、欧羅波の東南部、露西亜、匈牙利等を攻め伏せ、独逸の十字軍を破り、威を西域に振ひ、勢に乗して支那地方に向ひ、金・夏・宋の三国を亡ぼせり。

右旋雷の子忽必烈は、鉄木真に劣らぬ豪傑にて、愈々欲望を極東に注き、高麗を臣服せしめて、日本を侵すの先導たらしめたるこそ悪まし。然るに我れに厳然たる帝室と、鎌倉幕府の執権北条時宗と、其叔父に政村とて、智謀雄略の連署役ありて、彼れの要求を斥けしのみか、文永十一年に、三万五千の敵を掃ひ、弘安四年に拾有余万の敵を鏖殺せり。

斯る豪傑を出せし家庭の前々代には、松下禅尼とて、教育上の美談を遺せし婦人あり。彼の忽必烈の曾祖母のウイリンと対照して、講話する、其有益浅からさるへし。

◎我か北条時宗に、祖母よりの教訓あり。彼れ忽必烈にも、曽祖母より教養あり。

（湯地丈雄『精神教育　元寇反撃　歴史画光栄録』、一一頁）

註

成吉思汗から、忽必烈に至るまでの、拖雷家の家系を略述している。その中で、成吉思汗——幼名鉄木真——の母親たる、ウイリン（ウーリン）という女性を採り上げている。偉大な人物を輩出する立派な家系には、その家系の人々を育てる、賢夫人が存在すると言うのだ。

〔概観的史料15〕

○忽必烈の略伝

元主忽必烈（ポピレー）は姓を奇渥温（キアヲン）と云ひ、成吉思汗鉄木真の孫にして拖雷の第四子なり、太祖鉄木真卒するの後、其の子窩濶台嗣ぎ父の遺謀を継ぎて、支那の金を併せ宋を滅し、在位十三年歳五十六にて卒す之を太宗と号す、太宗窩濶台の卒するや、第六の后乃馬真（ナイバシン）氏自ら万機の政治を裁行し、其の子貴由の位に即くに及びても、朝権猶ほ后の心のまゝなりける、貴由卒する年四十三之を定宗と云ふ、こゝにおいて諸五大臣会議して、拖雷の長子蒙哥を推して位に即かしめたり之を憲宗と号す、拖雷は鉄木真の第四子なり、蒙哥其の父拖雷を追尊して睿宗（エイソウ）と号せり、蒙哥是より諸将に令を伝へます〱攻略をつとめたり、蒙哥の弟は即ち忽必烈にして、蒙哥は在位九年にして卒せり。

忽必烈は志気宏（とうい）に且つ濶く、其の壮図雄略殆ど太祖に類し、勇猛比なく能く英雄豪傑を従ひて、兵を用ふること恰も神の如し、初め関中の地に封せられしが忽ち河南の地を併せ、ひそかに兵馬の権を握れり、而して憲宗の開平府を建て、諸王を会するを時機とし、自立して帝と称す、是より諸将を指揮して宋を攻め撃つこと益々急なりしが、厓山（ガイサン）の一戦に宋の軍勢こと〲く敗れ、陸秀夫（リクシュウフ）幼帝昺（へい）を負ひ海に赴きて死し、張世傑等も亦尋（つ）ぎて死し、家遂に亡ぶるに至れり。是に於て忽必烈は宋に次ぎて、支那四百余州を一統し燕京に都す。此の時亜細亜の過半は、皆其の領地に入り、版図の大なること実に前古に比なく、四方より貢を致すもの千余国ありと云へり。支那全国を一統するの後、范文虎等に命し大軍を以て、我が日本帝国に寇（あだ）せしが、大に敗れて全軍悉く死せり。忽必烈至元三十一年に卒す世祖と号す、子真金（シンキン）先に死せるを以て孫鉄木耳（テムル）嗣ぐ。

（湯地丈雄・高橋熊太郎『少年世界　元寇』、一四―一六頁）

第二部　工事過程史料

——計画発表から完工除幕式まで——

〔工事過程史料1〕

○　元寇紀念碑建設誓旨

明治二十一年一月一日

荒小田を　返す返すも国の為め　赤き心の　たねをまかばや

全国同心之衆徳、古今独歩之豊碑、
　全国同心の衆徳、古今独歩の豊碑、

以養二天地之元気一、以護二万世之皇基一、
　以って天地の元気を養い、以って万世の皇基を護る

毎レ繙二青史一酔二遺芳一、古跡尋来更断腸、
　青史を繙くごとに遺芳に酔い、古跡尋ね来たりて更に断腸、

只有二行人説二風力一、忠魂不レ祀委二沙場一
　只、行人の風力を説くのみ有りて、忠魂祀られず沙場に委す

（湯地富雄『録音秘話　前畑ガンバレと私』、八六頁）

註

「明治二十一年一月一日」と、「誓旨」の日付があり、新年の佳節にその決意を示したもの。なお、「荒小田を　返す返すも国の為め……」とある和歌は、湯地丈雄が著作編纂した、諸々の書物やパンフレット類に、単独で掲載されている。その不退転の意志が、この歌に示されていると言えよう。漢文体の詩にある「古今独歩の豊碑」とは、元寇紀念碑を指す。後に亀山上皇銅像となって、実現するのだ。

〔工事過程史料2〕

○　元寇紀念碑建設――計画の発表――

明治二十一年一月湯地氏は建碑計画を公表すると同時に、趣意書を内閣諸大臣並びに全国の各新聞社に発送して賛同と協力を求めた。一面世間同憂の士に呼掛けた。忽ち大反響を喚起し当時「佐野の御前様」と称されていた筑後浮羽郡流川の九州身延山といわれた法華宗本仏寺住職日菅上人佐野前励師を真先に多数同志の人々が傘下に集まった。殊に佐野前励師は宗祖日蓮上人が『立正安国論』を著わし外敵の侵攻を予言するなど元寇役との因縁頗る深いものがあるので宗門を挙げて建碑事業を援助することを湯地氏と固く約し、また安場知事は元寇記念会を組織すべく建碑事務所を福岡県庁内に設置、書記官広橋男爵をしてその事業に当らせ、翌二十二年八月知事主催を以て東公園内の官宅「偕松館」において元寇記念会創立発会式を挙行した。当日は文武官、政治家、各派神官、各派僧侶、財界有力者、実業家等各階層に亘る代表者数百名に達する参会者があり、創立趣旨、経過報告等が行われ最後に建碑首唱者湯地氏の熱烈なる講演があり国民の護国精神作興熱を盛上げて散会した。

（博多を語る会「偉大なる洋画家――矢田一嘯画伯の生涯《元寇記念碑建設、陰の協力者》――」、『博多資料』、第九輯、七頁）

〔工事過程史料３〕

○　元寇紀念碑建設起工式

明治二十三年四月二日

千里を行くものは、九百里を半はとす。今月今日は、元寇記念碑建設起工の始めなり。此れより益々進て、全国の有志者と図り、後世に貽すに足るへきものを、造らされは、耻を天下に露らす、と云ふへきものなり。満場の諸君、応さに同感なるへし。嗚呼、任重くして途遠し。聊か思ふ所を述へて祝詞とす。

元寇記念碑建設首唱　湯地丈雄

（湯地丈雄『元寇画帖――護国記念精神教育――』）

〔工事過程史料４〕

○　筑前千代松原

元寇紀念碑建設ノ挙ハ、明治十九年ニ首唱シ、廿一年一月ニ発起ス。廿三年四月二日ニ、地鎮祭起工式ヲ挙ケ、翌日神武天皇祭ニ祝筵ヲ開キ、建碑委員長猪鹿倉福岡県書記官ハ、祝文ヲ朗読ス。参列者ハ安場福岡県知事・歩兵第廿四聯隊長佐藤正氏已下ノ将校也。福岡熊本ノ両県ヨリ集マル学生二千四百余名。其他一般ノ群集ハ、幾万ナリシカヲ知ラス。

（湯地丈雄『元寇画帖――護国記念精神教育――』）

〔工事過程史料5〕

○　起工式の有様

元寇記念会は安場知事その他の尽力によって、一品大勲位北白川能久、同伏見宮貞愛両親王殿下の特別賛助があり、東京にあっては――（中　略）――軍人、文官、実業家その他多数の名士並に、地元福岡では福岡市長山中立木――（中略）――等の公吏、学者、政治家、実業家、神官僧侶の代表者八十二名の賛助会員が加わり記念会は着々と態勢を整えて行った。間もなく内務大臣の建碑申請に関する許可が下り、県当局から建碑の予定敷地として元地方草競馬場だった東公園の中央部に一万坪が提供され、翌二十三年四月二日東公園で頗る盛大な記念碑起工式が挙行された。この日朝来参列した会衆は無慮二万余人、学生二千四百名、福岡市内の師範学校、修猷館中学、各小学校等は勿論遠く湯地氏の郷里熊本県からも武装姿の中学生徒の一団が参列、福岡歩兵第廿四聯隊長佐藤大佐は乗馬で一個中隊の兵士を率いて参列し、式場を埋めた会衆の整理に当った程の大盛況であった。そしてその日から建碑の礎石となる石材の運搬が始まり、湯地氏は紺の股引姿となり夫人登和子と共に自ら身を挺して運搬に従事した。礎石となる石材は多く黒田藩時代の旧薬院門、旧名島城門の古石材や、元寇役に由縁ある石材石塊が各方面から続々と東公園に運び込まれた。

しかし起工式は礎石の運搬蒐集だけに止まり記念碑は建たなかった。

（博多を語る会「偉大なる洋画家——矢田一嘯画伯の生涯《元寇記念碑建設、陰の協力者》——」、『博多資料』、第九輯、八頁）

註

「安場知事」とは、安場保和を指す。「安場県令・知事は、——（中　略）——九州の海運の拠点となる門司の築港、筑豊興業鉄道会社の創立、筑豊の諸炭鉱の振興、林政改革、水産業の発達、師範学校女子部の創設など、福岡県政に多くの事績を残している……」（安場保吉編『安場保和伝——一八三五～九九—豪傑・無私の政治家——』、三三八頁）。湯地丈雄を助けた記述は、この伝記にはない。同書には、「福岡県令・県知事時代の安場のイメージは、県会や国政選挙において民権派と全面的に対決した知事といった印象が強い」とある（二八六頁）。「安場知事」は「民権派と全面的に対決」した人物ということは、イコール国権派と目してよい人物であった。湯地丈雄と一脈通ずる所があり、湯地の元寇紀念碑建設運動にも、一役買ったのであろう。また、安場と湯地は、両者とも熊本の出身。同郷意識もあったであろう。

〔工事過程史料6〕

○　元寇紀念碑起工式祝歌二題

・元寇紀念碑起工式を祝する歌

市田丑之助

千代の松原千代懸て　我日本のみひかりを
顕すための石ふみを　建る今日こそ目出度けれ」

元寇の役の事からを　忘れぬ為に今ここに
雲に聳ゆる石ふみを　建るけふこそ目出たけれ」
とつ国人も此の石を　見てハ心も寒からん
いと心地よき石ふみを　建る今日こそめでたけれ」
祝へや祝へ諸人よ　いともここちよき戦ひの
さまを記せし石ふみを　建るけふこそ目て度けれ」

・起工式の歌　　飄々生　香月謙輔作

思ひ起せハ今を距る　六百年の其のむかし
弘安四とせふみ月に　蒙古の巨艦数千艘
玄界灘の沖ちかく　筑紫を指して襲来（おそいきし）し
其勢大凡そ拾余万　我日の本を呑んとて
彼れが大将范文虎　勢ひ猛く攻め寄する
されは御国の武士（もののふ）は　忠義の為めに命をも
棄て惜ますゐみし等を　打滅して皇国（すめくに）の
国威を彼に示さんと　奮撃突戦隙もなく
そでの港の波きはに　錦の旗をひるかへし
寇を目掛て撃出つる　折しも起る颶母風（つむじかぜ）

逆巻く波の凄ましく　見る〳〵中に寇舩（あだふね）は
皆な悉く覆かへり　荒津の海の千尋なす
底の藻屑となりしこそ　我日本の大御稜威（おおみいつ）
忠義に富める益良雄が　其の勲功（いさをし）を後の世に
貽すも我等同胞か　国を愛する赤心（まごころ）そ
千代の松原千代懸て　建る元寇紀念碑ハ
雲に聳へていと高く　彼のいさをしと諸共に
長く伝て朽さらん　なかく伝てくちさらん

（湯地丈雄『精神教育対外軍歌』、二〇―二一頁）

〔工事過程史料7〕

○　元寇紀念碑起工式を報ずる新聞記事および紙面

元寇紀念碑起工式

起工式の景況　前号の紙上に掲載せし如く、昨二日は元寇紀念碑建設起工式の当日にて、一昨日の天気模様より推して、無論晴天なるべしと思ひきや、夜来の碧空、暁に至り俄然雲を喚び雨を起し、風力之に加りて、容易ならざる日和癖を呈し、起工式執行委員を始め、世話係の人々何れも困却の色見えたりしが、午前九時頃に至りて雨斂（おさま）り天色濛々、

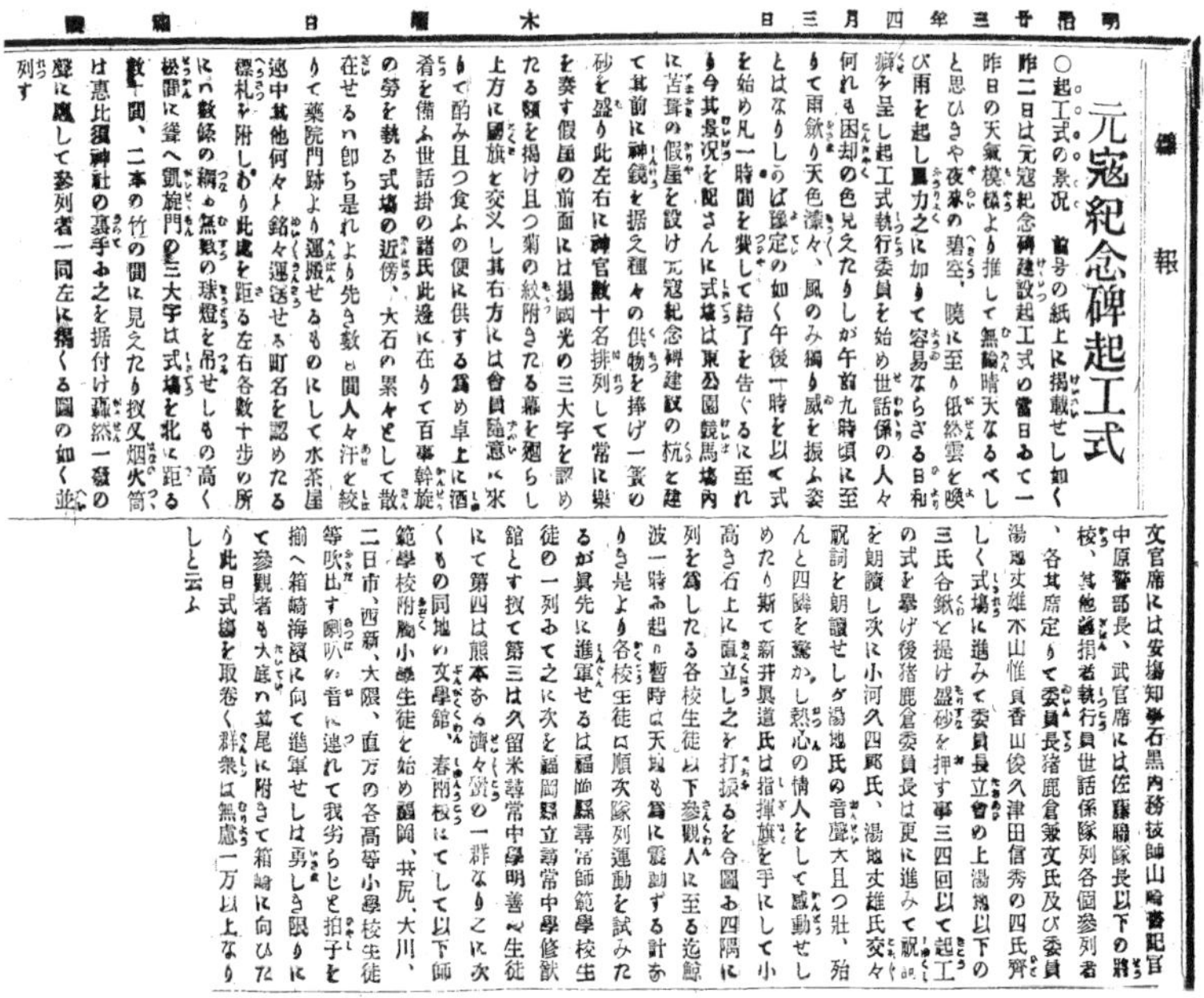

明治廿三年四月三日　木曜日

雜報

元寇紀念碑起工式

○起工式の景況　前号の紙上に掲載せし如く昨二日は元寇紀念碑建設起工式の當日にて一昨日の天氣模様より推して無論晴天なるべしと思ひきや夜來の碧空、曉に至り低絲雲を喚び雨を起し暴力之に加りて容易ならざる日和模様を呈し起工式執行委員を始め世話係の人々何れも困却の色見えたりしが午前九時頃に至りて雨歇り天色漆々、風のみ獨り威を振ふ姿とはなりしのば豫定の如く午後一時を以て式を始め凡一時間を費して結了を告ぐるに至れり今其景況を記さんに式場は東公園競馬場内に苫葺の假屋を設け元寇紀念碑建設の杭を建て其前に神鏡を据え種々の供物を捧げ一簀の砂を盛り此左右に神官數十名排列して常に樂を奏す假屋の前面には揚國光の三大字を認めたる額を掲げ且つ菊の紋附きたる幕を廻らし上方に國旗を交叉し其右方には會員隨意に來りて酌み且つ食ふの便に供する爲め卓上に酒肴を備ふ世話掛の諸氏此邊に在りて百事幹旋の勞を執る式場の近傍、大石の累々として散在せるは卽ち是れより先き數日間人々汗を絞りて藥院門跡より運搬せるものにして水茶屋通中其他何々ト銘々運送せる町名を認めたる標札を附しあり此處を距る左右各數十歩の所には數條の綱ゐ無數の球燈を吊せしもの高く松間に聳へ凱旋門の三大字は式場を北に距る數十間、二本の竹の間に見えたり扠又烟火筒は惠比須神社の裏手ゐ之を据付け轟然一發の聲に應して參列者一同左に掲くる圖の如く並列す

文官席には安場知事石黒内務技師山崎書記官中原警部長、武官席には佐藤聯隊長以下の將校、其他醵捐者執行員世話係隊列各個參列者、各其席定りて委員長猪鹿倉兼文氏及び委員湯地丈雄木山惟貞香山俊久津田信秀の四氏齊しく式場に進みて委員長立會の上湯地以下の三氏合鍬と提げ盛砂を押す事三四回以て起工の式を擧げ後猪鹿倉委員長は更に進みて祝詞を朗讀し次に小河久四郎氏、湯地丈雄氏交々祝詞を朗讀せしが湯地氏の音聲大且つ壯、殆んと四隣を驚かし熱心の情人をして感動せしめたり斯て新井眞道氏は指揮旗を手にして小高き石上に直立し之を打振るを合圖に四隅に列を爲したる各校生徒以下參觀人に至る迄鯨波一時に起り暫時は天地も爲に震動する計なりき是より各校生徒は順次隊列運動を試みたるが眞先に進軍せるは福岡縣尋常師範學校生徒の一列にて之に次くを福岡縣立尋常中學修猷館とす扠て第三は久留米尋常中學明善校生徒にて第四は熊本なる濟々黌の一群なり之に次くもの同地の文學館、春日校にして以下師範學校附屬小學生徒を始め福岡、井尻、大川、二日市、西新、大隈、直方の各高等小學校生徒等吹出す喇叭の音に連れて我劣らじと拍子を揃へ箱崎海濱に向て進軍せしは勇しき限りにて參觀者も大底は其尾に附きて箱崎に向ひたり此日式場を取卷く群衆は無慮一万以上なりしと云ふ

元寇紀念碑起工式を報ずる新聞紙面

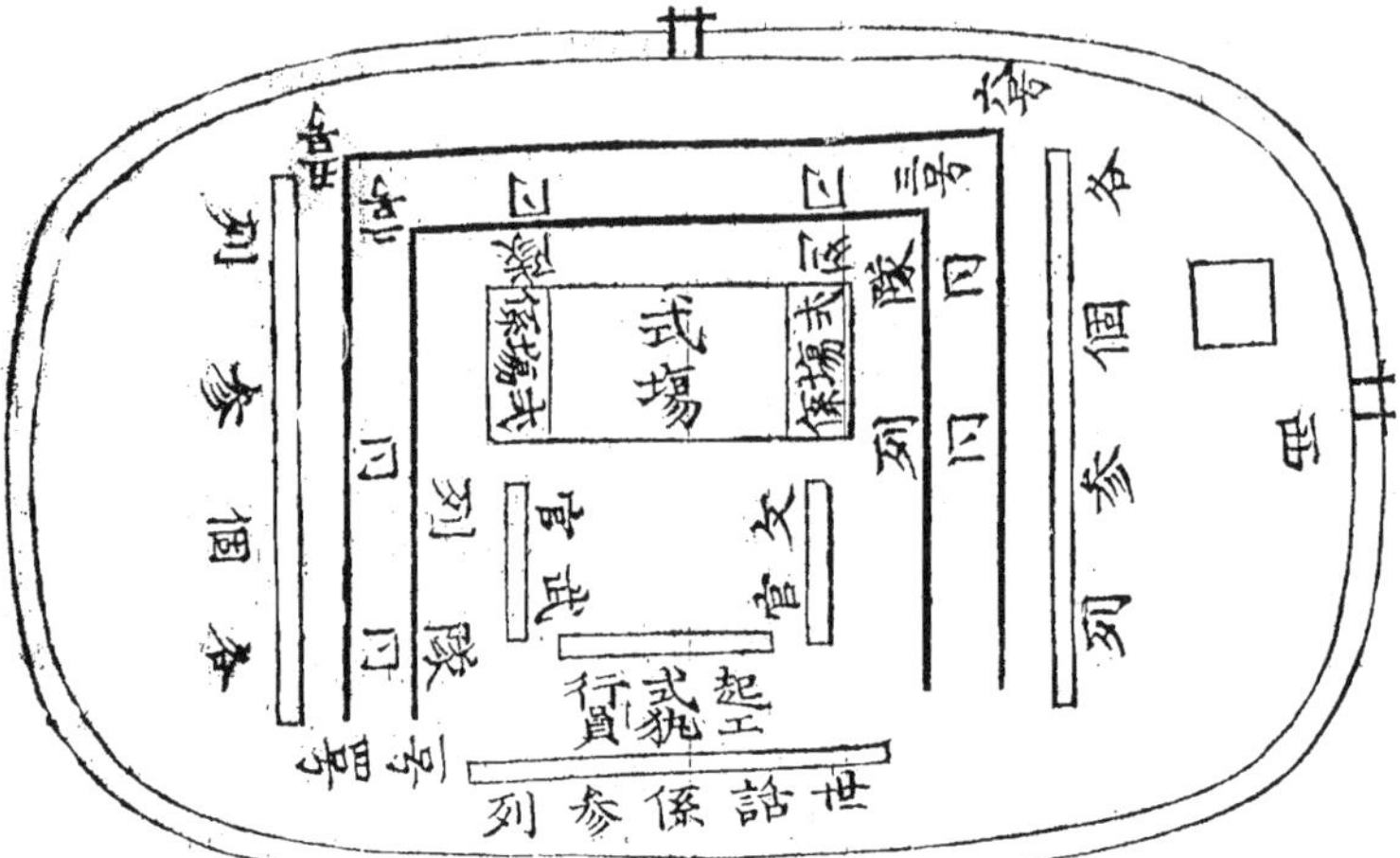

『福陵新報』、明治廿三年四月三日付、記事・式場図

風のみ独り威を振ふ姿とはなりにしかば、予定の如く午後一時を以て式を始め、凡一時間を費して、結了を告ぐるに至れり。今其景況を記さんに、式場は東公園競馬場内に、苫葺(とまぶき)の仮屋を設け、元寇紀念碑建設の杭を建て、其前に神鏡を据え、種々の供物を捧げ、一簣の砂を盛り、此左右に神官数十名排列して、常に楽を奏す。仮屋の前面には、揚国光の三文字を認めたる額を揚げ、且つ菊の紋附きたる幕を廻らし、上方に国旗を交叉し、其右方には、会員随意に来りて酌み且つ食ふの便に供する為め、卓上に酒肴を備ふ。世話掛の諸氏此辺に在りて、百事斡旋の労を執る式場の近傍、大石の累々として散在せるハ、即ち是れより先き数日間、人々汗を絞りて、薬院門跡より運搬せるものにして、水茶屋連中其他何々と、銘々運送せる町名を認めたる標札を附しあり。此処を距(さ)る左右各数十歩の所にハ、数条の綱に無数の球灯を吊せしもの、高く松間に聳へ、凱旋門の三文字は、式場を北に距る数十間、二本の竹の間に見えたり。扠又烟火筒は、恵比須神社の裏手に之を据付け、轟然一発の声に応じて、参列者一同、左に掲くる図の如く並列す。

(『福陵新報』、明治廿三年四月三日付)

〔工事過程史料8〕

○ 元寇紀念碑建設の美挙

嗚呼此書を通読せし諸子は、必ず其心中に無量の感覚を起せしならん。余は特に茲に諸子に告ぐ。諸子は今日よりして、我が祖先が彼の如き功労あること、我が心に銘じ肝に刻し、苟も之を忘却せざるのみならず、諸子が他日若し此(かく)の如き場合にのぞまば、亦須らく此の如くならざるべからず。

今や我が国は明天子上に在り、良臣民下に居り。文明の事業日に盛に、太平の気運月に進むと雖も、世界の広き万国の多き、中には元主忽必烈の如き、野心を抱き邪望を有して、ひそかに併呑の企てをなすものなきに非ず、夫れ治に居て乱を想ふは万全の計なり、古に鑑み今に徴するは学問の法なり、然（しかる）を況んや今日の世界は、啻（ただ）に戦争を以て勝敗を決するの世界にあらず、吾人臣民が百般の実力によりて、勝敗を決するの世界にして、戦争は其の最後の手段たるに過ぎざるをや。故に今の臣民たるものが、其の忠君愛国の精神を表はし、其の尚武敵愾の気象を示す所のものは、却（かへり）て平常無事の日に於て多きことをも思ふべきなり。されば今の臣民たるものは、其の忠君愛国の精神に富み、其の尚武敵愾の気象を有すべきこと、之を我が祖先の時代に比すれば、更らにます〳〵多かるべきなり。今の国民たるものは、何ぞ彼の如き祖先の功労をおもはずして叶ふべき、其の千軍万馬の中に立て、能く我が帝国の今日あるを致したることを忘る可んや。我が小国民即ち少年諸子等をして今日あらしめしことを如何でか思はざるべき、独り之を思ふのみならず諸子自ら之を為すことを務むべきなり。今昔の感慨は余等をして爰に元寇紀念碑と称する一大紀念標を建設するの一挙を企てしめぬ、諸子若し他日この紀念碑の下に至ることあらば、是の紀念の原因たりし、当時を回想して念々去るに忍びざるの感あらん。此れは是れ筑前博多湾頭に臨める小丘に建設するものにして、我が大日本帝国に生るゝものゝ、寸時も忘る可からざる護国の大紀念標なり。

少年諸子よ諸子は。この書を読み。この紀念標を見て、遠く祖先の偉勲を想ひ起すと共に、我が皇室を尊び、我が国を愛し、我が国を護るの精神に富み、この大義を重んじ、国威を海外に輝すことを心掛け給ふべし。

（湯地丈雄・高橋熊太郎『少年世界　元寇』、一〇八―一一一頁）

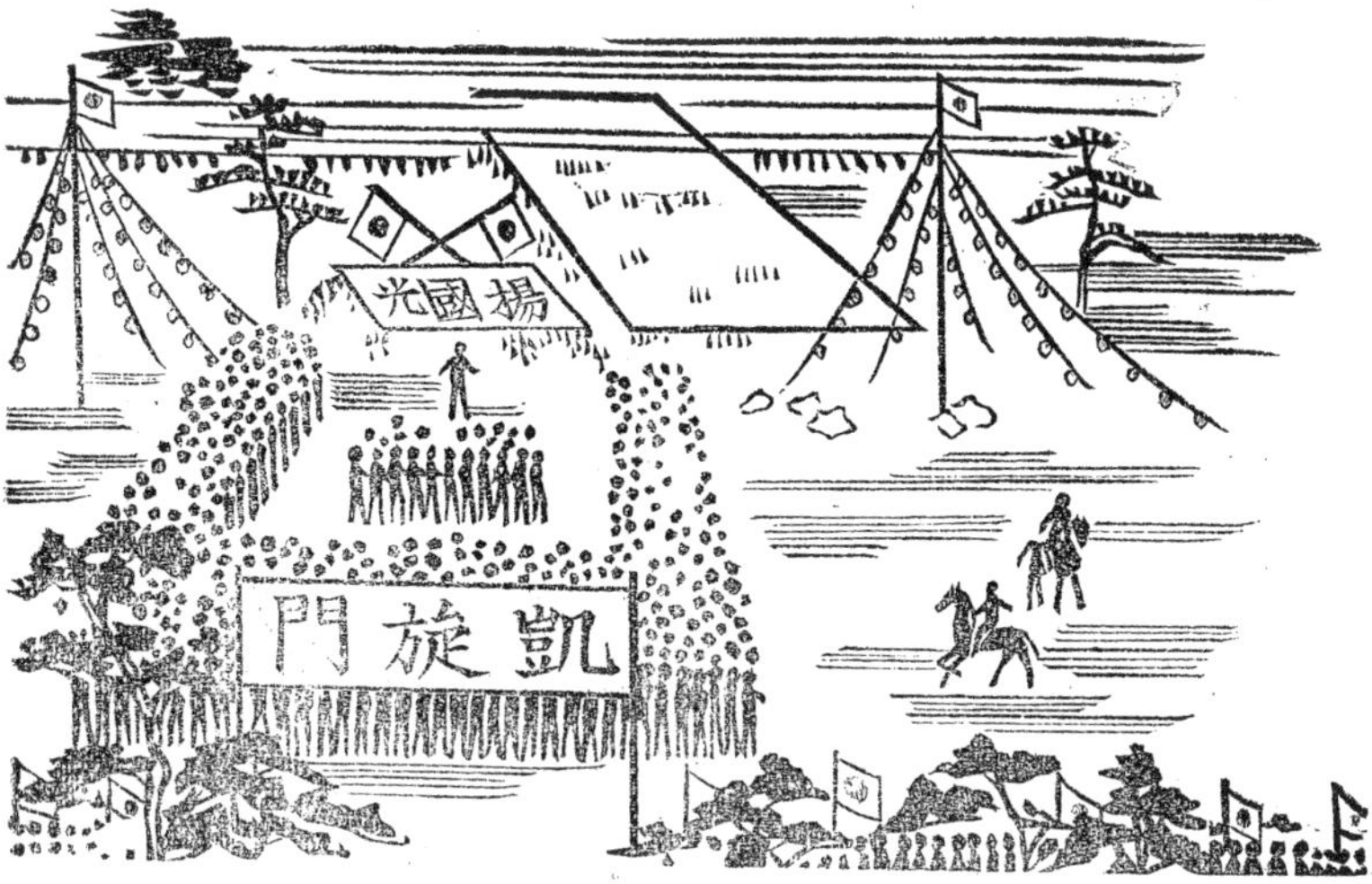

元寇紀念碑建設の美挙（湯地丈雄・髙橋熊太郎『少年世界　元寇』、111頁）

註

「元寇紀念碑建設の美挙」は、紀念碑起工式の有様を、このような形で叙述したもの。イラストが描かれており、起工式の様子を写したと考えられる。因みに、日本国旗の下に「揚国光」――国光を揚ぐ――という、スローガンが、大書されている（このイラストの「揚国光」の文字は、『元寇画帖――護国記念精神教育――』の「地鎮祭起工式」の写真にも掲げられている）。「揚国光」の出典は、『易経』である。「国光」とは、国の栄光、国家の盛徳のかがやきの意味。したがって、「国光」を「揚げる」とは、国の栄光や国家の盛徳のかがやきを、高く掲げることにほかならない。具体的には、元寇における日本の善戦敢闘を讃え、これからの日本の行末に栄光あれと願う、スローガンなのだ。湯地丈雄による、元寇紀念碑建設運動、またそれとともに、唱導されていた護国運動を表徴するところの、凝縮された合言葉でもあった。

〔工事過程史料9〕

○『元寇反撃　護国美談』「緒言」部分――紀念碑建設への勧誘――

今度築前福岡に、此の国家名誉の大戦争を紀念する為め、元寇紀念碑と名くる一大碑を建立せんとするは、決して一地方若くは、一個人の為めに計るものに非す。即ち鎌倉執権の為めにも非す。鎮西探題の為めにも非す。又た築前の為めにも非す。九州の為めにも非す。実に我が日本帝国当時の祖先が護国の精神に富み、国家危急の秋に臨みて、断然として一歩を、非理の敵に譲らす。外に威武を輝かし、内に元気を振ひ、我日本帝国の名誉を、発揚したるの大勲偉功を、千載の後に旌表せんことを、欲するが為めなり。

夫れ世界各国孰れの国に於けるも、国家名誉の事あれば、則ち之を其国の歴史上に大書し、又た特に堂塔若くは碑碣を建立し、当年祖先の名誉を旌表すると同時に、後世子孫をして、永く其事を紀念せしむることを、勉めざるはなし。合衆国の独立塔に於ける、仏国独国の凱旋門に於ける、亦皆な此意を表するに外ならざるなり。然るに、我国歴史上最も名誉を有する、開国以来一ありて二なき。弘安の役十万の元軍を鏖殺して、国家の独立を保持したる護国軍の為めに、是れまで未た曾て、一の紀念に供すべきものだも、存在せざるは、豈畢生の遺憾にあらずや。今日生存競争の世、優勝劣敗の時に於て、余輩四千万の同胞兄弟が、永く祖先に承けたる、日本帝国の名誉を、保持し発揮するは、一に護国の精神の強弱如何に因らずんはあらず。元寇紀念碑建設の一挙は、蓋し亦た偶然にあらざるを知るへし。

（湯地丈雄『元寇反撃　護国美談』、六―八頁）

〔工事過程史料10〕

○『元寇反撃　護国美談』「結論」部分――紀念碑建設への勧誘――

嗚呼此書を通読されし人は、必ず其脳底に無量の感覚を、惹起（ひきおこ）し来りしことならん。余は特に茲（こと）に読者に告ぐ。当時の外国の形勢と、今日の外国の形勢とを比較せよ。征略呑噬（どんせい）を事とする蒙古の如き国は、今日果して其国なき乎。攻伐侵掠を志とする忽必烈（ポピレー）の如き人は、今日果して其人なき乎。又た当時の我国の有様と、今日の我国の有様とを比較せよ。活断鏖敵（かつだんおうてき）能く国家を護るの英雄は、今日果して幾何（いくばく）ある乎。忠烈殺身臣民の義を致すの勇士は、今日果して幾何ある乎。限りなき今昔の感慨は、余等をして、爰に元寇紀念碑と称する、一大碑標を建立するの一挙を企てしめぬ。請ふ、脳底に感覚を惹起したるの士は、幸に余等建碑発起者の志を賛成し、速に此の弘安護国の大紀念標を、当時の交戦地に建立することを得せしめよ。是れ祖先の偉勲を、表彰する為めなり。是れ子孫に忠義を、遺伝する為めなり。是れ国家の名誉を、発揚する為めなり。是れ皇威の尊厳を表明する為めなり。是れ四千万兄弟の元気を振作する為めなり。是れ護国の精神を激励する為めなり。是れ自主自尊の気象を、鼓舞する為めなり。是れ優勝劣敗の観念を喚起する為めなり。是れ国利民福を、増進する為めなり。是れ我が大日本帝国の独立万々歳を、期望する為めなり。余豈に一身の為めに、するものならんや。又た一私人一地方の為めに、するものならんや。元寇紀念碑建立の一挙は実に日本帝国の為めのみ。余等は敢て其の他を知らず。

（湯地丈雄『元寇反撃　護国美談』、七三―七四頁）

註
この中で、〝歴史の教訓〟をしっかり学んで、よく考えよと主張している。「攻伐侵掠を志とする忽必烈の如き人は今日果して其人なき乎」と、現代においても、「忽必烈」のような侵略者は、出現する可能性があると、断言し警告するのだ。「忽必烈」の傍には、「ポピレー」とルビを振っているが、元帝国皇帝世祖フビライを指している。

〔工事過程史料11〕

○『元寇反撃　護国美談』の広告文――紀念碑建設への勧誘――

一　元寇紀念碑ハ、歴史的観念ノ活動ニ発シ、護国心ノ結合ニ成ル。此挙ハ即チ千載ノ一事ニシテ、世ニ比類ナシ。

一　工事準備ニ付石材ノ運搬ハ、明治廿三年三月ニ起コシ、四月二日ニ起工式ヲ挙行シ、引キ続キ敷地開鑿等準備中ニテ、義捐金ノ集マルニ応シ進歩ス。因テ目今募金ノ事、益々急ナリ。御賢察ヲ仰ク。

一　愛国ノ志士仁人、希クハ多少ヲ論セス、義金ヲ投シ国光ヲ揚ケ、併テ護国心ヲ将来ノ為メ、養成スルノ一助タラン事ヲ、希望仕候。就テハ目的ヲ成就スル上ニ、意見アル諸君ハ、御遠慮ナク忠告ヲ玉ハヽ、独リ事務者ノ幸甚而已ニアラス。国家ノ為メニ切望仕候。

東京市麹町区飯田町五丁目三十番地
元寇紀念碑建設事務所
事務委員等頓首

（湯地丈雄『元寇反撃　護国美談』、広告、一―二頁）

註

広告文と言えども、ただ単に募金・集金するのではなく、この事業たるは、「歴史的観念ノ活動ニ発シ、護国心ノ結合ニ成ル」と喝破している。そして、「国光ヲ揚ケ、併テ護国心ヲ将来ノ為メ、養成スルノ一助タラン」という、きわめて高邁なる理想を掲げている。

〔工事過程史料12〕

○最初の案は馬上姿の北条時宗像――「元寇紀念碑建設義捐金募集広告」新聞広告とポスター――

《解説》　最初の案は、馬上姿の北条時宗像――「元寇紀念碑建設義捐金募集広告」新聞広告とポスター――を、塔上に置き建立する予定であった。元寇紀念碑建設のための募金広告は、三種類出されている。その一は、『東雲新聞』（明治二十二年二月九日付附録）として、全面にわたって、イラスト入りの紙面広告である。その二は、ポスター広告であった。このポスター広告は、吉岡完祐『元寇――元寇史料館パンフレット――』の二三頁に、写真版として掲載されている。『元寇――元寇史料館パンフレット――』のそれと同じものが、西田礼三（写真）・柳田純孝（文）による『元寇と博多――写真で読む蒙古襲来――』八八頁にも、写真として載っている。その説明文には、「北条時宗像の計画図」とある。こちらも、イラスト入りのポスター広告である。『東雲新聞』紙上の広告と、もう一方の『元寇――元寇史料館パンフレット――』『元寇と博多――写真で読む蒙古襲来――』に掲載されているポスター広告と比較すると、イラストの構図上に差異があるが、その他はほとんど同じである。『東雲新聞』誌上のそれには、高い塔の側面に「紀念碑ノ構造方ハ尚ホ技術上ノ参考ヲ求ムルニ付意見アル諸君ハ幸ニ勧告ヲ賜へ」とあるが、もう一つポスター広告には、この文字は見当たらない。その三、「元寇紀念碑建設広告」とあり、前二者と同様イラスト入り。構図はやや前二者

明治二十二年二月九日　東雲新聞　第三百貳拾號　附録

元寇紀念碑建設費募集廣告（蒙古首切塚紀念碑改稱）

我國古來外寇ノ事ヲ語スルニ三尺ノ童子モ蒙古襲來ノ當時ヲ言ハサルハ無シ單ニ和漢年契ヲ閲スルニ弘安四年元大擧入寇蓋シ之ト彼レ至元十八年師臻于大日本トハ則此役ナリ其顚末ニ至テハ載テ我ノ歷史上ニ昭々タルヲ以テ爰ニ贅セス而シテ其現場タルヤ筑前國那珂御笠糟屋怡土志摩早良等ノ數郡ニ跨リ博多灣ノ海瀕ニ沿ヒ當時ノ戰場ト稱スルモノ各所ニ散在シ殘堡斷壘猶ホ存スト雖ドモ既ニ六百有余ノ星霜ヲ經桑滄モ皆ナラス好古有識ノ士ニ非サルヨリハ之ヲ問フモノ稀ナリ僅カニ糟屋郡志賀島村海岸ニ蒙古首切塚ト稱スルモノ在ルモ一小丘ニ兩三ノ松ヲ存スル而已ニテ土人ノ指點ヲ求ムルニ非サレハ亦何物タルヲ知ルニ由ナシ嗚呼空前絶後如此外寇ノ衝ニ方リ勁敵ヲ海隅ニ窮追シ將ヲ屠リ士卒ヲ鏖レ彼ノ不世出ノ豪雄ヲ以テ宇內ヲ睥睨シタル元ノ世祖忽必烈ヲシテ肝膽寒カラシメ日本ノ威烈ヲ海ノ內外ニ輝カシタル名蹟ヲ獨リ土人ノ口碑ニ委シ之カ紀念トスヘキ一片ノ石タモ留メサルハ豈ニ遺憾ナラスヤ蓋シ四海同仁均ク是人也誰カ其命ヲ重ンセサラン唯タ國ノ爲メニ輕キ而已誰カ後昆ナカラン彼レモ亦哭シテ天涯ヲ望ミ吊祭向フ處ヲ知ラサルノ憾ナカル可ケンヤ干茲乎同感ノ士ト謀リ一大紀念碑ヲ此地ニ建テ以テ古英雄ノ偉勳ヲ不朽ニ表旌シ魂魄モ亦歸スル處アラシメント欲ス殊ニ其海岸タルヤ瀛舩出入ノ咽喉ニシテ內外人過ル毎ニ要地名稱タルヲ稱贊歎美スルノ海門タルニ於テヲヤ果シテ此工成ルノ後一目瞭然見ル者自ラ我國權ノ貴重スヘキヲ知リ且ツ之ヲ擴張スルニ鋭意ナルト同時ニ將來ヲ警戒スル其効豈少小ナランヤ江湖愛國ノ志士希クハ幾分ノ資ヲ投チ贊成助力アランコヲ

一義捐金申込期限且収納期限共募集金ノ都合ニヨリ追テ各地ノ新聞紙ヲ以テ廣告スベレ

元寇紀念碑假定ノ圖

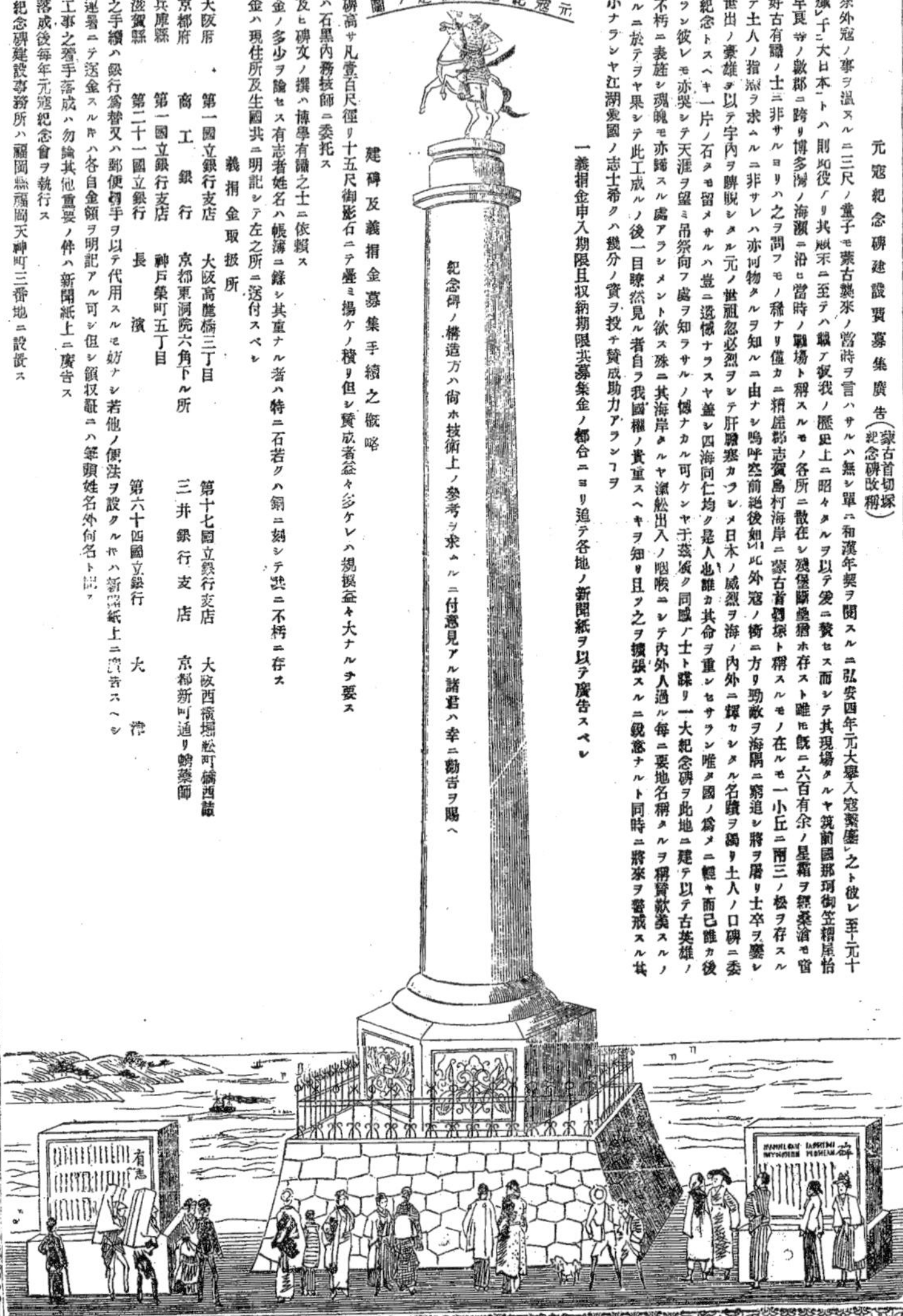

建碑及義捐金募集手續之概略

一紀念碑高サ凡壹百尺徑リ十五尺御影石ニテ疊ミ揚ケノ積リ但シ贊成者益々多ケレハ規模益々大ナルヲ要ス
一工事ハ石黑內務技師ニ委托ス
一篆額及ヒ碑文ノ撰ハ博學有識之士ニ依頼ス
一義捐金ノ多少ヲ論セス有志者姓名ハ帳簿ニ錄シ其重ナル者ハ特ニ石若クハ銅ニ刻シテ碑ニ不朽ニ存ス
一義捐金ハ現住所及生國共ニ明記シテ左之所ニ送付スベレ

義捐金取扱所

大阪府	第一國立銀行支店	大阪高麗橋三丁目	第十七國立銀行支店	大阪西横堀松町橋西詰
京都府	商工銀行	京都東洞院六角下ル所	三井銀行支店	京都新町通リ蛸薬師
兵庫縣	第一國立銀行支店	神戸榮町五丁目		
滋賀縣	第二十一國立銀行	長濱	第六十四國立銀行	大津

一送付之手續ハ銀行爲替又ハ郵便切手ヲ以テ代用スルモ妨ナシ若他ノ便法ヲ設クルトキハ新聞紙上ニ廣告スヘシ
一數名連署ニテ送金スルトキハ各自金額ヲ明記アル可シ但シ領収證ニハ筆頭姓名外何名ト記ス
一建碑工事之着手落成ハ勿論其他重要ノ件ハ新聞紙上ニ廣告ス
一建碑落成後毎年元寇紀念會ヲ執行ス
一元寇紀念碑建設事務所ハ福岡縣福岡天神町三番地ニ設置ス

『東雲新聞』、明治二十二年二月九日付　附録と異なる点がある。

註

「元寇紀念碑建設義捐金募集広告（蒙古首切塚紀念碑改称）」の全文は、〔概観的史料10〕『元寇紀念碑来歴一斑』に収録されている。この中では、亀山上皇の名は出てこない。また、北条時宗に関しての言及もない。ただ、「広く同感の士と謀り、一大紀念碑を、此地に建て、以て古英雄の偉勲を、不朽に旌表し、魂魄も亦帰する所あらしめんと欲す」とあるだけである。しかし、馬上姿の北条時宗像が、この新聞広告とポスターに描かれていることは、湯地丈雄の脳裏には、北条時宗が浮かんでおり、この人物を意識していたと言えよう。さらに、この「元寇紀念碑建設義捐金募集広告」には、「粕屋郡志賀島村海岸に、蒙古首切塚と称するものある」とし、具体的地名を挙げている。最初のプランとしては、この地に元寇紀念碑を建設せんと考えていた。

〔工事過程史料13〕

○元寇紀念碑の規模——亀山上皇銅像——

亀山銅像は敷地一万坪の内、基台の坪数五百坪、地上よりの総高さ七十一尺、基台の土盛りは福岡市民総動員的に協力奉仕し、毎日各町交替割当制で多数の市民が出動し、モッコを担ぎトロッコを押して記念碑東方の砂地を掘下げて築き上げた、掘上げた砂地の跡は瓢箪形の池となり。今、東公園内に一抹の風致を添えるに至っている。——〔中　略〕——また亀山上皇銅像の木彫原型は博多出身で高村光雲氏の門下、当時写実派新進の彫刻家、在京の山崎朝雲氏（春吉）が製作を担当、委嘱を受けて既に明治三十四年には完成し、東京で銅像に鋳造されて運搬されて来たもの、身丈け一丈六尺、立纓の冠を戴いた束帯姿で手に笏を構えて遥かに博多湾を睥睨する立体の英像である。記念碑台座の花崗岩正面に嵌入されている銅製「敵国降伏」の四文字は、筥崎八幡宮楼門の欄間に掲ぐる醍醐天皇の宸筆を転写したものである。

（博多を語る会「偉大なる洋画家――矢田一嘯画伯の生涯《元寇記念碑建設、陰の協力者》――」、『博多資料』、第九輯、一三頁）

註

「東京で銅像に鋳造されて運搬されて来た……」とあるが、これは誤り。〔概観的史料10〕『元寇紀念碑来歴一斑』によれば、佐賀県の谷口鉄工場で鋳造しているのであり、この部分は訂正を要する。

〔工事過程史料14〕

○　亀山上皇銅像関係の新聞記事二種

・亀山上皇銅像原型に就て　元寇紀念碑亀山上皇の銅像原型を、福岡に輸送の途次、京都に安置し、公衆に拝観せしめんとの事、広橋伯より京都有力者に依頼し、木下京都大学総長等種々尽力し居る趣なるが、同原型ハ何分一丈六尺なれバ、之が安置の場所ハ狭隘にては不可なりとて、色々協議中にて、岡崎町博覧会館内、若くハ御苑内博覧会場中庭等に為さんかとの議もあり。場所の決定次第、新橋より汽車便にて発送する由。

（『読売新聞』、明治三十六年九月三十日付）

・亀山上皇御銅像の急工事　福岡市東公園内に建設の、同御銅像工事ハ、来る二十五日までに、除幕式挙行の予定を以て、日夜工事を急ぎつゝあるが、右ハ本年恰も亀山上皇六百年忌に当り、時局ハ元寇襲来当時とも似たれバ、是非とも本年中に竣工せしめ、愈々上皇の御稜威を輝かし、併せて国民の歴史的観念を、深くせざるべからずとて、失費を吝まず、急工事をなしつゝある次第なりと。

（『読売新聞』、明治三十七年十二月十二日付）

〔工事過程史料15〕

○　成功除幕祝詞

明治三十七年十二月二十五日

元寇紀念碑建設竣工ヲ告ケラレ、本月本日ヲ以テ、除幕式ヲ挙ケラル。是レ実ニ帝国ニ於ケル厚徳美磧ヲ、万古ニ貽シ、益々忠愛ノ精神ヲ、国家ニ涵養スルノ渕源タルヲ、祝セサル可カラス。

抑モ斯業ヲ当地ニ起シタル原因ハ、明治十九年六七月ノ頃ニ当リ、不肖身ヲ顧ミス陰カニ古戦場ヲ吊ヒ、余情交々深キニ際シ、同年八月十五日、長崎港ニ於テ、支那北洋艦隊ノ水兵暴動ニ鑑ミ、国家ノ為メ、元寇歴史ヲ温活スヘキノ急務ヲ感シ、二十一年一月、紀念碑建設ノ挙ヲ唱導シ、献身敢テ其労ニ当リ、次第ニ朝野ニ賛成セラレ、二十三年四月二日、千代松原ニ、地鎮祭起工式ヲ挙ケ、経営稍ヤ進ミ辱クモ聖聞ニ達シ、同年十二月十七日、内帑金千円ヲ、福岡県ニ賜ヒ、愈貴重ノ事業タルニ至レリ。爾来任益々重ク、力微ナリト雖モ、世運ノ迎フル処アリ。全国ノ謳歌ハ頻リニ、元寇反撃ノ当時ヲ、喚起聯想セシメ、都鄙普ク口ニ、四百余州云々ノ曲ヲ諳ンスル。折柄征清膺懲ノ軍起リ、陸海ノ貔貅、足ニ四百余州ノ地ヲ踏ミ、連戦連捷終ニ、全勝凱旋ノ曲モ、亦此声ナラサルハナク、今ニ猶ホ熾ンナリ。是レ即チ歴史温活ノ特徴ナリ。明治二十九年十一月二日、特旨ヲ以テ、故宗助国故平景隆ニ贈位ノ恩典アリ。明年三十四年、衆議院ハ満場一致ヲ以テ、元寇殉難者ニ報ユルニ、国祭ヲ以テスヘキコトヲ建議セリ。他日必ス朝命出ツルヲ、疑ハサルナリ。

明治三十七年五月十七日、特旨ヲ以テ故北条時宗ニ、従一位ヲ贈ラセ給フ。嗚呼聖恩枯骨ニ及ヒ、億兆感泣セサルモノナク、時恰モ征露膺懲ノ軍起リ、陸海戦闘方ニ酣ナルニ際シ、将士之ヲ聞キテ、益感憤興起シタルヲ信ス。況ヤ本年ハ亀山天皇崩御六百年ニ相当セラレ、偶々振古無比ノ外患ニ接遇シ、億兆一心君国ニ報ユルノ秋ニ於テヲヤ。宜哉、志士仁人ノ公徳ハ、終ニ天皇ノ尊像ヲ、元寇紀念碑頭ニ推戴シ、十数年来至難ノ事業、全ク成功ヲ奏セラル。是レ則チ終局担任諸君ノ功績ニシテ、其名誉ハ紀念碑ト共ニ長ク仰クヘキナリ。

特ニ材料地金タルヤ、明治二十七八年役ノ戦利品ヲ得テ、用ヰラレタルハ、深キ因縁アルヲ感セスンハアラス。惟フニ目今ノ征露軍ハ、其労其苦固ヨリ前役ノ比ニ非スシテ、連戦連捷其勲烈ノ偉大ナルハ、宇内ヲ照シテ、余リアリ。是レ蓋シ神霊ノ冥護ニ依ルナルヘシ。従テ戦利品モ亦幾倍ナルヲ以テ、之モ早晩尊像ノ傍ラニ併列セラレテ、全勝奉告ノ日アルヘシ。仰キ希クハ当年ノ忠魂義魄モ亦来リテ、皇運ノ元気ヲ擁護セラレ、敵国降伏ノ速カナランコトヲ、至誠懇禱シテ止マサルナリ。今ヤ天下ニ紀念碑多シ。焉ソ此ノ元寇紀念碑ニ如クモノアランヤ。茲ニ全国同心ノ衆徳ヲ諧称シテ、古今独歩ノ豊碑タル所以ヲ反履シ謹テ祝ス。

元寇紀念碑建設首唱

（湯地丈雄『元寇画帖——護国記念精神教育——』）

註

亀山上皇は、第九十代の天皇。名は恒仁。後嵯峨天皇の子。建長元年に生まれる。兄の後深草天皇の後を継いで、正元元（一二五九）年即位する。文永十一（一二七四）年に、子の後宇多天皇に譲位し、上皇となる。院政を執り行なっている時、元寇役に際会している。上皇は、石清水八幡宮に御幸して、異賊撃攘を祈禱されたりしている。明治三十七（一九〇四）年十二月二十四日に、元寇紀念碑建設運動のシンポルとして、千代松原、今の福岡市博多区東公園内に、亀山上皇銅像となって、その姿を現わしている。紀念碑建設運動とそれに伴う、護国運動の、具現化した形である。立纓姿の亀山上皇銅像の高さについては、次のような事情があった。像そのものの高さは、四・八メートル。東公園内に隣接して立つ日蓮聖人銅像より、像の高さははるかに小型なので、台座を高くしている。さらに、亀山上皇の冠の纓——冠の後につける装飾用の薄絹の細長い布——を長くして、日蓮聖人銅像よりも、亀山上皇銅像の合計の高さを、〇・三三メートル高くしている。これによって、天皇の権威を保つこととなった。

（井上精三『博多郷土史事典』、四四—四五頁を一部参照）

〔工事過程史料16〕

○　元寇紀念碑除幕式を報ずる新聞記事および紙面

予て東公園に建設工事中なりし、元寇紀念碑愈々竣工したるを以て、松青く砂白き同公園に於て予報の如く、一昨日開幕式を挙行したり。先づ水茶屋通りより、公園地に至る入口に、大緑門を設け、路上には球灯を縦横吊せり。

（五）　明治三十七年十二月廿七日　九

雜報

●元寇紀念碑除幕式　豫て東公園に建設工事中なりし元寇紀念碑愈々竣工したるを以て一昨日開幕式を擧行したり先づ水茶屋通りより公園地に至る入口に大緑門を設け路上には球灯を縦横に吊せり式場は同碑前にて周圍には幔幕を張り廻しありたり午前十一時三十分煙火三發開式を報じ來賓一同着席し山田委員副長開式を告げ終つて湯地委員長石階を上り舞鶴音樂隊君が代奏樂の裡に徐々開幕したり（此間來賓起立一同脱帽敬禮、軍隊捧銃）軈て湯地委員長は石階を降りて來賓一同に一場の挨拶をなして後同委員長音頭を取り大日本帝國萬歳を三唱し全く式を終りしは同四十五分なりき、來賓は夫れより假設されたる二棟の宴會場にて立食の饗應あり博多中券番の美形二百餘名杯盤の間を斡旋し一同歡を盡し各自退散したり又た餘興として柔術、擊劍の演武ありたり、當日の來賓は文武高等官、名譽職員、有志、新聞記者、各夫人等約千名にして其他式場に參列したるは歩兵第〇〇聯隊第〇ノ隊、男女師範學校、修猷館、工業學校、農業學校、商業學校、高等女學校生徒等なりき因みに舞鶴、鎮西、筑紫の三音樂隊は絶へず嚠喨たる音樂を奏し興を助けたり

●祝電と紀念品贈與　一昨日の元寇紀念碑開幕式に祝電を寄せたるは曾我部道夫（前福岡縣知事）大阪市山崎忠門（同書記官）同佐野觀光、在京小林參事官及び鶴田技師等の諸氏なり又た同碑建設に特別の功勞ありたる諸氏へ左記紀念品及び感謝品を贈與したり

『九州日報』、明治三十七年十二月廿七日付、記事

元寇紀念碑除幕式

『福岡日日新聞』、明治三十七年十二月廿七日付、記事中の挿絵

式場は同碑前にて、周囲には幔幕を張り廻しありたり。午前十一時三十分、煙火三発、開式を報じ、来賓一同着席し、山田委員副長開式を告げ、終つて河島委員長石階を上り、舞鶴音楽隊君が代奏楽の裡に、徐々開幕したり（此間来賓学生一同脱帽敬礼、軍隊捧銃）。軈て河島委員長は、石階を降りて、来賓一同に一場の挨拶をなして、後同委員長音頭を取り、大日本帝国万歳を三唱し、全く式を終りしは、同四十五分なりき。来賓は夫れより、仮設されたる二棟の宴会場にて、立食の饗応あり。博多中券番の美形二百余名、杯盤の間を斡旋し、一同歓を尽し、各自退散したり。――〔以下略〕――

（『九州日報』、明治三十七年十二月廿七日付）

〔工事過程史料17〕

○亀山上皇御像の奉安殿――原型木像の行方と保存――

亀山天皇御像奉安殿

ここに奉安された御尊像は福岡市東公園に建てられた亀山天皇の御壮年時代の御像の原型であります。

亀山天皇（一二四九～一三〇六）は第九十代の天皇にましまし、蒙古が我が国を侵略しようとした文永・弘安のたたかいのとき「わが身をもって国難にかわらん」と伊勢皇大神宮に敵国降伏を祈願された英主であります。

明治の中頃、元寇六百年を記念して博多湾の戦跡一望の地に天皇の御像が建立されることになりましたが、その製作者に選ばれたのが当時高村光雲門下で若くして鬼才を発揮していた山崎朝雲でありました、山崎先生は光栄に感激してただちに製作に着手、京都南禅寺所蔵の法体の御画像、鎌倉鶴岡八幡宮所蔵の御衣、紀伊熊野速玉大社（新宮）御宝物の御剣御笏（しゃく）御沓（くつ）などを参考に非常なる苦心のもとに考証を重ねた結果、同三十五年九月御尊像の原型を完成致しました。そして御銅像は、三十七年十一月にこの原像をもとに鋳造を完了しましたが、高さ五、二四メートル（一丈六尺）重さは一万一千百キロ（三千貫）という大作で先生の出世作となったばかりでなく先生一代の代表作であります、先生はその後芸術院会員、帝室技術員の栄誉を極められ、昭和二十三年には文化功労者に選ばれました。

御尊像（原型）は戦後の混乱のなかにあって一時行方がわからなくなりましたが、宗教法人神道新教の雲丹亀いと子教祖は、神示をうけて、御尊像を発見、昭和十二年五月十八日雲丹亀高次管長を同道して読売新聞社主、正力松太郎氏を訪問、天皇の御遺徳の顕彰で国民精神の作興を願って御尊像の寄贈方申し入れました、正力社主は、その願いを容れよみうりランドに宮中賢所をかたちどった奉安殿を新築しご尊像を奉安した次第であります。

前記は「よみうりランド」の亀山天皇御像奉安殿前に掲示されているものであります、福岡市東公園（県庁前）の御銅像は建立後九十一年間一度も手入れがなされず将来の護持保存に福岡県・福岡市等の自治体の関心も薄く心痛めている次第です、多くの方々の御理解をお願い致します。

湯地丈雄顕彰会

（野上伝蔵『湯地署長――元寇紀念碑の由来――』、第二刷、牟田敏雄発行、附録巻末）

第三部　幻灯史料

——初期の講演会は幻灯を携行——

〔幻灯史料1〕

○護国談元寇歴史映画概略／《参考》本仏寺所蔵の「種板三十八枚」

《解説》「護国談元寇歴史映画概略」は、幻灯を映して人々に、「元寇歴史」の話を進め、理解させるに当たっての口上である。幻灯の場面は、三十枚の光景を写し出していたようである。それぞれの場面、場面において、強調すべきポイントが、（　）内に示されている。弁士――湯地丈雄その人であった――は、声をはり上げて熱演し、満場の人々に訴えたのである。明治期の幻灯については、日本近代教育史事典編集委員会編『日本近代教育史事典』には、次のようにある。以下要旨を引用してみよう。
「明治七年（一八七四）手島精一が西洋式幻灯機と写真ガラススライド七〇枚を外国から持ち帰り、幻灯を教育的に利用することを文部省に進言した。「幻灯」の命名者は彼であるといわれている。同十三年文部省は写真業者鶴渕初蔵と中島待乳に教育幻灯画の製作を委嘱し、全国の師範学校に配布した。しかし同十六年に文部省は経費上の理由で中止した。その後鶴渕初蔵が独力で社会教育向けのスライド製作を続け、大日本幻灯教育会を組織し全国に普及させた。そして各地で教育幻灯会が開かれるようになった。社会教育への利用は盛んであったが学校教育への利用は余り振わなかった」（四一一頁）。ここに出てくる「鶴渕初蔵」という人物こそ、「護国談元寇歴史映画」（映写器械ともども）を、売り出している発売元であった。

左の映画は、元寇歴史の概略にして、添ふるに数十枚の精神的映画を以てす。元寇紀念碑建設の美挙、全国同心となりしこと自ら瞭然たり。普通の遊戯物と同視すへからす。

〔一〕元主忽必烈の寵を得たる、高麗人趙彝なる者、巧みに日本を征服するの策を献す。元主の意益々決す。（大敵なる哉）。

〔二〕文永五年高麗人潘阜、牒書を齎し、筑前今津に上陸し、大宰府に到る。書辞甚た無礼也。（侮れる哉）。

〔三〕無礼の牒書を、鎌倉幕府に送る。執権北条時宗は、大ひに憤怒し、会議を開き戦ひを決す。(尤なる哉)。
〔四〕亀山天皇の叡慮を伺はんとて、牒書を朝廷に奉つる。(重大なる哉)。
〔五〕亀山天皇は深く叡慮を煩はし玉ひ、宮中の御評議一方ならす。終に牒使を郤けらる。(宜なる哉)。
〔六〕文永六年、元使黒的等、対馬の島民を捕へ、返り偽はりて、日本の使者と称し、元主に見へしむ。元主之に財宝を与ふ。(喰ましむる哉)。
〔七〕文永八年趙良弼、大宰府に来り、返書を促し、地形を月夜に探くる。(意ある哉)。
〔八〕趙良弼、終に返牒を得す。元主に見へ、日本の地理人情、侮とるへからさるを述へて諫言す。(思慮ある哉)。
〔九〕文永十一年十月、蒙古軍・高麗軍・印度軍合せて弐万五千、対馬を囲む。(急なる哉)。
〔十〕対馬の守護代宗助国は、八十余騎を卒ひて、島民と諸共に奮戦忠死す。(則りとすへき哉)。
〔十一〕敵軍は勝に乗して、壱岐を攻む。守護代平景隆は、一百余騎と島民も諸共に、国を枕に戦死す。(殉難なる哉)。
〔十二〕此時に当り、老幼婦女共々奮起し、敵軍に馳せ向ふ。(勇ましひ哉)。
〔十三〕賊兵等は婦女を捕へ降服を促し、縄を掌に透し舷に繋きて、苦しめたれとも、屈せすして死に就く。(烈婦なる哉)。
〔十四〕敵軍進て九州に上陸、筑前千代松原に陣し、民家に火を放ち、筥崎八幡宮の社殿も終に焼く。神官等皆な勇戦し、神輿を護り得。(忠哉敬なる哉)。
〔十五〕人民挙つて、勇を振ひ、大宰少弐の陣屋に到り従軍を願ふ。(義兵なる哉)。
〔十六〕賊兵等は、我か忠死者の屍体を裂き、肝を喰ひ血を啜る。(憎ましひ哉)。
〔十七〕賊兵の残酷、我か老幼の匿れ居るを探くるに付、我れと吾か子を坑に埋む。(悲しむへき哉)。

〔十八〕敵軍勝に乗して、水城に迫まる。我か守りの堅きを見て、退かんとす。(怖れたる哉)。
〔十九〕敵将劉復亨は、勇を奮ふて進む。大宰少弐、馬前に引寄せ一箭に之を斃す。(勲烈なる哉)。
〔廿〕十月廿日の夜、颶風大に起り、敵舩沈没するもの壱万余、残賊を捕へ之を水城に斬る。(天罰なる哉)。

〔廿一〕建治元年四月、元使杜世忠、何文著、撒都魯丁、及ひ書状官等五名長州室津に上陸し、同く無礼なり。之を鎌倉竜の口に斬り、益々節倹を天下に行ひ、軍備を厳にす。(時宗なる哉)。

〔廿二〕弘安四年、元軍再挙其数十余万人、東路軍は高麗より、江南軍は江南より、舩を発す勢ひ甚た急なり。(大軍なる哉)。

〔廿三〕五月廿一日、我軍進み邀へて、壱岐の海上に戦ふ。利あらす死傷甚た多し。(残念なる哉)。

〔廿四〕亀山天皇宸翰の宣命を、伊勢の神廟に捧けられ、身を以て国難に代らんことを祈らせ玉ふ。勅使土御門大納言参る。(畏ひ哉敬セヨ)。

〔廿五〕九州筑前の海岸には、石塁を築き備へを厳にして待つ。伊予国河野通有は、陣を塁外に張る。(狙らへる哉)。

〔廿六〕河野通有は、軽舸を飛はして進み、檣を仆し梯となし、敵舩に乗込み、重傷を負ひなから、遂に敵将を擒にす。(大勲なる哉)。

〔廿七〕肥後国竹崎季長・大矢野種保等、敵舩に切込み、敵将の首級を取る。(功なる哉)。此図は有名なる、竹崎絵巻物にて、宮中の御物となれり。

〔廿八〕日本の忠勇者は、先きを争ひ敵舩に切込み、火を放つ。敵軍大ひに狼狽す。(快なる哉)。

〔廿九〕十万の敵軍は、日本の勇を恐れ、上陸すること能はす。七十余日の間海上に在り、七月晦日の夜、颶風大に起り、敵舩皆な破る。我軍撃て之を鏖殺す。三人を免し生きて還らしむ。(大勝なる哉)。

〔卅〕忽必烈の顧問官伊太利人マルコポロ、元軍の日本に討ち負けたる事を記録す。名誉なる日本帝国あるを、西洋に知られたる初めとす。明治十三年に伊太利皇孫（ゼノア）は、舩を筑海に寄せ、古戦場を問ひたり。（国光なる哉）。

「嗚呼日本の歴史名誉を、宇内に顕著ならしめたるは、夫れ誰の賜物そや。其恩に報ひ其功を旌はすの報国心、なかるへけんや。忠臣の心ハ、忠臣知る。英雄の心ハ、英雄知る。豈に多言を要せんや。盖し歴史的護国の観念発達せすんは殆深からす、思はざるへけんや。右此映画ハ、東京浅草並木町四番地鶴渕初蔵にて製造す。希望者は同方へ注文あれ。

（湯地丈雄『元寇夜物語り』、五―八頁）

註※

「護国談元寇歴史映画概略」の「映画」とは、幻灯のことである。今、我々が考えている映画――活動写真なども称した――とは、全く異なるものである。幻灯とは、ガラス板（種板）の絵・フィルムなどに光を当て、レンズで拡大して、映写幕に映して見せる装置。映写幕に投影された絵は、静止した形で映し出される。英語のマジック・ランタンを、このように訳した。幻灯使用は、初期の視覚教育と言えよう。「数十枚の精神的映画」を、映写幕上に写して、それぞれに解説を加えながら、幻灯会は進行していった。ここに掲げたのは、それぞれの場面ごとの解説である。なお、幻灯として映写された一齣一齣の場面についての絵――「元寇歴史映画」――は、文献として残存していない。投影される幻灯の絵それら一つ一つの齣数の説明は、三十場面に及んでいる。したがって、三十齣の説明には、それぞれに対応するべき画像が、もともとは存存していたはずである。しかし現在、それら画像の基となる、幻灯の原版たるガラス板は、残念ながら現物が残存していない。そのため、どのような光景が描かれていたかを知り得ない。

註※※

『よみがえる明治絵画――修復された矢田一嘯「蒙古襲来絵図」――』によれば、「ガラス板に着彩」の「幻灯種板　三十八枚」が、本仏寺に所蔵されているとの事である（同書、七七頁）。「種板三十八枚」は、ガラス板三十八齣と言い換えられよう。これら三十八枚は、枚数的にも湯地丈雄が使用した、三十枚のガラス板の齣数とは一致しない。したがって、湯地丈雄が携行使用した幻灯用のガラス板とは、数的には異なっている幻灯史料であるようだ、とも言い得よう。同書では、「佐野前励を中心として日蓮宗の僧侶たちは、湯地らとは別に日蓮聖人像建立を計画し、彼らも全国行脚を重ねていた。この計画の義捐金募集のため、幻灯会と呼ばれたスライド映写会がたびたび行なわれた」と、述べる（七七頁）。さらに、「幻灯種板　三十八枚」は、「山口県山陽町の妙蓮寺にかつて伝来していたものである」（七七頁）と、本仏寺所蔵に帰している「幻灯種板　三十八枚」の由来を、語っている。日蓮宗僧の佐野前励師――本仏寺の住職――の縁で、本仏寺に伝わっている幻灯史料なのである。

ここで、本仏寺所蔵のガラス板の「幻灯種板」の内、九枚が同書二四―二五頁にカラー写真で載っているのを見てみよう。推定になるのだが、湯地丈雄が携行使用したであろう、ガラス板の内容を想像できる。三十齣も、色彩とか構図も、ほぼ同じようなものであったのだろう。あるいは、全く同じもの三十齣が、三十八齣に含まれていたとも考えられる。三十齣が、三十八齣という、齣数の差は気になるところだが。

註※※※

前掲の〔幻灯史料1〕「護国談元寇歴史映画概略」には、その末尾に次のようにある。「此映画ハ、東京浅草並木町四番地鶴渕初蔵にて製造す。希望者は同方へ注文あれ。」と（湯地丈雄『元寇夜物語り』、八頁）。「此映画」は一般にも広く、市販されていたのである。「此映画」こそ、湯地丈雄が、初期の頃――十四枚の大油絵――パノラマ画・テンペラ画――が出現する前――携行使用したものであった。さらに、『増補　元寇反撃　護国美談』の巻末には、「護国談幻灯注意」とあり、その中に「護国幻灯器械映画ハ、東京浅草区並木町鶴渕初蔵、改良製造品トス」とある。これによれば、「改良製造品」も市販されていたのだ。そうなると、本仏寺に現在まで伝来所蔵されている、三十八枚の「幻灯種板」は、「護国談元寇歴史映画概略」（『元寇夜物語り』所収）にある、「映画」そのものか、あるいは、『増補元寇反撃　護国美談』にある、「改良製造品」の「映画」の可能性が高くなる。本仏寺の所蔵の「幻灯種板」の三十八枚は、そのどちらかの一式三十枚と、その他の八枚が、混在して現在まで伝来しているのかもしれない。

註※※※※

幻灯の「種板」――「映画」、あるいはガラス板――の作者は誰か。本書第六部の〔絵画関連史料1〕に出てくる鶴渕信英ではなかったか。「国民教育元寇油絵大幅製作序言」（広告ビラ）には、「明治廿三年ニハ、大油絵ヲ鶴渕信英氏ニ描カセ、伊勢神宮ノ傍ニ公示シ、終テ之ヲ学習院ニ献シ」とあるが、この「大油絵」六枚を描いた「鶴渕信英氏」の可能性が高い。この「大油絵」六枚は、矢田一嘯描くところの十四枚大油絵――パノラマ画・テンペラ画――とは全く別物であり、矢田一嘯のそれよりも、先に早く製作され、前段階の言わば先駆け的存在であった。その理由は、こうである。〔幻灯史料1〕「護国談元寇歴史映画概略」(『元寇夜物語り』所収)にも、『増補 元寇反撃　護国美談』においても、「鶴渕初蔵」なる者が、「映画」の販売行なうとしている。「伊勢神宮ノ傍ニ公示シ、終テ之ヲ学習院ニ献シ」たところの「大油絵」を描いた人は、「鶴渕信英」である。「鶴渕」という、珍しい姓が両者に共通している。このことは、偶然とは思われない。両「鶴渕」には、血縁関係があったと思われる。「鶴渕信英」は、作者として、六枚の「大油絵」を描く傍ら、「映画」製作を行ない、一方、「鶴渕初蔵」は、これを売り捌く販売者として、両者任務分担をしていたのではないか。

《**参考**》本仏寺所蔵の「種板三十八枚」。この中には、湯地丈雄が、護国幻灯会で使用した、幻灯映画――種板・ガラス板のこと――三十齣も、内容的には含まれていた可能性がある。湯地丈雄が実際に携行使用した幻灯映画そのものは、失われてその内容を、知るよしもない。だが、本仏寺所蔵の「種板三十八枚」が存在していることを鑑み、そこから、湯地丈雄も多分同一種類のもの――若干の出入はあるにしても――を、使ったらしいと推定できる。

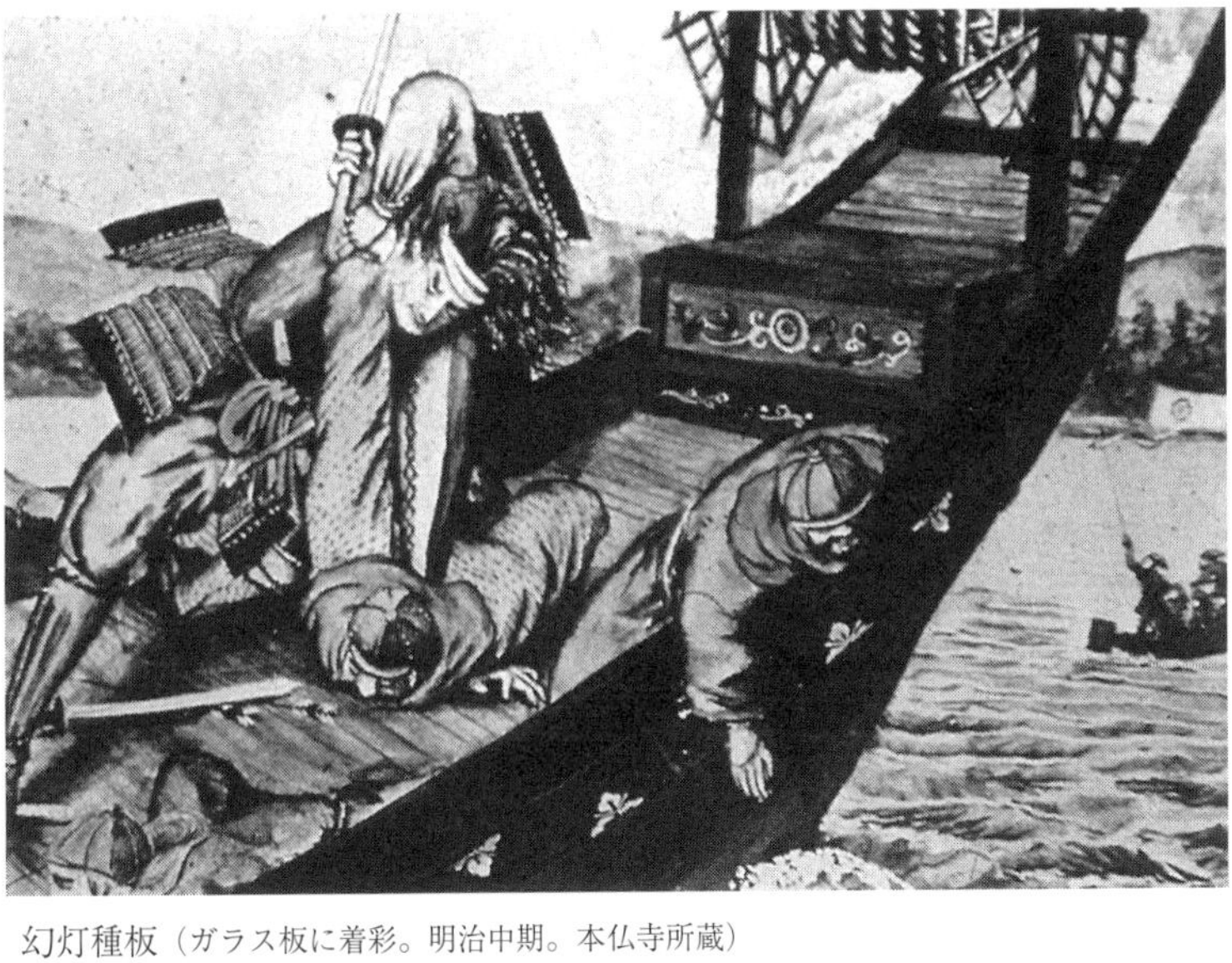

幻灯種板（ガラス板に着彩。明治中期。本仏寺所蔵）
（西本匡伸『よみがえる明治絵画――修復された矢田一嘯「蒙古襲来絵図」――』、24頁より転写）

同　書、24頁より転写

同　書、24頁より転写

同　書、24頁より転写

同　書、24頁より転写

同　書、25 頁より転写

同　書、25 頁より転写

同　書、25 頁より転写

同　書、25 頁より転写

〔幻灯史料2〕

○ 元寇紀念護国談幻灯注意

一 護国談幻灯会ハ、元寇当時ノ歴史ヲ喚起シ、国民固有ノ報国心ヲ温メ、教育的ニ利用シ、内国人心ノ一和一致ヲ助ク。

一 護国談幻灯会ハ、尋常ノ遊戯視ス可ラス。奏楽唱歌ヲ加へ、精神ヲ養フヘシ。

一 護国談幻灯会ノ請求者へハ、車馬賃宿泊料又ハ場所入費ヲ支弁セシメ、其他ノ報酬ヲ受クル場合ニハ、名義ヲ明カニシ、受授ヲ明白ニシ、運動実費ヲ償ヒ、余剰アレハ建碑ノ資トス。

一 幻灯会ハ屋内ヲ可トス。屋外ナレハ闇夜ヲ可トス。

一 無感覚無神経ノ人ニハ、幾度ニテモ云ヒ聞カセ、護国心ノ種ヲ播クヘシ。

一 歴史的ノ感情ヲ、各自ノ脳髄ニ勃発シ、元寇紀念碑ヲ起ス所以ヲ感シ、義助金ヲ出スノ忠愛心アラハ、多少トナク福岡県庁又ハ福岡県福岡第十七国立銀行、又ハ各特約銀行へ送ルヘシ。送金手数ヲ厭ハヽ、郵便切手ニテ送ルモヨシ。

一 勧募者出先ニ於テハ、現金一切取扱不申候。但金額ノ通知ヲ受クルモノトス。

一 附言元寇反撃ノ幻灯映画使用ニ付、説明者ノ精神ヲ慎ムヘシ。普通ノ遊戯視サル、如キハ、甚タ忌ム処ナリ。洗心思ヲ凝ラシ、忠勇国ヲ担ナイ、悲憤涙ヲ揮ヒ、慷慨声ヲ励マシ、以テ抑揚節ヲ成シ、高尚優美、苟モ坊間ノ玩弄物ト、趣ヲ同フスル勿カレ。

重二自国之歴史一者文明之士、軽二自国之歴史一者不教之民、文明之士者養二護国之元気一不教之民者忘二建国之皇恩一。

（湯地丈雄『元寇夜物語り』、末尾）

註

幻灯を携行しての全国を巡る講演会。正式な名称は、「護国談幻灯会」であった。そして、その幻灯会を開催するのは、元寇紀念碑建設のための、「義助金」を、人々に求めるためであった。なお、「幻灯会ハ屋内ヲ可トス。屋外ナレハ闇夜ヲ可トス」とあり、日中に幻灯を見せることの難しさ述べている。後日に至り幻灯映写の制約を乗り切るため、幻灯に代わって矢田一嘯描くところの、大油絵――パノラマ画・テンペラ画――を、携行しながらの講演会になっていった。幻灯から大油絵――パノラマ画・テンペラ画――へと、移行となったのは、幻灯の有する欠点に由来している。

〔幻灯史料3〕

○ 幻灯会のエピソード

明治二十七八年吾が帝国は隣邦清国と開戦し、国家極めて多事の際国民に軍事思想を養はんと、千古只一度の蒙古襲来の実況を幻灯にして、湯池丈雄氏が九州各地を巡講する時、我が海東村附近は小川町妙音寺に、四ケ村集合の幻灯会があつた。著者の余は当時尋常小学四年生であつたが、映写幕に写る宮内省の元寇記念碑建設に金壱千円御下賜の文を其の場所で読むことを命ぜられた。当時、校長は河瀬峰吉先生・受持は沢田千代喜先生。小川町附近生徒父兄妙音寺の堂を埋めた中で、

福岡県今般元寇記念碑建設
之趣被聞食金千円下賜候事

といふのが現はれ、「被聞食金千円」を「聞せられ食金千円」と読んだのを、湯池氏から食金ではない、聞被レ食キコシメサレである、と訂正したのを今尚記憶してゐる。

其の後湯池氏を主とし、村の人々の調査でやがて海東村北海東平原の地に、季長公の墓といふのを発見し、全村の光栄として墓地を整理し、小学校は香鉢及花罎を石造にして寄進し奉り、季長公の功績と、村の名誉を狂喜した。

（広田哲堂『竹崎季長公と元寇の国難』、五八―五九頁）

註

この記述では、幻灯会の年月日が記されていない。だが、『湯地丈雄』（仲村久慈）の「百万人に達する足迹と聴衆員数の一覧表」を見ると、そこには明治二十八年十一月五日の項に、「下益城郡小川　同　二一〇〇」とある。「同」とあるのは、「生徒有志」で、その数字は参加人数。大パノラマ画――油絵・テンペラ画――は、時期的に製作されてはいない。したがって、未だ使用されていない。

ところで、「被聞食金千円」云々についての一件であるが、湯地丈雄の諸著作に「広告」として、しばしば登場する。「福岡県、今般有志ノ者共、其県下ニ於テ、元寇紀念碑建設之趣、被聞食金千円下賜候事、明治二十三年十二月十七日　宮内省」とあるのが、それである。広田哲堂が、観覧した幻灯にも、この「広告」が入っていて、映写幕に写し出されたようである。

〔幻灯史料4〕

○ 元寇反撃の歴史画を幻灯を用い映す

元寇反撃の歴史画を、幻灯に映し学習院に於て、皇太子殿下の御覧に供へ奉りしは、明治廿三年十二月十五日のことなりき。いと思召に叶ひて、始めより作り置たる、同歴史の油画六枚は、同院に納まりて、永く保存の栄を蒙れり。廿四年八月二日、伊勢二見行啓所に於ても、再び幻灯御覧遊されたり。

――〔中 略〕――

いくたひも心つくしのうつし絵ハ
君のめくみに逢そうれしき　　丈　雄

（湯地丈雄『国民教育元寇画』）

註

幻灯を携行しての講演会は、日本全国各地の一般国民を、その対象にするのみならず、当時いわゆる貴顕と称された、天皇家および皇族の人々に対しても行なわれた。この史料では、矢田一嘯が、描いた十四枚の大油絵――パノラマ画・テンペラ画――以前に、もうすでに明治二十三年に鶴渕信英という人によって、製作の六枚――矢田一嘯が描くものとは全く別――の大油絵を基とし、これを「幻灯に映し」て、上映されていると述べている。鶴渕信英描くところの、六枚にわたる大油絵の原画は、伊勢神宮の傍に公示された後、学習院に献げられた。この経緯については、本書の第六部〔絵画関連史料1〕においても、史料を掲げつつ、その註で詳細に論じている。因みに最初期の幻灯上映は、齣数としては、そう多くなかったのかもしれない。後に、徐々にその齣数を増加させていったとも考えられよう。なお、「丈雄」として、湯地丈雄の短歌が、添えられている。その中で、「うつし絵」とあるが、幻灯のことで古い言い方である。

〔幻灯史料5〕

○湯地丈雄等の講演会日程——抜粋、幻灯携行しながら——

《解説》湯地丈雄等の講演会日程——抜粋——を、次に掲げよう。この講演会では、幻灯携行という形で行なわれた。そもそも、湯地丈雄等の講演活動は、明治二十四年から開始されている。仲村久慈『湯地丈雄』（牧書房、一九四三年）には、講演会の日程、場所そして講演を聞く対象者の身分が、詳しく記されている（二四八—二七四頁）。また、講演対象者の人数も明記されて、当時の講演会の有様を、偲ぶことができる。「明治二十四年」と「明治二十五年」の分を、抜粋して引用した。なお、この当時——明治二十四年・二十五年——講演会は、演説とともに幻灯が使用された。講演会を聴く人々は、軍隊・学校関係者が多かった。講演会が護国教育の場であるとの認識から、このような結果となったのであろう。勿論一般大衆を対象とした例も、見受けられる。

幻灯携行（初期の頃）

明治二十四年

四月二日	名古屋偕行社	将校及びその家族	三〇〇人
同七日	愛知県師範学校	学生及父兄	五〇〇
同八日	清流女学校	同	二〇〇
同十日	歩兵第六聯隊	将校及兵士	一五〇〇

同十一日	愛知県会議事堂	議員及官吏	三〇〇
同十二日	園町小学校	数校合併	一〇〇〇
同十三日	同	同	一五〇〇
同十四日	幅下小学校	同	三〇〇〇
同十五日	筒井小学校	同	一五〇〇
同十六日	愛知簿記学校	同	九〇
同十七日	歩兵第十九聯隊	将校及兵士	一四〇〇
同十九日	門前小学校	数校合併	一〇〇〇
同二十日	白川小学校	同	二〇〇〇
同二十一日	中教院	同	一五〇〇
同二十二日	関治小学校	同	四〇〇〇
同二十三日	尋常中学校	生徒及父兄	五〇〇
同二十四日	砲兵第三聯隊	将校及兵士	六〇〇
同二十五日	歩兵第十八聯隊	豊橋衛戍	一二五〇
五月二十四日	愛知県簿記学校	生徒有志	三〇〇
同三十日	西春日井郡二校学校	同	八〇〇
六月二日	名古屋菅原学校	同	一一七〇
同十三日	輜重兵営	将校兵士	三〇〇

同十九日	愛知郡役所	官吏学生有士一同	一〇〇〇
同二十三日	工兵営	将校兵士	四〇〇
同二十四日	海西郡津島小学校	生徒父兄一同	一〇〇〇
七月一日	静岡師範学校	職員生徒及父兄	五〇〇
同二日	同　校	陸軍将校官吏議員	一三〇
同三日	静岡市宝台院	父兄生徒	一〇〇〇
同四日	同　尋常小学校	職員生徒	三〇〇
同五日	同　高等小学校	生徒父兄	一二〇〇
同八日	愛知県宝飯郡国府	同	一〇〇〇
同九日	同郡　牛久保村	同	八〇〇
同十日	同郡　蒲郡村	同	八〇〇
同十一日	額田郡岡崎	有志者生徒	一〇〇〇
同十二日	渥美郡豊橋町	官吏有志	八〇〇
同十五日	静岡市宝台院	公衆	一二〇〇
同十六日	同	同	一〇〇〇
同十七日	江尻小学校	近郷各小学校生徒	一一〇〇
同十八日	三河国田原	有志一同	一三〇〇
同十九日	愛知県警察部	署長巡査教習生	一〇〇

同 二十二日	同県東春日井郡玉野村	有志生徒	七〇〇
同 二十八日	同渥美郡杉山村	同	五〇〇
同 二十九日	同郡　老津村	有志	一〇〇〇
八月二日	皇太子殿下幻灯再度御上覧を賜ふ。三重県二見ケ浦宝日館にて陪覧の栄を賜はりし者　二十五名		
八月十五日	大阪府中学校	国家教育全国大会	四〇〇
同 二十一日	大阪偕行社	将校及其子弟	三〇〇
同 二十二日	同砲兵営	砲兵輜重兵将校兵士	不明
同 二十五日	歩兵第八聯隊	将校兵士	一五〇〇
同 二十六日	歩兵第二十聯隊	同	一五〇〇
同 二十七日	騎兵第四大隊	同	二〇〇
同 二十九日	滋賀県神愛教育会	教育者学生	一五〇
九月三日	愛知県熱田神苑内	有志一般	一五〇〇
同 五日	同県東春日井郡小牧村	生徒父兄	二〇〇〇
同 六日	同郡第二高等小学校	同	一五〇〇
同 七日	同郡瀬戸村寺院	同	二〇〇〇
同 十二日	同郡役所	郡吏警官諸有志	一〇〇
同 十八日	名古屋錦城女学校	生徒父兄	一〇〇
同 二十九日	西春日井郡議事堂	同	四〇〇
十月二日	八名郡高木小学校	有志生徒	六〇〇
同 三日	南設楽郡新城町		一〇〇〇
同 四日	北設楽郡清崎	学校生徒及父兄	二五〇
同 六日	同郡　田口	諸官吏及生徒父兄	四〇〇
同 八日	同郡　名倉村	生徒父兄	四〇〇
同 九日	同　稲倉村	同	五〇〇
同 十一日	南設楽郡海老村	同	六〇〇
同 十二日	同　鳳来寺村	同	四〇〇
同 十三日	同　布里村	同	四〇〇
同 十四日	同　只持村	同	三五〇
十一月二十一日	仙台偕行社	将校及子弟	二〇〇
同 二十三日	同	同家族婦人	二〇〇
同 二十四日	仙台尋常師範学校	職員生徒	二〇〇〇
同 二十五日	歩兵第四聯隊	将校兵士	一五〇〇
同 二十六日	輜重兵第二大隊	輜重隊工兵隊	五〇〇
同 三十日	仙台五城館	警察部長県官其他	一〇〇

十二月一日	工兵大隊	将校兵士	五〇〇
同二日	仙台荒町小学校	生徒父兄	一五〇〇
同四日	歩兵第十七聯隊	将校兵士	五〇〇
同六日	志田郡古川町小学校	憲兵士官教員生徒父兄	四〇〇
同七日	遠名郡涌谷町小学校	郡長憲兵教員生徒	一〇〇〇
同八日	砲兵第二聯隊	将校兵士	七〇〇
同十八日	東京成城学校	職員生徒	四〇〇
同十九日	同	同	四〇〇

明治二十五年

二月一日	九段坂偕行社	将官以下将校家族	七〇〇
同二日	第三聯隊	将校兵士	一五〇〇
三月五日	福岡師範学校	生徒父兄	一五〇〇
同十日	歩兵第二十四聯隊	将校兵士	一五〇〇
同十四日	福岡県警察部		二〇〇
同十五日	福岡小学校	各校生徒及父兄	二二〇〇
同十七日	小倉高等小学校	軍人及生徒父兄	二〇〇〇
同二十一日	広島偕行社	将校及家族	五〇〇
同二十三日	同	師範学校中学校一同	五〇〇
同二十四日	同	官民一同	七〇〇
同二十五日	歩兵第十一聯隊	軍人	一〇〇〇
同二十六日	同	同	五〇〇
同三十日	東京錦輝館	東京教育社員	八〇〇
五月四日	九段偕行社	将校子弟家族	九五〇
同七日	本郷西片町久徴館	石川県人共立学生及小学生	一〇〇〇
同九日	九段偕行社	軍人及家族	八〇〇
同十四日	近衛第一聯隊	軍人一同	一二〇〇
同十七日	同第二聯隊	同	一二〇〇
同十八日	警視庁	警察官消防員	二〇〇〇
同十九日	同	同	二五〇〇
同二十四日	近衛歩兵第四聯隊	軍人	一五〇〇
同二十八日	錦輝館	小学中学生徒	七〇〇
六月二十五日	四谷小学校	四谷厚誼会友生徒	三〇〇〇
七月八日	麹町富士見小学校	生徒父兄	三五〇〇
同十一日	小石川表町薬王院	有志	六〇
同二十三日	神奈川県鎌倉光明寺	陸軍幼年学校生徒	三〇〇

同二十七日	同　鶴岡八幡宮	神官僧侶	六〇
八月七日	相州逗子細川侯別邸	同侯爵家家族一同	五〇
同九日	鎌倉片瀬竜口寺	学院生徒外有志	五〇〇
同十一日	鎌倉腰越村小学校	生徒父兄	五〇〇
同十三日	横須賀要塞砲兵営	将校兵士	七五〇
九月一日	東京府北多摩郡大宮校	生徒父兄及有志	八〇〇
同七日	青森師範学校	生徒父兄	三五〇
同十日	青森町小学校	同	一三〇〇
同十七日	函館商業学校	同	一一〇〇
同十八日	函館町会所	紳士有志	五〇〇
同二十一日	大谷派本願寺別院	門徒有志	二〇〇〇
十月三日	弥生学校	生徒有志	六〇〇
同八日	札幌女学校（二回）	生徒	五〇〇
同十日	札幌農学校	創成小学校外数校生徒	一三〇〇
同十一日	同	屯田兵司令部員	五〇〇
同十二日	同	本校外七校生徒	七〇〇
同十五日	新琴似兵村	将校兵士及家族	六〇〇
同十六日	篠路兵村	同	七〇〇
同二十日	滝川兵村	同	三〇〇
同二十三日	上川郡永山兵村	同	八〇〇
同二十四日	旭川兵村（二回）	同	一三〇〇
同二十六日	滝川兵村	同	五〇〇
同二十七日	同　上番外地	有志及土人酋長	一〇〇
同二十八日	江別兵村	将校士卒子弟	四〇〇
同二十九日	同第二中隊	同	四〇〇
同三十日	札幌大黒座	一般民衆	一六〇〇
十一月三日	山鼻兵村	将校子弟	四〇〇
同五日	琴似兵村	同	八〇〇
同八日	小樽港稲穂座	一般民衆	三三〇
同九日	同住吉座	同	一六〇〇
同十日	同	同	一四〇〇
同十二日	小樽開蒙小学校	生徒父兄	三五〇
同十四日	同末広座	一般民衆	一四〇〇
同二十五日	京都府尋常師範学校	知事及各官衙教育者生徒	六〇〇
同二十七日	下京高等小学校	生徒父兄	一二〇〇
十二月三日	同志社	学生及有志	八〇〇

同九日	上京高等小学校	生徒父兄及有志	八〇〇	同十九日	参州豊橋	佐藤大佐其他家族	六〇
同十二日	滋賀県	教育家生徒	九〇〇	同二十日	歩兵第十八聯隊	将校兵士	一五〇〇
同十三日	歩兵第九聯隊	将校兵士	一四〇〇				

（仲村久慈『湯地丈雄』、二四八―二五四頁）

〔幻灯史料6〕

◯　幻灯携行の際における講演二例

・明治二十三年七月（茗渓会での講演）

諸君は歴史上にて御存知の通り、日本国初以来、勝てば日本、負ければ異国といふ場合は、唯一度のほかありません。日本国内の軍さで、所謂、勝てば官軍、負ければ賊と称へたる言葉は、近年まで度々聞きましたが、今後は聞きたくありません。今日は一応元寇紀念日といふ問題が、現今の如く世の中に生れ出でたる濫觴を御話致し、諸君の御参考に供し、併せて御尽力を希望するのであります。

此挙は、明治十九年七八月の間に胚胎し、二十一年一月に至りて世に発表致しました処が、恰も好し、同年三月福岡県下に於て、参謀旅行の大演習あり、全国の参謀長は同県下に集り、其作戦方略たるや、内外の交戦に擬したれば、元寇の当時を追懐せざらんと欲するも、得べからざるの状況を呈しました。之がため、各将校の間に、元寇紀念碑建設の感情は自然に発動したるものと信じました。果して、伏見宮、北白川宮両殿下は、同じく御旅行先にて、率先御賛成を表せられたるを以て、発起人賛成者は漸次に増加致したので御座います。

されども此間に於て種々の惑説を為せる者なきに非ず、其一二を挙げれば。曰く、外国交際上に障碍はなきや。曰く、支那人の感情は如何。曰く、北条氏の功を表するは勤王心に背かざるや。或ひは古代を称するは保守的の仕事にして、文明的の事業にあらずと言ひ、或ひは勧業教育の如き急務に非ずと言ひ、不生産的なりと言ひ、手前勝手な妄想と疑懼とを抱きしものありき。中には学者、若しくは有志者と呼ばるるものにして、之に雷同するあり。是等の人々に対しては、書万巻を読んで国を読まざるか。日本政府夙に明あり、四百有余万の銀行紙幣面に、当時の戦況を掲げたる精神をも、国民未だ悟らざるか。国民にして無神経ならんか。其国土の危きこと累卵も啻ならず、眼を開けて宇内の形勢を観察せよ。何の暇ありてか牆に鬩ぐことを之れ為さん、と答へたる場合少からず。依て感情の分るる処如何を見る為に、善感簿、不善感簿と称する帳簿を製し、途には全国善感者のみと為さざれば惜かざるの希望を立てて居ります。

漸く二十一年の末、及二十二年の始めに当り、機会と援助とを得て、京阪地方より近県へかけて激励を試みました。是より初めて天下具眼の士此挙に許すに国家的問題たるを以てし、且外国人中にも此挙の美なるを感じ、賛成義捐する者あるに至りました。概略斯の如き景況にて今日の勢に至りしも、畢竟は時運の然らしむる所、自ら国家的観念の成長したるは御同慶のことと存じます。

冀くは諸君が教育者たるの地位に立つて、此事業の完全に大成し得らるる様、御尽力あらんことを熱望して止みません。

偖、右の如く建碑の事が、既に内外人の共に希望する所となりし以上は、お互ひに主客の別なく、遠近に論なく、共に相提携して国家の為力を尽したくと存じ、愚衷を残さず吐露しました。終りに臨み一言を立てて置きます、元寇紀念碑は、建てば国光建たねば国辱と。

・明治二十三年十月（東京教育会においての講演）

私は湯地丈雄と言ふ者であります。私は元寇紀念碑の建設に本望ありて出京しました、幸に教育会に加盟出席するを得ましたから、教育上平常に抱く処の精神を一言し得るの栄を得ました。然し学は古今に通じ識は東西に明かなる教育者諸君の前にてお話し致すとは無遠慮至極でありますけれども、御用捨を願ひます。又言葉の前後等は宜しく御取捨を願ひます。

却説御存じの通り、元寇紀念碑建設の趣旨は世上に普く知られて信ぜられましたが、最初の間は毎度人違ひ暗撃に逢ふた様な事がありました。何を指して暗撃と言ふなれば、近来は、紀念碑義捐の話が一時流行物となり、中には、頗る厭ふべきの性質もありし由にて、先づ紀念碑と聞けば主旨をも問はずして、冷却抹殺され、元寇紀念碑も之と同様に見らるることあり、其遺憾さは恰も暗夜の為か人違ひか、又は暗撃せられたの歟と忍びつつ居ることもありました。

畏くも亀山上皇の御身を以て、国難に代らんと祈らせ給ひし事、並びに北条時宗の堅忍不抜の勳烈も疎かにするとは勿体なし、又当時の戦況を描きたる銀行紙幣さへ、四百九十万枚も人の手に充満し、之を目に見ながら其精神に心付かざる無神経の国民あり、余りにも情なき次第でありました。今日となりては、朝となく野となく、遠近となく、宗旨党派の差別なく、異口同音に国家の問題たるを許し、国権上将来に有益たる事を唱導せらるる様になりました。日本国家の為にとり何より御同慶に存じます。諸君願はくば、将来の教育上に此挙を利用せられ、幼少の生徒の脳裡に護国心を自然に醸し養はれて生長させられんことを希望いたします。

然るに、或る一部の人にして左の如き説を為す者があります。

当時の勝利は、颶風の僥倖にありて将士の軍功は見るに足るものなし。敵兵十万を鏖（みなごろし）にしたるは一事の出来事として不問に附し去るも亦可なり。何が故に今日之を説く事を為さんや、且神仏に祈りし杯のことは妄誕笑ふべきものにして、究理上言語道断の至りなり云々。

扨も〳〵日本に生れて、日本に栖み居る人が日本を評するに、無情無徳義の極と言はなくてはなりますまい。歴史を繙けば、其身を其地に置きて考へなくては腐儒俗学の所謂書万巻を読みてを読まざるの誹りは免かれますまい。拙者の愚考に依れば、当時の事は武力ありし故に、夙に功ありと思ひます。文永の役、彼蒙古の大軍は壱岐対馬を奪ひ、乗じて、九州に襲来勢ひ猖獗を極め、筑前の海岸は尽く敵の有となり、我軍は潰えて大宰府に退き、漸く水城なる孤塁を守り防ぎたる位の事故、敵軍は大勝利を得、海岸は東西十里南北四五里の間には数万の軍をとどめ、陣を張り、営を敷くに充分なるべき陸地を捨てて、直に海上の船に引揚げしは則ち日本軍の武威を憚りたる事は今更論ずるに及びません。果して然らば日本国土を守りしは、日本人の武勲に帰せずしてはなりますまい。然して風に覆り海底の藻屑となりしは、彼の卑怯に在り、其風は即ち日本の為に天助たり。又神明の加護たるものでありませう。若しも其時敵兵は陸に留まりて船のみが覆没せしならば、数万の敵軍は背水の陣となり死地に入り幾層倍の猛威を逞ふしたでありませう。

又其次の弘安の役に大軍を鏖にせし事を考ふるに、伊予の河野通有の如きは家を出るに当り、若し十年間彼れより来らずんば我より進んで征伐せんと迄神明に誓ひを立て、其誓文を火に焚きて之を呑みたりとは最も有名なる決心にして、所謂其来るを待つといふ位でなく、我行きて之を征せんとの気焰ありし故に、博多海岸の守りは頗る厳重にして弘安四年に至り、十万の敵軍来ると雖も一歩も上陸する能はず、却て我より其船に仕懸け其将を擒（とりこ）にし、船を焼く等の働きを為すに敵軍は船中に守戦の位置となり居たる故に、一夜颶風の為めに覆へされ、我軍は之に乗じて追撃し大功を奏し、僅かに三人をして生還せしめたりとは彼れ自国の歴史に明記する所たるは御存じの通りであります。

是等の事は少しく眼あるものは了解する事でありますけれども、従来教育の風俗地に落ちたる時世に成長したる者は、前段の如き妄想を抱くものあるも是非なき事と存じます。尤も之等の説は歴史に暗く時流才子を気取りたる惰弱生に非ざれば、肉食者流又は腐儒者流と指笑せらるる人にありて、活眼有為の人は決して言はざるを以て、国家の為頼母敷存じます。

今の戦ひは干戈のみに非ず、智力・金力・気力の準備緊要であります故に、日本の将来を托すべき子弟を教育せらるる諸君の任は、誠に重且つ大なりと信じます。将来日本の独立は果して如何ん、日本の興廃は果して如何と慮る上に付ては時代こそ変はれ文永・弘安・古代の君臣と、明治今代の君臣とは、其感情の同じき事憂患の均き事古今の奇遇と称し、又は古今の合せ鏡と云ふも可なるものと考へまする。申すも畏きことながら、

亀山上皇は尊き御身を以て国難に代らんと祈らせ給ひしと。

今上皇帝陛下には本年三月御身自ら大元帥とならせられ、櫛風沐雨、陸海軍の大演習をみそなはせられたるは、正しく護国の為、前聖後聖其機一なりと仰ぎ奉るより外ありますまい。果して今日の所謂愛国の志士は古人に対して愧ぢざるの勇あるや、国民は果して死を致して去らざるの気象あるや、国家の前途を考へ、共に杞憂に堪へざるは此の一義でありましよう。元寇紀念碑なるものが今日に起り天下挙つて同感を表するも決して偶然ではありますまい。宜く全国の人が皆な我物なりと考へて拵らへ上げるに於ては、古今を貫き万世の為め盛徳大業でありますから、各学校生徒にも能く此の精神を合点せしならば、御国の為めには自然と無形の堅城と存じます。特に諸君の御承知の通り本年三月、宮中の和歌御題に北条時宗を詠ぜられたるは扨て〳〵畏き事にて、容易く看過すべからざる事勿論、日本国民として深く服膺せなくてはなりますまい。封建の余臭と学問が狭くて眼球の小なるの弊とは申乍ら、此挙を以て尋

常一様の紀念碑と見成し、或ひは一地方の事業の如くに誤解して感覚の鈍き事、痲痺患者の血管不随と同一の事がありました。中には水なきに船を遣る杯と誹る者さへありました、如何にも国の為め歎かはしき事であります。此の小国にして東は西を救はず、西は東を顧みずとの狭隘心は、即ち兄弟墻(かき)に鬩(せめ)ぐの素なる事も猛省すべき事と存じます。最早此弊も追々と散ずるを喜びまするが、併し、凡そ事柄は何程能くても之に与かる人物が悪ければ敗るるは世の常でありますから、若し此の義挙を愛する上に付て不信用なる事か、又は不都合なりと御心付もあらば遠慮なく御忠告を願置ます。所謂人を以て言を棄てずとは古人の格言にて、今此の語気を転用して言へば事業の為には人を棄つるも人の為に事を棄つべからずといふ事は堅く誓ひ置き度きものでありますから、誠意のある所深く御洞察の上大成し得る様に一臂の力を添へられん事を希望して止まざるものであります。

果して元寇紀念碑建設は国家の事なり、最早汝等の与かるに及ばずと言はるるの日は、仮令目に紀念碑の物体を見ざるも死して瞑するの秋であります。

終りに臨み一言致します。頃日或る有志が義捐金を投じたるに、現住所を記して生国を記さざる故、之を記さしめたるに、其訳を聞かるるに付、之は生国の教育に愛国心を養成しあるや否やを百歳の後より徴するに足らしめたき精神なり、と答へたるに、其人大いに感じ出生の国と教育をうけたる国とを併せ語り、此の主旨に賛成せられました。尤も其地名姓名は明言するもよけれども、後日に譲る方が却て美なりと存じます。これは教育的の感情に係はるが故に一言申添へまする。

因に披露致置ますが、文学博士重野先生の修監中に係る伏敵編なるものは、元寇の顚末を知了し得る而已ならず、之より遡り外事に関する遠因を詳かにしたるものでありますから、近世無比の歴史とせらるるを信じまする。

（仲村久慈『湯地丈雄』、三三四―三四三頁）

註

「明治二十三年七月」と、「明治二十三年十月」に行なわれた二つの講演会の講演内容を、全文引用してここに掲げた。この二例の講演は、教育者に対するもので、幻灯を携行し映写することと、併用してなされた。後日、幻灯に代わって、十四枚の大油絵――パノラマ画・テンペラ画――を携行しての、講演会における講演内容も、この二例と大きく変わることはなかった。

〔幻灯史料7〕

○　屯田兵の義捐を報ずる新聞記事

屯田兵の至情人を動かす　北海道屯田兵より、義捐として自作の大小豆を、元寇紀念碑事務所へ贈りたる事ハ、世人の已に知る処なるが、一昨廿二日、大日本教育会員の総聚親睦会の席上にて、湯地丈雄氏より、屯田兵の赤心開墾の顚末等を報告せしに、満坐の感動少からず。一粒にても譲り呉れよとて、続々所望あり。杉浦重剛氏の如きハ、一粒の代に五十銭を出し、其他廿銭或ハ十銭宛出金して、譲り受けし者多かりしとの事なるが、是れ偏に元寇殉難者を吊ひたる、屯田兵の真情に感じたるが為にして、近代の美談といふべし。

（『読売新聞』、明治二十六年一月二十四日付）

註

「北海道屯田兵より、義捐として自作の大小豆」が贈られたとあるが、これは、明治二十五年十月二十三日に、上川郡永山兵村において、幻灯を使用して講演した時の出来事。大小豆の量は、五俵ほどであった。豆俵は後に東京まで運搬されている。「赤心豆」と名付けられ、各方面の有力者に配られた（仲村久慈『湯地丈雄』、一四二―一五〇頁）。

〔幻灯史料8〕

○ 護国幻灯会開催に対しての礼状五種

・川上操六より

頃日ハ貴下ヲ招聘シ、護国幻灯会相開キ候処、生徒一同益忠愛志操ヲ喚起シ、後来修学上ノ裨益少ナカラス。依テ不取敢謝辞申述度如斯候也。

明治廿四年十二月廿四日

成城学校長　川　上　操　六

湯　地　丈　雄　殿

・成川尚義より

謹啓陳者

皇太子殿下ニ見行啓中、貴殿発起之護国幻灯御覧ニ供スル為メ、執行方及御委托候処、不一方御尽力、殊ニ壮快ノ映画、真摯ノ説明ニテ、殿下ニモ御満足御思召候趣。小官ノ光栄無此上、深謝之至ニ御座候、右御挨拶申進度、呈寸楮候、草々頓首。

明治廿四年八月廿四日

三重県知事　成　川　尚　義

湯　地　丈　雄　殿

・桂太郎より

本月本日ハ反撃ノ凱旋会御催ノ由ニテ態ト湯地氏ヲ以テ、拙者ニモ出席候様御案内ヲ忝フシ、就テハ出席可致筈ノ処、本日ハ無拠、他ニ約束致置キタル故不能其儀、仍テ乍些少神饌料差出候間、宜敷御取計相成度御依頼。尚此挙ハ至極賛成ノ儀ニ候得者。毎年御催シノ程、希望ノ至ニ堪ス候。拝具。

明治廿四年九月三日（陰暦八月一日、尾州熱田神園ニテ開催）

桂　太　郎

元寇反撃記念会御中

・山地元治より

拝啓、陳者去ル一日本社ニ於テ、開設ノ護国談幻灯会ハ、貴下満腔ノ熱心ヲ以テ、我国元寇反撃ノ始末等丁寧説明セラレ、満堂ノ聴者ヲシテ、深ク感激セシメ、固有ノ愛国心ヲ、一層振起セシムルノ効アル者ト信シ候。殊ニ全国一定ノ日ヲ以テ、元寇反撃凱旋会ヲ天下ニ起シ、国民一和、共同ノ元気ヲ発輝セシメントスル如キハ、頗ル愉快ニ相覚候。又当日ノ記念トシテ、数種ノ元寇油絵写真扁額ヲ、寄贈セラレタルハ、実ニ感謝ノ至ニ候。不具。

明治二十五年二月三日

偕行社幹事長　陸軍中将　男爵　山地元治

湯地丈雄殿

・東久世通禧より

維時明治廿六年十一月、元寇殉難者吊祭会ヲ、我カ華族会館ニ開ク。之レヲ始ムルニ軍楽ヲ以テシ、之レヲ終ルニ幻灯ヲ以テシ、其間音楽舞曲講演、悉ク皆当時鏖戦ノ状ヲ、現出セサルナシ。是レ殉難諸士ノ英魂ヲ吊慰スルノミナラス、衆庶ヲシテ感憤興起セシメ、益以テ国家ノ元気ヲ、振興セント欲スルニ在ルナリ。其ノ為ス所、効益少シトセス。茲ニ一辞ヲ述ヘテ、本会ノ趣旨ヲ賛ス。

明治廿六年十一月廿一日

華族会館長　伯爵　東久世通禧

湯地丈雄殿

（湯地丈雄『精神教育　元寇反撃　歴史画光栄録』、一一―一六頁）

第四部　図版史料

——ハイライトシーンと蒙古全盛之帝王名臣図——

『元寇反撃　護国美談』（湯地丈雄編纂）には、六齣のハイライトシーンを描く図版がある。この六齣の光景には、それぞれ題名が付してあり、元寇のどの場面を描いているかが、読者に分かるようになっている。これらの図版は、二頁にわたって一つの独立した光景を描いている。挿絵と称するよりも、図版として読者に与える効果は、大きいと言わなければならない。

『元寇反撃　護国美談』の続編で、且つ増補版がある。『増補　元寇反撃　護国美談』（湯地丈雄編纂）が、それである。この本では、前版の六齣のハイライトシーンに加えて、もう一枚の図版を入れている。この図版は、表紙に描かれたもので、表紙と言えどもハイライトシーンを、読者に示す役割は大きい。いや、表紙に描かれているからこそ、読者に与える印象は大きなものとなるとも考えられよう。そうなると、『元寇反撃　護国美談』と、『増補　元寇反撃　護国美談』の図版総数は七齣となる。

なお、『少年世界　元寇』（湯地丈雄・高橋熊太郎著）にも、「附河野通有高名の事」と題する図版がある。これを加えると、総計八齣の図版となる。

日本に対し二度にわたって行なわれた元寇役を、六齣プラス一齣さらにもう一齣を加えて、総計八齣のハイライトシーンで描くのが〔図版史料一～七〕である。ここでは、文永十一年の「蒙古軍対馬ヲ侵掠スル図」から、弘安四年における「筑前玄界洋ニ蒙古舩艦覆没スル図」に至るまで、よくこの国難の経過凝縮している。

最後に蒙古帝王名臣図――「蒙古全盛之帝王名臣図」――を、「蒙古国勢力略記」とともに掲載する。

〔図版史料1〕

○ 文永十一年蒙古軍対馬ヲ侵掠スル図

《解説》「文永十一年蒙古軍対馬ヲ侵掠スル図」は、現在の長崎県対馬市を襲撃している光景である。「文永十一年蒙古軍対馬ヲ侵掠スル図」は、〔幻灯史料1〕の「十、対馬の守護代宗助国は、八十余騎を卒ひて、島民と諸共に奮戦忠死す。（則りとすへき哉）」に、該当する絵である。画面に大きく描かれ、馬上姿で弓矢をつがえて、今にも発射しようとする鎧兜の武士。これが、宗助国その人である。左下端に「硯海写」とあり、『元寇反撃　護国美談』の絵は、「硯海」の筆によっているのだ。思い切った描線の使い方をしており、書物の図版を飾る絵画としては、出色のものと言えよう。

文永十一年蒙古軍對馬ヲ侵掠スル圖

湯地丈雄『元寇反撃　護国美談』、28 − 29頁の間

〔図版史料2〕

○ 文永ノ役蒙賊壱岐ニ上陸シ島民ヲ戮殺スル図

《解説》この「文永ノ役蒙賊壱岐ニ上陸シ島民ヲ戮殺スル図」は、長崎県壱岐島の悲劇を描く。「文永ノ役蒙賊壱岐ニ上陸シ島民ヲ戮殺スル図」は、〔幻灯史料1〕の「十三、賊兵等は婦女を捕へ降服を促し、縄を掌に透し舷に繋きて、苦しめたれとも、屈せすして死に就く。（烈婦なる哉）」に該当する。「蒙賊」とは、蒙古軍を指す。また、「賊兵」とあるのも、同じく蒙古軍将兵あるいは高麗軍の兵隊を、日本側ではこのように呼称した。絵の中では、二人の女性の掌中に穴をあける様子が、生々しく描かれている。あるいは、右側の兵士が、赤子を足で踏みつけているような痛ましい光景をも、描いている。なお、「戮殺」とは、「殺戮」と同義で、手あらく人を殺すことである。応援部隊の来ない島嶼部の防衛は、敵の大軍に囲まれ上陸軍を派出された時には、悲劇的結果に終わることが多い。兵員の補充と、物資の補給が途絶するからである。壱岐のケースも、例外ではない。

文永ノ役蒙賊壹岐ニ上陸シ島民ヲ戮殺スル圖

湯地丈雄『元寇反撃　護国美談』、32 − 33頁の間

〔図版史料3〕

○蒙古ノ賊兵博多ニ進ミ我戦死者ノ胸腹ヲ割キ肝ヲ喰ヒ血ヲ啜ル図

《解説》「蒙古ノ賊兵博多ニ進ミ我戦死者ノ胸腹ヲ割キ肝ヲ喰ヒ血ヲ啜ル図」こそ、衝撃的光景である。この「蒙古ノ賊兵博多ニ進ミ我戦死者ノ胸腹ヲ割キ肝ヲ喰ヒ血ヲ啜ル図」は、〔幻灯史料1〕にある「十六、賊兵等は、我か忠死者の屍体を裂き、肝を喰ひ血を啜る。（憎ましひ哉）」に、該当する。「我戦死者ノ胸腹ヲ割キ肝ヲ喰ヒ血ヲ啜ル」と、当時の日本人は、本当にそのように考えていたようである。絵の右端には、日本の武士が自刃しようとしている姿がある。左側には、三人の蒙古人将兵がいる。一人は、日本人の首をかかえ、他の二人が、日本人の戦死者の胸腹に手を入れたり、刀を使用して胸腹を切り開いている。この絵の言わんとする所は、蒙古人将兵の残酷無比なる性格を、強調することにある。もう一つ、蒙古人将兵が、日本人の戦死者の胸腹を短刀で割いて、何かを食しているシーンを描く絵がある。この光景も、幻灯のガラス板（種板）に描かれ、映写されたのであろうか。出典は『八幡愚童訓』。「能振舞テ死ヲバ、腹ヲ開テ肝ヲ取テ是ヲ飲ム」が、それである。

蒙古ノ賊兵博多ニ進ミ我戦死者ノ胸腹ヲ割キ肝ヲ喰ヒ血ヲ啜ル圖
K

湯地丈雄『元寇反撃　護国美談』、34 － 35 頁の間

蒙古軍
日本軍

湯地丈雄『増補　元寇反撃　護国美談』、表紙、絵の部分

〔図版史料4〕

○亀山上皇ノ宣命ヲ奉シ藤原経任伊勢大廟ニ参拝スルノ図

《解説》この「亀山上皇ノ宣命ヲ奉シ藤原経任伊勢大廟ニ参拝スルノ図」は、如何に真剣に異賊撃攘を神に祈ったかを、よく表している。「藤原経任」は、宣命使である。「亀山上皇ノ宣命ヲ奉シ藤原経任伊勢大廟ニ参拝スルノ図」は、〔幻灯史料1〕の「廿四、亀山天皇宸翰の宣命を、伊勢の神廟に捧けられ、身を以て国難に代らんことを祈らせ玉ふ。勅使土御門大納言参る。（畏ひ哉敬セヨ）」に該当する。「伊勢大廟」とは、伊勢神宮で、日本の国つ神である。「宣命」とは、天皇の命令を国語で書いた文書である。「宣命ヲ奉シ」とは、宣命使がこの文書を持って、「伊勢大廟」で、読み上げて祈ること。絵の中で、一人先頭に進み出でて、「宣命」を読んでいる。この一人が、宣命使である。後方に控えている複数の人々は、宣命使の従者達。なお、詔勅は漢文体で書かれているのに対し、宣明は、宣明体で記されたみことのりで、詔と同じである。

圖ノルス拜參ニ廟大勢伊任經原藤シ奉ヲ命宣ノ皇上山亀

湯地丈雄『元寇反撃　護国美談』、50 － 51頁の間

註

弘安役時における亀山上皇の殉国の御製は、次の二首である。

この世には 消ゆべき法のともしびを 身にかへてこそ 光り照さめ

世の為めに 身をば惜しまぬ心とも 荒ぶる神は 照し見るらん

この二首のほかに、『増鏡』の「老のなみ」に、次のようにある。「太神宮へ御願に、我が御代にしもか丶る乱出てきて、誠にこの日本のそこなはるべくは、御命をめすべきよし御手づから書かせ給ひける」とある記事が、それである。なお『精神教育対外軍歌』には、唯一の図版として、「亀山上皇宣命を伊勢の大廟に奉り敵国降伏を祈らせ給ふ」が入っている。図版の構図は、ほとんど、「亀山上皇ノ宣命ヲ奉シ藤原経任伊勢大廟ニ参拝スルノ図」と同じである。これには次のような説明文が、付せられている。「蒙古の大軍来寇し、九州已に打落されて、敵の戦艦長門に着し、只今都に攻上るなんと申し、東海北海より寄来るなんとも犇めき、世の中騒きたちて、色々様々に怖ろしふ聞ゆるにぞ。朝廷にては、諸国の神社仏閣へ、敵国降伏の御祈かずしらず。伊勢大廟への勅使には、経任の大納言（中御門）参る。亀山上皇には、深く此事に御心を悩まし給ひ、大神宮へ御願ひに、我が御代にしも、斯る乱いてきて誠に、此の日本のそこなはるべくば、御命を召べきよし。御手づから書かせ給ふ申すも、中々に畏こきことの限りなる。此の図は、即ち奉らる丶所なり」。

（湯地丈雄『精神教育対外軍歌』、九頁、図版は省略）

〔図版史料5〕

○ 河野六郎軽舸ニ乗シテ敵艦ヲ襲撃スル図──附　図版一齣──

《解説》「河野六郎軽舸ニ乗シテ敵艦ヲ襲撃スル図」。この「河野六郎軽舸ニ乗シテ敵艦ヲ襲撃スル図」は、〔幻灯史料1〕の「廿六、河野通有は、軽舸を飛はして進み、檣を仆し梯となし、敵船に乗込み、重傷を負ひなから、遂に敵将を擒にす。（大勲なる哉）。」に、該当する。「軽舸」とは、軽舟のこと。「河野六郎」は、瀬戸内海の河野水軍の一員。第二次元寇役──弘安役──時、朝鮮半島の合浦から出航してきた東路軍艦船隊、中国大陸の慶元から出て来た江南軍艦船隊、その両者いずれも、その編制は巨艦を多く有していたとされる。したがって、巨艦に対して捨て身の戦法で、戦わなければ、日本側には勝つチャンスはなかった。

河野六郎軽舸ニ乗シテ敵艦ヲ襲撃スル圖

『元寇反撃　護国美談』、54 － 55 頁の間

註

「河野六郎軽舸ニ乗シテ敵艦ヲ襲撃スル図」という光景を描いている、もう一枚の図版が別の本に存在する。『少年世界　元寇』の見返し部分にあるのが、それである。特別な題名や説明文は無い。だが、図版の構図を見ると、明らかに、河野六郎の奮戦の様子が、描かれている。河野六郎が乗船しているのが右側の小舟で、左側にいる蒙古の艦船隊を攻撃している。小舟の船首部分に立って、果敢なる動きを示しているのが、河野六郎にほかならない。因みに、『少年世界　元寇』本文には、「元軍大挙襲来の事　附河野通有高名の事」として、その勇戦敢闘ぶりを記している。『少年世界　元寇』の挿絵画家名は、不明である。

湯地丈雄・高橋熊太郎『少年世界　元寇』、見返し部分

〔図版史料6〕

○ 筑前玄界洋ニ蒙古舩艦覆没スル図

《解説》「筑前玄界洋ニ蒙古舩艦覆没スル図」は、『元寇反撃　護国美談』における、一連の挿絵シリーズを締め括る、最終の挿絵である。この「筑前玄界洋ニ蒙古舩艦覆没スル図」は、〔幻灯史料1〕の「廿九、十万の敵軍は、日本の勇を恐れ、上陸すること能はず。七十余日の間海上に在り、七月晦日の夜、颶風大に起り、敵舩皆な破る。我軍撃て之を鏖殺す。三人を免し生きて還らしむ。（大勝なる哉）。」に該当する。「颶風」とは、今で言うところの台風。「鏖殺」とは、皆ごろしの意味。元艦船隊が、壊滅したのは、「筑前玄界洋」と言っているが、その他に壊滅地としては、伊万里湾、即ち鷹島の南岸もある。したがって、「筑前」地方とは限らず、肥前方面にも、元艦船隊の被害は及んでいる。それだけ、元艦船隊の編制規模は大きく、且つ広範囲に散開遊弋していたのだ。

『元寇反撃　護国美談』、64 − 65頁の間

〔図版史料7〕

○ 蒙古全盛之帝王名臣図と蒙古国勢力略記

《解説》「蒙古全盛之帝王名臣図」と「蒙古国勢力略記」。『元寇』（奥付なし）の巻末にあるのが、「蒙古帝王名臣図」――「蒙古全盛之帝王名臣図」――である。また、『元寇画帖――護国記念精神教育――』の冒頭部分にも、全く同じ図版が飾られている。前者には、図版の題名は記されていない。後者においては、「蒙古全盛之帝王名臣図」と銘打っている。前者には、図版の群像に付せられた番号に対応した、それぞれの「帝王」や「名臣」の名が、図版外に記されている。そこには簡単なコメントが付されている。後者の『元寇画帖――護国記念精神教育――』では、「蒙古国勢力略記」として、図版に対応しながら、「蒙古国の勃興」から、二度にわたってなされた元寇役を経て、「帖木児」帝国――チムール帝国――に至るまでの歴史を「略記」している。「略記」とはいえ、それぞれの人物毎に、個条書の形でその人物像を、要領よく分かりやすく描いている。なお、この図版たる「蒙古全盛之帝王名臣図」を描いた画家の名前については、両著には何の記述もない。したがって、不明の画家による図版、と言うよりもほかにない。なお、『蒙古国勢力略記（図面写真版参考）』部分は、〔図版史料8〕として、次に項目を立てて扱う。本来は、〔図版史料7〕と一体であるが、一個の蒙古民族発展史という、史料的価値を有しているため、このような引用方法を採った。

「蒙古全盛之帝王名臣図」

1－元の太祖鉄木真（テムチン）　2－太宗窩濶台（ヲコタイ）：太祖の第三子　3－朮赤（ヂウチー）：太祖の長子　4－察合台（ザガタイ）：太祖の第二子　5－施雷（トウル）：太祖の第四子　6－抜都（バツー）：朮赤の子　7－貴由：太宗窩濶台の子　8－蒙可：施雷の長子　9－忽必烈：施雷の第四子　10－遮別（シベツ）：太祖の将帥　11－耶律楚材：太祖以来の寵臣　12－速不台（ソブタイ）：太祖の勇将　13－伊太利人マルコポロ：忽必烈の外臣　14－趙良弼：前には金の宰相たり、後には元の重臣　15－帖木児（チムル）：鉄木真と豪名を均うす

『元寇』（奥付なし）より転写

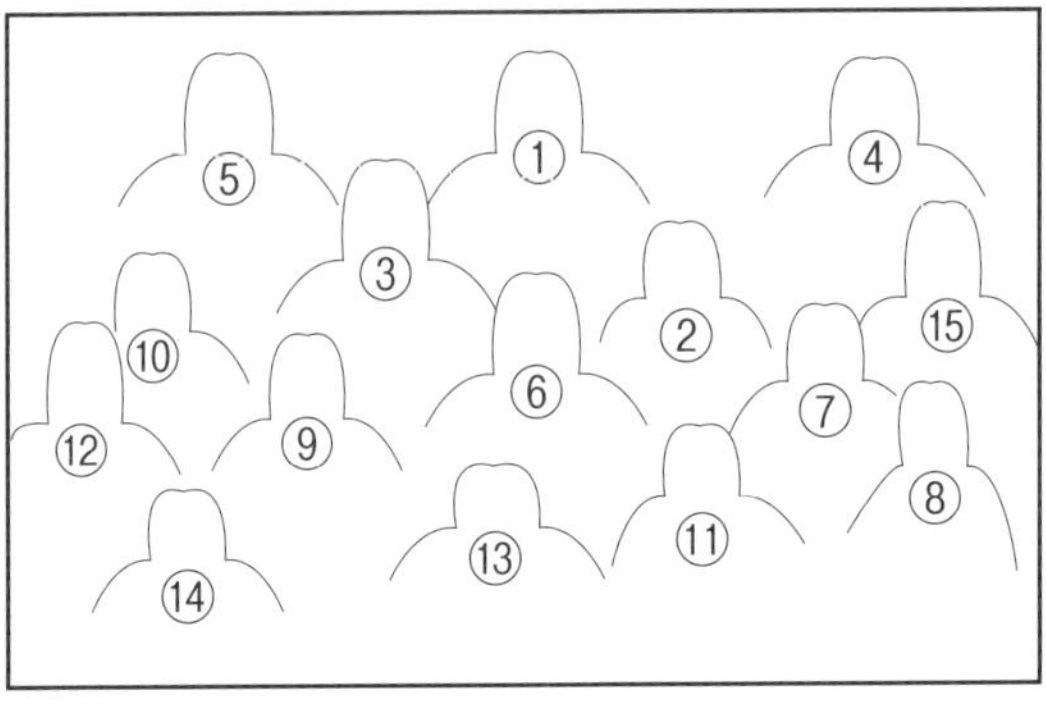

註

全く同一の「蒙古全盛之帝王名臣図」を載せている、『元寇画帖——護国記念精神教育——』では、それぞれの人物像の名前は、欄外に記している。即ち、上下左右にそれぞれの群像名を、番号付きで表示している。その後に、「蒙古国勢力略記」を、個条書にしながら、載せて説明している。

〔図版史料8〕

○　蒙古国勢力略記（図面写真版参考）

我朝高倉帝の御代に当り、支那は宋の孝宗、金の世宗、夏の仁宗、三分鼎立し、韃靼蒙古は、群雄割拠せり。鉄木真之を征服す。

○元太祖鉄木真、姓は、奇渥温成吉思汗と尊称し、勢に乗じ宇内統一を企て、大軍を中央亜細亜の野に出し、土耳其(トルキ)斯坦(スタン)を略し、欧州の東南部・露西亜・匈牙利等と戦ひ波斯を征し、東印度を平け、金宋平定の策を定め、六盤山に卒す。齢六十六。

○太宗窩濶台(ヲゴタイ)は、鉄木真の第三子にして、攻城略地の功最も多し。性質温和能く衆を容る。太祖の遺謀を継ぎ、金を滅し宋を襲ひ、齢五十六にして卒す。

○朮赤(ジウチー)は、太祖の長子にして、性質勇武、戦を能くす。

○察合台(サカタイ)は、太祖の第二子にして、性質慎密、能く衆を服す。

○拖雷(トウル)は太祖の第四子にして、暫く国事を監し、其の兄窩濶台、帝位を継ぐに及びて止む。

○抜都(バラー)は、太祖の孫求赤の子にして、勇猛戦を好み、太宗の金を滅すや、西暦千二百三十七年、欧羅巴攻伐の事を議定し、其総督たり。諸弟及び太宗の子貴由・蒙哥等を従へ、露西亜・匈牙利・波蘭等を攻略し、独乙の十字軍を破り、兵勢愈々振へり。欧人今に其名を忘れず。

○貴由は、太宗窩濶台の長子にして、太宗の卒後に即位、三年にして殂す。定宗と称す。

○蒙哥は、拖雷の長子にして、聡明雄武攻略益務む。在位八年にして殂す。憲宗と称す。

○忽必烈は、拖雷の第四子にして、宇宙統一の志あり。威武四海に振ひ、遂に支那・朝鮮を提げ、我国に来寇す。是れ則北条時宗の好敵手たりき（ぽぴれゑ又ハくびれい卜云）。

○遮別（シベツ）は、太祖の将帥にして、金を滅して功あり。

○耶律楚材（ヤリツソザイ）は、太祖に得られ、信任最も厚く、専ら国政に参し、治蹟頗る多し。太宗十五年に卒す。

○速不台（ソブタイ）は、鉄木真の勇将たり。到る処攻城略地、西は黒海辺を征す。

○プランカ（ママ）ヒーマルコポーロは、伊太利国ヴエニスの人にして、忽必烈に事へ二十年間余、枢密顧問となり、画策頗る多く、忽必烈死後に帰国し、元人東侵記事を著し、日本の威烈初めて欧州に聞ゆ。

○趙良弼（チヨウリヨウヒツ）は、前に金の宰相たり。後蒙古に事へ、忽必烈の帷幕に参し、日本に使すること二回。忽必烈を諫めて出師を止めんとす。聴かれず、大軍を起して大敗す。是れ強大を頼みたるが為めなり。

○帖木児（チムル）は、鉄木真と其豪名を得。克く兵団を編制し、克く英雄を統御し、遠征を好む。西暦千五百八十九年迄、中央亜細亜を征服せり。欧州人今猶其名を忘れず、成吉思汗と共に軍神の称あり。

（因書）故露国陸軍中将エムイワニンの著書に曰く、天は軍神を蒙古に降せりとて、露国は往古に於て、蒙古軍に畏怖し、今又日本軍に畏怖す。彼れ将来に於て、更に用意を加ふるや疑なし。

明治三十八年五月廿九日、露国バルチック艦隊は、元寇紀念碑の正面於て全滅せり。

（湯地丈雄『元寇画帖――護国記念精神教育――』）

註

拖雷家の系譜は、次の通りである。

- 成吉思汗（幼名鉄木真）（ジンギスカン・太祖）
  - 朮赤（ジュチ）― 抜都（バツ）
  - 察合台（チャガタイ）
  - 窩闊台（オゴタイ・太宗）― 貴由（グユク・定宗）
  - 拖雷（ツルイ）
    - 蒙哥（モンゲ・憲宗）
    - 忽必烈（フビライ・世祖）
    - 旭烈兀（フラグ）
    - 阿里不哥（アリクブカ）

忽必烈（フビライ・世祖）以降は、帝国名を元帝国と称す。したがって、忽必烈は、蒙古帝国第五代の皇帝でありながら、元帝国の初代皇帝として、君臨するに至る。

第五部　絵画史料

——十四枚の大油絵——パノラマ画・テンペラ画——

〔絵画史料1〕

○ 元寇歴史紀念大画写真版序

《解説》「元寇歴史紀念大画写真版序」は、矢田一嘯が描くところの十四枚の大油絵――パノラマ画・テンペラ画――についての総合的解説としては、要領を得たものである。これら十四枚の大油絵――パノラマ画・テンペラ画――は、四冊の書物が画集――小冊子の写真集――として出版されている。原画は彩色の大油絵であるが、画集のそのいずれもが、白黒のモノクローム写真集。本書の絵画史料作成するに当たって、原本としたのは、『元寇』（奥付なし）の写真集。他に『元寇画鑑』があるのだ。さらに、『元寇画帖――護国記念精神教育――』にも、十四枚の大油絵――パノラマ画・テンペラ画――は、収められている。加えて、写真集『国民教育元寇画』が、発刊されている。そのいずれにも、十四枚の大油絵――パノラマ画・テンペラ画――についての解説記事が、付されている。次掲の「元寇歴史紀念大画写真版序」は、『国民教育元寇画』の序文として、記されたものである。

ここに掲載した十四枚の大油絵――パノラマ画・テンペラ画――は、矢田一嘯画伯によって描かれたものである。元寇紀念碑を建設しようとして、活動していた湯地丈雄と出会い、その運動に共鳴して、画家としての腕を振うに至る。矢田一嘯画伯はこの十四枚の大油絵――パノラマ画・テンペラ画――を完成させた。十四枚それぞれの大油絵――パノラマ画・テンペラ画――の寸法は、縦七尺そして横九尺の大きさを誇っている。現代の長さの単位に換算すると、縦二メートル三十一センチ、横二メートル九十センチとなる。「パノラマ画」のパノラマとは、もともとは周壁の絵画を光線の利用で、あたかも実景のように見せる施設装置である。転じてパノラマ画は、広い視野で実際にその場所にいるように描く絵の技法である。「テンペラ画」のテンペラとは、にかわ・のり・卵の黄味などを練り合わせて作った絵の具。テンペラ画は、テンペラという、絵の具で描かれた絵を指す。テンペラ画は、乾きがはやく、耐久性に富む。

湯地丈雄と矢田一嘯画伯は、これら十四枚の大油絵――パノラマ画・テンペラ画――を、日本各地におけるそれぞれの、講演会場に運び込んで、講演しつつ展覧に供した。湯地丈雄による講演――元寇紀念碑建設のための募金演説――を、聴覚からの教育とするならば、矢田一嘯の描いた十四枚の大油絵――パノラマ画・テンペラ画――は、視覚に訴えた教育にほかならない。ここにある十四枚の大油絵――パノラマ画・テンペラ画――は、『元寇』（奥付なし）の写真集から転写した。『元寇』（奥付なし）が、モノクロームの写真集として、白黒の対比において、鮮明であったからである。遠景における描線も、人物を描く細かなラインも、明瞭に再現されている。その他の三写真集と比較して、原画に最も近い解像度を有する。それぞれの大油絵――パノラマ画・テンペラ画――の写真に付した各図解――漢字ひらがな文――は、『元寇画鑑』から引用したものである。さらに大油絵――パノラマ画・テンペラ画――に、「説明」として、漢字カタカナ文と英文を、右左二段に分けて、そのまま付記する。この「説明」は、『元寇画帖――護国記念精神教育――』から、引用したのだ。因みに、『元寇画帖――護国記念精神教育――』にも、大油絵――パノラマ画・テンペラ画――それぞれ十四枚が、そのまま収められているので、その「説明」が、個々の一枚一枚の大油絵――パノラマ画・テンペラ画――に、添付されているのだ。しかも、詳細なので、引用する価値はある。その他、若干の説明部分は、『国民教育元寇画』や、『精神教育　元寇反撃　歴史画光栄録』に依拠している。

元寇紀念碑建設のために、矢田一嘯画伯により描かれた十四枚の大油絵――パノラマ画・テンペラ画――の原画は、元寇紀念碑建設運動の終結、即ち亀山上皇銅像として実現した後にはどうなったか。東京の靖国神社遊就館に寄託された。その後、大正十二年九月の関東大震災によって、原画の第二図・第三図・第六図の三枚が、破損し廃棄されている。したがって、現存している原画は、十一枚となっている。ただし、常時この十一枚の原画が、遊就館内で展覧されているわけではない。それだけの余地が無いため、特別展が行なわれる際に、その期間だけ倉庫より出され展示される。


歴史的護国ノ観念ヲ、平時ニ養ヒ、有事ニ備フルノ要ハ、今更言ヲ俟タス。況ヤ目今、宇内ノ形勢東洋ノ危機、益々迫ルノ秋ニ於テヲヤ。予不肖ヲ顧ミス、献身以テ元寇紀念ヲ、天下ニ唱ヘルコト、茲ニ十有余年。衆耳漸クニ熟セシ頃ヒ、征清ノ役起リ、元寇軍歌ノ声ハ、四百余州ヲ、震動セリ。今ヤ平和親睦ナリト雖モ、戦後ノ警戒、又前日ニ倍スルモノアリ。豈之レカ覚悟ナクシテ、可ナランヤ。是此画ヲ作ル所以ナリ。此原画ハ、蒙古ノ全盛内部ヲ始メトシ、我国へ来寇ノ次第、及ヒ戦後ノ惨状ヲ、油絵拾四枚、各横九尺縦七尺ニ描キタリ。抑々、此油絵ヲ起スノ材料トシテハ、元寇反撃ニ殊勲アル、竹崎季長ノ絵詞巻物トテ、六百年来現存シ、今ハ宮中宝庫ニ入リテ、有名ナル物ニ基キ、其他内外ノ図書等ヲ考証シ、古戦場ノ地形ヲ、参照シテ、成レルモノナリ。画工矢田一嘯気概アリ。曽テ菊池容斎派ヲ学ヒ、後偶々、米国人ニ聘セラレ、彼地ニ在留七ケ年余ニシテ、油絵ノ術ニ通シ、帰朝ノ後、対外戦争ノ歴史ヲ探ルヤ久シ。明治廿八年一月、予ヲ尋テ、九州ニ来リ告ルニ、其志ヲ以テス。因テ相携ヘテ、元寇ノ古戦場ヲ、歴観セシメ語ルニ、古往今来、海防ノ須要ト、国民脳裏ニ、護国ノ観念、培養ノ急務ヲ以テス。一嘯、深ク感スル処アリ。奮テ該歴史画ヲ描クヲ以テ、畢生ノ事業トセンコトヲ誓フ。予大ニ之ヲ愛シ、十有余年来、獲タル所ノ材料ヲ挙ケ、之ニ意匠ヲ示ス。此ヨリ熱心益々加ハリ、揮毫ニ従事スル事、十四ケ月余ニシテ、漸ク成ル。蓋シ、我国歴史画トシテハ、無前ノ雄作タリ。固ヨリ此画作ノ精神タルヤ、徒ラニ珍重保愛ノ目的ニ非ス。要ハ全国民ノ目撃ニ供シ、其惰心ヲ撹破シ、并セテ、追遠報徳ノ誠ヲ、厚クスルニ在リ。是ヲ以テ都鄙トナク、該画ヲ歓迎スルノ志士勃興シ、展覧会ヲ求メテ止マス。且ツ、写真ヲ頒タンコトヲ、望ム者多キニ付、之ヲ銅版ニ転写シ、普及ノ用ニ便ス。希クハ之ヲ全国家庭ノ教育ニ応用シ、将来、幾多ノ忽必烈ヲ、圧スルノ勇ヲ養フニ、利アラシメハ、特（ヒト）リ作者ノ本懐而已ニアラス。

明治三十年十二月十七日　元寇紀念首唱　湯地丈雄

（湯地丈雄『国民教育元寇画』）

〔絵画史料2〕

○第一図　元皇帝フビライと群臣たち

第一図図解

上壇に傲然戴冠せるは、元主忽必烈とす。其前に坐し地図を披きたるは、高麗国全羅道漢安に生れたる趙彝にして、元主の寵を受け其問に応じ、日本征服の謀を献ずる所。傍の高机に憑るは、元主の顧問にて、伊太利人マルコポロ。左右に列するは元主の股肱群臣なり。

（鈴村譲『元寇画鑑』）

元寇大油絵第一説明

上壇ニ傲然戴冠セルハ、既ニ千余国ヲ征服シタル、元主忽必烈トス。其前ニ座シ地図ヲ披キタルハ、高麗国ノ趙彝トス。傍ノ高机ニ憑ルモノハ、元主ノ枢密顧問ニテ、

第一図　『元寇』（奥付なし）より転写

伊太利人（マルコポーロ）トス。座右ニ参列スルモノハ、元主ノ股肱群臣ナリ。実ニ征日本省ト称スル官衙ヲ設ケ、四十年余ノ関係ト、二度ノ大軍ヲ起スノ始メ也。既往ヲ鑑ミ将来ヲ慮ルハ、目今ノ急務也。見ル人留意セヨ。

(1) One who proudly sits on the throne with a crown on his head is a great conqueror named Kublai Khan, the first Mongolian ruler of the Gen dynasty in China. One who kneels at the feet of the ruler pointing to a map of Japan, is a Korean named Choi.

One who sits on the right side, is an Italian named Marcopolo, the privy councilor of Kublai Khan.

Those who sit at the left are the subjects of Kublai Khan. In this great council Kublai Khan made up his mind to invade Japan and found an office specially for that purpose.

（湯地丈雄『元寇画帖——護国記念精神教育——』）

第一図　蒙古国主忽必烈と伊太利人マルコポロ等の図説要領

今より六百年前即ち、文永十一年（神武紀元千九百四十五年、西暦千弐百七十四年）の頃に、世界無双の豪傑即ち蒙古の主忽必烈は、我か日本帝国をも臣服せしめんと、或ひは威し或ひは慰め、終に大軍を起し、屢々攻め来りし故、我国は累卵の危きに陥りたる。歴史あるも治久しく、人怠り為に之をも忘れ果てゝ、当時の殉難者さへ祭りを絶つに至りしは、扨も〳〵相済ます。且つ将来教育上にも遺憾至極に付、講話に演説に又は絵画にも幻灯にも、利用の道を尽し、漸く古戦場なる筑前千代松原に於て、一大記念碑を志士仁人に成就せしめたり。

——〔中　略〕——

和　歌

四方の国 攻めて伏せても日の本に よる度毎にほろほされけり

漢　詩　七　言　絶　句

蒙古当年勢絶倫　欧亜大陸若レ無レ人　垂涎不レ許扶桑地　百万軍船砕作レ塵

（湯地丈雄『精神教育　元寇反撃　歴史画光栄録』、一一頁―一二頁）

註

「マルコポロ」とは、ヴェネチァ生まれのイタリアの旅行家。元帝国の世祖フビライ――ここで言う「忽必烈」――の宮廷に、十七年間仕えた。そこで政治顧問の形で厚遇されている。『東方見聞録』――原題『世界の記述』――の作者として有名。この『精神教育　元寇反撃　歴史画光栄録』には、大油絵――パノラマ画・テンペラ画――十四枚の写真は省略されている。

〔絵画史料３〕

○ 第二図　正面に北条時宗の肖像、その下に大宰少弐覚恵が、元の牒状を読む

第二図図解

正面の肖像は、北条時宗。其下にあるは、大宰少弐覚恵、元主の牒状を読む処。其下は、牒状の全文。左の上図は、命を守りて元使に抗したる、対馬の人民藤次郎・弥次郎両人を捕へ、元主の宮殿に連れ行き威を示す所。其下図は筑前今津の海辺に、元使着船の所。右の上図は元使陰かに月夜に潜み、日本の地形を探ぐる処。下図は日本諸国に注進急報。

（鈴村譲『元寇画鑑』）

元寇大油絵第二説明

正面ノ肖像ハ、北条時宗トス。其下ニアルハ、大宰少弐

第二図　『元寇』（奥付なし）より転写

覚恵、元ノ牒状ヲ読ム所トス。其下ニアルハ、牒状ノ全文也。左ノ上図ハ、対馬ノ人民藤次郎・弥次郎ノ両人ヲ捕へ、元主ノ宮殿ニ連レ行キ、威ヲ示ス所トス。其下図ハ筑前今津ノ海辺ニ、元使着船ノ所トス。右ノ上図ハ元使親カラ月夜ニ潜ミ、日本地形ヲ探クル所トス。下図ハ日本諸国ニ、注進急報ノ景況トス。明治三十七年五月十八日、特旨北条時宗ニ、従一位ヲ贈ラセ給フ。時恰モ征露軍、戦方ニ酣ナル時ニ当レリ。

(2) The portrait in the middle, is that of Hojo Tokimune, the regent and moving spirit of Japan.

The picture in the middle shows the scene of Dazaifu in the province of Chikuzen, where was transacted every business relating to foreign intercourse in those days.

Here Gaku-ye, the Daxaino-Shoni, is reading the letter.

The upper picture at the left side, shows the Mongolian palace, where two Japanese, Tojirô and Yajirô, are struck with wonder at the glory and splendor of the palace.

The picture below, shows the sea-shore of Imazu in the province of Chikuzen, where the Mongolian representatives landed. The upper one at the right, shows some spies who are secretly surveying the land by moon light. The lower one shows a Japanese messenger going at full gallop to give alarm in every part of Japan for the imminence of danger.

（湯地丈雄『元寇画帖——護国記念精神教育——』）

〔絵画史料４〕

○第三図　文永の役時、対馬の宗助国が奮戦

第三図図解

文永十一年十月五日、元軍三万余、舳艫相銜み来て対馬を囲む。守護代宗助国、僅に八十余騎を従へ防戦す。此時島民の戦死するもの、挙て数ふ可らす。残るもの老幼婦女のみ。賊之を捕へ、掌を穿ち縄を透し、連貫して舷に繋ぎ、或は斬殺す。

（鈴村譲『元寇画鑑』）

元寇大油絵第三説明

文永十一年十月五日、元軍三万余、舳艫相銜ミ来テ対馬ヲ囲ム。守護代宗助国、僅ニ八十余騎ヲ従ヘ防戦ス。此

第三図　『元寇』（奥付なし）より転写

時島民ノ義勇、戦死スルモノ、挙テ数フベカラス。残ル処ノ老幼婦女ヲ捕ヘ、掌ヲ穿チ縄ヲ透シ、連貫シテ舷ニ繋キ、或ヒハ斬殺ス。其惨状、見ルニ忍ヒス。敵ノ先鋒ハ、重罪人ヲ用フ。之ヲ名ケテ、生券軍ト称ス。悪テモ余リアリ。

(3) This is a view of the Mongolian fleet pressing on the Island of Tsushima.

On the 5th of October in the 11th year of the Bunyei era (1274), a Mongolian army about thirty thousands, came and besieged the island of Tsushima, where the Governor, Sô Sukekuni, fought bravely against them with only eighty of his retainers.

All the brave people of the island fell in battle, while old men and children were cruelly massacred without merey.

The hands of women, who were caught by the enemy, were cut through and strings being passed through, they were tied along the sides of the ships. It is said that the Mongolian put released criminals in front of their army during battles

（湯地丈雄『元寇画帖――護国記念精神教育――』）

第三図　故対馬の守護代宗の助国、忠戦の図に付講話要領

地図を披ひて、日本海の中央に対馬島を見るもの、必すや往昔神功皇后も、豊太閤も、此島を便りとせられしを、感せぬものなかるべし。今は猶更大切なれ。因て同地の壮丁は、徴兵として内地には召されずして、特に対馬警備隊に編入せらると知るべし。近く文久年間にも、露国の軍艦は、突然同島の芋崎に碇泊し、勝手に石炭貯蔵庫を建築しければ、徳川幕府より、抗議を申立つれども、容易に立退かず。折りから英国の艦隊よりも、手痛く談判せしゆへ、終

に立去りし事あり。昔しも蒙古軍三万五千は、文永十一年に同島に攻入りて、惨酷を極め当時の守護代宗助国は、八拾余騎にて、奮闘戦死せられしこそ、仲々勇ましけれ。今の世に至りても、首級の塚と、胴体の塚とは隔り居れり。吊ふ毎に、遺慨の念に堪へさるものあり。然るに忠魂は、千歳消ゆることなく、近く明治廿七八年日清の役にも、三十七八年日露の役にも左記の軍歌は、万口一斉に唱へて進みしなれ。

対　馬

――〔中　略〕――

孤軍絶海対州公　誰比先鋒第一功　衆募難レ何千古恨　濤声長有レ叫二松風一

特旨従三位を宗助国に贈らせ給ふ。明治廿九年十一月二日。即ち日清戦役の翌年なり。

（湯地丈雄『精神教育　元寇反撃　歴史画光栄録』、一三―一四頁）

〔絵画史料5〕

◯　第四図　宗助国の戦死する図

第四図図解

対馬守護代宗助国は、八十二名の小勢にて、一騎当千の働きあり。勇士を指揮して戦へ共、敵には三万余の兵あり。衆寡敵し難く終に戦死す。助国の弟宗馬之允も、肥後の士江井藤蔵・源蔵も、共に同じく斃る。援軍不到嗚呼。

（鈴村譲『元寇画鑑』）

大油絵拾四幅之第四　補足説明

宗助国ハ、一騎当千ノ働キアリ。勇士ヲ指揮シテ戦ヘ共、衆寡敵シ難ク、終ニ戦死スルニ至ルモ、勇気撓マス、賊ヲ睨ンデ斃ル。助国ノ弟宗馬之允モ、同ク斃ル。肥後ノ

第四図　『元寇』（奥付なし）より転写

流人江井藤蔵モ源蔵モ、此ニ忠死ス。援軍不到。嗚呼。

●特旨ヲ以テ、宗助国へ従三位ヲ、贈ラセ玉フ。明治廿九年十一月二日聖恩枯骨ヲ潤ホス。全国感泣ス。

（湯地丈雄『国民教育元寇画』）

註

湯地丈雄『元寇画帖――護国記念精神教育――』の「第四説明」――英文を含む――は、原本破損のため省略する。その代わりに、別本『国民教育元寇画』の「大油絵拾四幅之第四」の説明を補足して、ここに加える。『元寇画帖――護国記念精神教育――』のそれと、大略同じ内容であったようである。『国民教育元寇画』には、大油絵――パノラマ画・テンペラ画――の写真十四枚が、すべて載せられている。

〔絵画史料6〕

○第五図　文永の役時、壱岐の平景隆が力戦

第五図図解

敵軍勝に乗じて壱岐を囲む。守護代平景隆は、僅かに百余騎を以て力戦するも、刀折れ矢尽き、敵勢益々加はり、終に防くに道なく、一門挙て城中に自尽す。死に臨みて従容、其臣宗三郎を坐右に召し、大宰府へ使ひす。宗三郎共に戦死を願ふ。許るさず涙を呑むで、別れ使を全ふす。

（鈴村譲『元寇画鑑』）

大油絵拾四幅之第五　補足説明

此図ハ壱岐国ノ守護代平景隆ハ、僅カニ百余騎ヲ以テ、

第五図　『元寇』（奥付なし）より転写

防戦スルモ、力能ハズ。刀折レ矢尽キ、敵勢益々加ハリ、終ニ防グ能ハズ。一門挙テ自尽ス。死ニ臨ミテ、従容、其臣、宗三郎ヲ座右ニ召シ、大宰府へ、報告ノ重任ヲ命ズ。宗三郎、涙ニ咽ビテ、分レ、使命ヲ全フス。

●特旨ヲ以テ、平景隆へ正四位ヲ、贈ラセ玉フ。明治廿九年十一月二日、聖恩枯骨ヲ潤ホス。全国感泣ス。

（湯地丈雄『国民教育元寇画』）

第五図　壱岐の防備　図説

地図にある通り、壱岐国は九州肥前に近き孤島にてし、文永十一年、蒙古来寇の際は、守護代平景隆奮闘防戦力能はす自尽せり。次回の弘安四年には、武藤資時其後を襲きて、又もや戦死して有名なり。此図は則ち景隆の最後に臨み、火を居城に放ち、一門挙て斃る丶所なり。特に注目すへきは忠臣の宗三郎なるもの、其の膝下に招かれて大宰府へ報告の命を受くの所なり。直に小舟に打乗りて群かる敵船の中を漕き貫けて、使命を全ふせし勇気は、亀鑑なと云ふべし。――（中　略）――

元寇之蹤不可忘　壱岐到処血痕芳　思看一片塞空月　曽是沙場剣戟光

特旨正四位を平景隆に贈らせ給ふ。明治廿九年十一月二日。即ち日清戦役の翌年なり。

（湯地丈雄『精神教育　元寇反撃　歴史画光栄録』、一四―一六頁）

註

『元寇画帖――護国記念精神教育――』の「第五説明」――英文を含む――は、原本破損のため省略する。しかし、『国民教育元寇画』において、「大油絵拾四幅之第五」という、説明文がある。『元寇画帖――護国記念精神教育――』のそれと、ほとんど同一文であるらしいので、ここに引用する。「第五補足説明」が、それである。もう一つ「第五図　壱岐の防備　図説」(『精神教育　元寇反撃歴史画光栄録』)があり、これも付記する。

〔絵画史料7〕

○第六図　文永の役時、敵軍博多湾へ上陸する図

第六図図解

此図は元軍進て、九州に上陸せし所にして、筑前博多湾の近傍とす。敵軍は今津海辺よりす。我軍は箱崎の方より邀撃奮闘すと雖も、此時敵軍は砲を放て進む。我軍の苦戦云へからず。

敵船を隔て、遥に見ゆるは、玄海島也。両岸に相望むは、志賀島・能古島也。右方に高きは、立花山なり。左の小丘は荒砥山にて、今の福岡西公園也。

（鈴村譲『元寇画鑑』）

第六図　『元寇』（奥付なし）より転写

元寇大油絵第六説明

此図ハ元軍進テ、九州ニ上陸セシ所ニシテ、筑前博多湾ノ近傍トス。敵軍ハ今津海辺ヨリ、我軍ハ箱崎ノ方ヨリ、邀撃奮闘スト雖モ、敵軍ヨリハ、砲ヲ放テ進ム。我軍ノ苦戦、云ヘカラス。敵船ヲ隔テ、遥ニ見ユルハ、玄海島也。両岸ニ相望ムハ、志賀島・能古島也。右方ニ高キハ、立花山ナリ。左ノ小丘ハ、荒戸山ニテ、今ノ福岡公園也。

(6) This is a view of the sea-shore around the bay of Hakata where a Mongolian army landed.

The enemy's troops pushed on the coast of Imazu, while our men advancing from Hakozaki, took a stand against them, but they were greatly troubled by the enemies' stone missiles. The small island which is seen far off the enemy's ships is the Genkai-shima.

The islands on both sides near the coasts, are Shika-shima and Noko-shima. The hill on the left is Tachibana-Yama and the low hill on the right is the Arato-yama, a public park of Fukuoka now.

（湯地丈雄『元寇画帖――護国記念精神教育――』）

〔絵画史料8〕

○第七図　元上陸軍、千代の松原に陣する

第七図図解

元軍又進て千代松原に陣し、火を放ち箱崎八幡宮を焼き、猖獗益甚し。我軍終に支ふる能はず退却す。少弐景資、之に殿す。敵将劉副亨（りゆうふくこう）等、数騎を率ひて奮進す。景資轡を反し、射て之を斃す。

（鈴村讓『元寇画鑑』）

元寇大油絵第七説明

元軍ハ、大宰府ヲ攻メ落サントシテ、進ミ来リテ、千代松原ニ陣シ、火ヲ民舎ニ放チ、箱崎八幡宮ヲ延焼シ、猖獗益甚シ。我軍利アラス。水城ヲ指テ退却ス。少弐景資、之ニ殿ス。敵将、劉副亨等、数騎ヲ率ヰテ尾撃ス。景資

第七図　『元寇』（奥付なし）より転写

轡ヲ反シ、射テ之ヲ斃ス。敵勢大ニ阻ミ舟中ニ退ク。十月廿一日、颶風起ルニ乗シテ之ヲ討ツ。敵半ハ死ス。

(7) This is a view of the battle feild where one of the Mongolian generals was shot down with an arrow discharged by a Japanese general in the rear, and our men retreated toward Mizuki.

The Mongolian army took possession of Chiyono-matsubara in order to capture Dazaifu. They set fire to the city of Hakata, and the shrine of Hakozaki-Hachiman was also burnt down. Our army was forced to retreat to Mizuki, while Shôni Kagesuke defended the enemy in the rear. Riu-Fukkyo with his soldier pursued our army, then Kagesuke turned his horse back and shot the general down. Thus they were greatly discouraged and retired to their vessels. On the 21st of October, a great storm occured and destroyed almost their vessels.

（湯地丈雄『元寇画帖——護国記念精神教育——』）

第七図　博多戦況　図説

文永十一年蒙古軍三万五千、俄然対馬を囲み、惨殺を極め進て壱岐をも全滅せしめ、其勢にて築前今津海岸より上陸し、激戦奮闘。勝ちに乗して、箱崎千代松原に陣を構へ、附近を焼き払ひ、勿体なくも八幡宮の社殿を類焼せり。此時神官も僧侶も防戦苦闘せしも、我軍利あらす、退て水城を守り、折柄少弐経資景資の手にて、敵の猛将劉副亨を射斃しければ、彼れ等大ひに恐れて、海上の船に遁け込みたり。時なるかな十月廿一日。颶風俄かに起り、我か軍、之に乗して、之を撃退せり。所謂文永の役是なり（但十二才の少弐資時の初陣は、此時なり。護国幼年会起る所以也）。

——〔中　略〕——

毎レ繙青史二酔遺芳一　古跡尋来更断腸　唯有二行人風力説一　忠魂不レ祀委二沙場一

（湯地丈雄『精神教育　元寇反撃　歴史画光栄録』、一六―一七頁）

〔絵画史料9〕

○第八図　戦間期の建治元年、元使を鎌倉で斬る

第八図図解

翌建治元年四月十四日、又々元使杜世忠、何文著、撒都魯丁等五名、周防国室津に来る。要求益々無礼也。時宗熟慮、深く決する処あり。九月七日、之を鎌倉竜の口に斬り、大に天下に示し、明年三月を期し、蒙古征伐の軍を出さん事を布告し、艫手を博多に集む。且海防大工事を起し、石塁を増築す。

（鈴村譲『元寇画鑑』）

元寇大油絵第八説明

翌建治元年四月十五日、元使杜世忠、何文著、撒都魯丁、書官、訳語郎、等五名、長門国室津ニ来ル。要求益々無

第八図　『元寇』（奥付なし）より転写

礼也。時宗、深ク決スル処アリ。九月七日、之ヲ鎌倉竜ノ口ニ斬リ、大ニ天下ニ示シ、明年三月ヲ期シ、蒙古征伐ノ軍ヲ出サン事ヲ布告シ、櫓手ヲ博多ニ集ム。

(8) This is a scene of the decapitation of Mongolian ambassadors at Tatsunokuchi in Kamakura. On the 15th of April, in the 1st year the Kenji era (1275), five Mongolian ambassadors, arrived at Murotsu in the province of Su-wo and made a contemptnous demand. Tokimune, after consideration, beheaded them at Tatsunokuchi in Kamakura on the 7th of September. In this way, he expressed his hostile intention against the Mongolians and at the same time issued a declaration that Mongolia should be invaded in March of the next year, and that for this purpose, many sailors from all over the country should be assembled at Hakata in due time.

（湯地丈雄『元寇画帖――護国記念精神教育――』）

〔絵画史料10〕

○ 第九図　紫宸殿より伊勢神宮へ、勅使発遣

第九図図解

朝廷には、勅使を諸社に立てられ、国難を攘(はら)はんことを、祈らせ玉ふこと数回。亀山上皇陛下には、畏くも玉体を以て、国難に代らむことを、祈誓し玉ふ。此図は紫宸殿より、勅使発遣せらるゝ所とす。土御門大納言参る。

（鈴村譲『元寇画鑑』）

元寇大油絵第九説明

朝廷ニハ、勅使ヲ諸社ニ、立テラレ、国難ヲ攘ハンコトヲ、祈ラセ玉フ。亀山上皇陛下ハ、畏クモ玉体ヲ以テ、国難ニ代ランコトヲ、祈誓シ玉フ。此図ハ紫宸殿ヨリ、勅使発遣セラル、所トス。土御門大納言参ル。

第九図　『元寇』（奥付なし）より転写

(9) This is a scene of our Imperial palace where messengers are receiving Imperial ordinances.

The Emperor dispatched his messengers to every noted shrine for praying the salvation from the national calamity.

The Emperor Kameyama prayed if necessary for his people's sake.

（湯地丈雄『元寇画帖——護国記念精神教育——』）

第九図　亀山上皇の御親誓勅使派遣　図説

人皇九十一代　亀山上皇陛下には、極めて御仁慈深く、神仏の御帰依も浅からすおわしまして、愈々蒙古の大軍再挙して来るの噂も高く聞へければ、勅使を神社仏閣に差立て給ひしが、文永の役終りし後に、後宇多天皇に御代を譲らせ給ひて、弘安四年には、伊勢大廟に対せられ、御身を以て国難に代らん、と祈らせ給ふとは、聞くも中々畏き次第なり。近世にも外国との関係起りて、最も艱難に思召されし節には、必す畏き御祈誓遊ばすとぞ承はる。殊に日清日露の戦端開けし際には、猶更有り難く、恐れ入るべき叡旨を洩れ聞きて、感泣すべき廉々は今更述ふるも憚り多し。

とかはやと　思ふこゝろに　さきたちて　むせふは賎か　涙なりけり

（湯地丈雄『精神教育　元寇反撃　歴史画光栄録』、一八—一九頁）

註

亀山上皇は、「弘安四年には、伊勢大廟に対せられ、御身を以て国難に代らん、と祈らせ給ふ」たのである。これこそは、殉国の精神の発露として、高く尊崇評価されるに至る。かくして、元寇紀念碑建設運動のシンボルとしての紀念碑そのものに、亀山上皇の銅像が据え付けられるという、成り行きとなっていく。即ち、元寇紀念碑＝亀山上皇銅像となって、福岡市博多区東公園内に完成するのだ。

〔絵画史料11〕

○第十図　伊勢神宮へ、勅使到着する

第十図図解

伊勢大神宮へ、勅使参着。御祈誓を、宣ふる所とす。此時石清水八幡宮へは、至尊御身親ら（みずから）、精祈し玉ふ。聞くも畏く、恐入りたる。次第にて、億兆一心、感泣に堪ざる所也。

（鈴村譲『元寇画鑑』）

元寇大油絵第十説明

伊勢大神宮へ、勅使参着。御祈誓ヲ、宣スル所トス。且ツ此時、至尊御身親ラ、石清水八幡宮へ行幸、精禱シ玉フ。聞クモ畏ク、恐入リタル次第也。億兆一心、君国ニ殉スル所以也。

第十図『元寇』（奥付なし）より転写

(10) This is a view of our Imperial shrine in province of Ise, where the Imperial messenger, Tenchi-mikado Dainagon, is praying for happiness of people with great zeal.

The Emperor himself went to the shrine of Iwashi-mizu and offered an carnest prayer.

（湯地丈雄『元寇画帖――護国記念精神教育――』）

〔絵画史料12〕

○第十一図　弘安の役時、博多湾での攻防

第十一図図解

弘安四年五月廿一日、元軍十万来り迫る。我軍、之を壱岐の海上に防ぐ。利あらず退て、博多石塁を守りて厳也。敵軍上陸する能はざること、七十余日。少弐・大友・菊池・島津・松浦・竜造寺・秋月・赤星・大矢野・其外九州勢は、勿論関東勢も馳せ加はりて、屢々敵船を襲撃す。此時伊予国河野通有は、塁外に陣して先登、敵将を擒(とりこ)にし、肥後国竹崎季長は、敵将を斬り、功名最も顕はる。

（鈴村譲『元寇画鑑』）

元寇大油絵第十一説明

弘安四年五月廿一日、元軍十万来リ迫ル。我軍、之ヲ壱

第十一図　『元寇』（奥付なし）より転写

岐ノ海上ニ防グ。利アラス退テ、博多石塁ヲ守ル。敵軍迫リテ、之ヲ攻ムルモ、上陸スル能ハサル事、七十余日。少弐・大友・菊池・島津・松浦・大村・竜造寺・秋月・赤星・大矢野・其外九州勢ハ、勿論関東勢モ馳セ加ハリテ、屢々敵船ヲ襲撃ス。此時伊予国河野通有ハ、塁外ニ陣シ、敵船ニ先登シテ、敵将ヲ擒ニシ、肥後国竹崎季長ハ、敵将ヲ斬リ、功名最モ顕ハル。

(11) This is a view of the sea shore of Hakata beyond the defensive stone walls.

On the 21st of May, in the 4th year of the Koan era (1281), the Mongolian army, about a hundred thousands, came over the sea.

Our army fought against them on the sea near the island of Iki, but as they were unsuccessful, retreated to Hakata where they protected by the stone walls. Thus the enemy was prevented from landing for about seventy days.

Our generals, Shôni, Ôtomo, Kikuchi, Shimazu, Matsu-ura, Riuzôji, Akizuki, Ôyano, and others with reinforcement of the eastern provinces, besides their soldiers, of Kyûshû attacked the enemy many times. At one time, Kôno Michi-ari, who was born in the province of Iyo, toot hisstand beyond the stone walls, went up to the enemy's ships, and captured one of Mongolian generals. Takezaki Suyenaga, who was born in the province of Higo, killed a general on a ship, thus they were honored very much.

（湯地丈雄『元寇画帖――護国記念精神教育――』）

〔絵画史料13〕

○　第十二図　河野通有等、元艦船を攻撃する

第十二図図解

沖合の火烟は、即ち河野通有、合田五郎、草野次郎。其他の武士は小舟にて進み、敵船に切込みたり。近く見ゆるは、蒙古襲来絵巻物を著して有名なる、竹崎大矢野等の働きを、示すものとす。此時敵軍にては、我小舟の来るを見て、降伏を申し来りしと思ひの外、襲撃せられて、上陸する事も、到底なす能はず。遁け仕度を、為すものあり。

（鈴村譲『元寇画鑑』）

第十二図　『元寇』（奥付なし）より転写

元寇大油絵第十二説明

沖合ノ火烟ハ、即チ河野通有・合田五郎・草野次郎。其他ノ武士モ、小舟ニテ進ミ、敵船ニ切込ミタル、竹崎・大矢野等ノ働キヲ示ス。此時敵軍ニテ考フルニハ、降伏スル為メニ、来リシト思ヒノ外、襲撃セラレテ、上陸スル事モ能ハス。遁ケ仕度ヲ、スル者アリ。竹崎季長ハ、有名ナル蒙古襲来絵詞巻物ノ作者也。此巻物、今ハ宮中御物トナレリ。

(12) This is a view of the assault of our brave men on the board of the enemy's ship.

The flame from a ship seen in the distance and the fighting inanother large ship, show the action performed by Kôno Michiari, Aida Gorô, Kusano Jirô, Takezaki Suyenaga, Ôyano, etc. (Takezaki Suyenaga was the author of Môko Shurai Yekotoba which is nowkept in the Imperial household).

At first, the enemy thought that the Japanese warriors were coming to surrender, as they came by the small junks, but the enemy soon found their mistake.

（湯地丈雄『元寇画帖――護国記念精神教育――』）

第十二図　敵艦逆襲　図説

再挙来寇せしは、弘安四年五月廿一日、蒙古の軍勢拾万余騎艨艟海を蔽ひ、筑前博多湾に充満して、其威を示す。予て待ち受けたる我が将卒、就中伊予の国河野六郎通有は、短舸に乗し拾四才なる其長子通時と共に、志賀島より敵艦に迫り、檣を以て、梯子となして、之に乗込み、其将を擒にし、小舟に載せて帰り、少弐・大友・島津・松浦・大村・竜造寺・秋月・赤星・大矢野等は、申すに及はす、関東勢の面々も小舟に乗りて、大艦に切込みたり。此時肥後竹崎季長は、生松原より、敵艦に乗込みて、其将を討取りしことは、自身にて記録せし、絵詞巻物あり。現に帝室の御物として、存在珍重せらる。

抑々敵の戦術と、我の戦術と異なりしは、今更云ふ迄もなし。然るに茲に逸話あり。竹崎季長は、敵艦に切込む為めとして、重き兜は、本船に脱き棄てたれは、愈々奮闘に際して、脛当を脱きて、前額に結ひ付け、身軽く働き敵を組伏せたりと。何の世にも、咄嗟の間に於ける動作に、奇談あるべきに付き、其一例を示す。

通有擒レ将鹿島東　季長更発二息松中一　看他十万艨艟敵　不レ若二軽舸小艇功一

（河野通有自二志賀島一　季長自二生松原一各乗二軽舸一　故句及レ之）

（湯地丈雄『精神教育　元寇反撃　歴史画光栄録』、一九―二〇頁）

註

河野通有は、瀬戸内海における、河野水軍の将である。このような「短舸に乗して」の活躍は、『八幡愚童訓』に見える。また、竹崎季長の「脛当を脱きて、前額に結ひ付け、身軽く働き敵を組伏せたり」云々の記事は、『蒙古襲来絵詞』――一名『竹崎絵詞』――にある。このシーンを示す絵も、説明文もともに、この絵詞にある。これにより竹崎季長の活躍をリアルに、後世に残すことになった。河野通有や竹崎季長の活躍を、「十万艨艟敵」に対して、「軽舸小艇功」であると、賞讃している。このような戦い方は、「軽舸小艇」に乗じて、敵の大艦船によじ登り、斬り込んで敵の将兵を倒すという、接戦主義の戦法にほかならない。

〔絵画史料14〕

○第十三図　大暴風雨起り、敵艦船覆滅

第十三図図解

所謂神風起りて、敵船覆没せり。文永の役にも、弘安の役にも、颶風に乗して、掃攘の功を奏せしは、誠に天助也。然れとも、戦勝を以て、風力とする勿れ。日本を守りしは、忠勇殉難者の力也。此役や捕虜中より撰んで、于闐(うしょう)・莫青(ばくせい)・呉万五(ごまんご)の三人を還へし、元主に告しむ。元主大に驚き、先きに遁け帰りて、偽りの報告を為し、褒賞を受けたるものを罰す。

（鈴村譲『元寇画鑑』）

元寇大油絵第十三説明

所謂神風起リテ、敵軍覆没セリ。文永ノ役ニモ、弘安ノ役ニモ、颶風起リテ掃攘ノ功ヲ奏セシハ、誠ニ天助也。

第十三図　『元寇』（奥付なし）より転写

然レトモ戦勝ヲ、以テ風力而已ニ、帰スル勿レ。日本ヲ守リシハ、忠勇殉難者ノ功ニ在リ。今日マテ、元寇殉難者ニ、報事行ハレサルハ、一大欠典也。国祭ヲ起サスシテ、可ナランヤ。此役ヤ捕虜中ヨリ、于閶・莫青・呉万五ノ三人ヲ還ヘシ、元主ニ告シムル所アリ。元主初メテ、弱将等ノ遁ケ帰リテ、偽ハリノ報告ヲ、為シタルヲ知リ、先ニ与ヘタル賞ヲ褫ヒ、罰ヲ行ヒシト。

(13) This is a view of the great strom, supposed to be a deed of the Gods. All the enemy's vessels were entirely destroyed. After the final struggle was over, Tokimune sent back three survivors, Ushô, Bakusei, and Gomango to their country to let Kublai Khan know that his army is all defeated.

It is said that Kublai Khan on learning the real fate of his armies, was very angry, and a certain coward generals who had already returned and falsely reported of a great victory were severely punished.

（湯地丈雄『元寇画帖――護国記念精神教育――』）

第十三図　敵艦神風に覆へる　図説

嗚呼、是れ弘安四年閏七月一日の神風なり。当時極東併呑の欲望を抱き、幾度も我国に来寇せし蒙古は、斯くも天怒に触れしこそ道理なれ。嗚呼天は正理に、与みすと宜なる哉。抑々此の戦は、弘安四年五月廿一日に始まり、閏七月一日迄を算すれは、実に七拾日となれり。其の長き間に、上陸を許さゝりしは、武勇の力たること勿論なり。只に風力而已と、云ひ伝へしは、遺憾なり。扨其時敵の最後を調ふれは、此の颶風を期として、将官等は忽ち先きを争ひ残艦を撰みて、逃け帰り虚実取り雑へて蒙古の主に報告しけれは、之を信して厚く恩賞を与へ、官等も昇せし処に、日本に捕虜たりし内の于闐、呉万五、莫青の三名は、其後に至り日本より送り返されて、事実を報告せしゆへ、元主初めて怯将等の虚言たるを悟りて、俄かに官を褫ひ、罰に処せりとは心地よし。

●特旨従一位を、故北条時宗に、贈らせ給ふ。明治三十七年五月十八日　実に日露交戦当時也。億兆感泣せり。

鎌倉男子（元寇軍歌は日清日露の戦役を経て益々轟けり）

四百余州を挙る　十万余騎の敵　国難こゝに見る
弘安四年夏の頃　何ぞ恐れん我に　鎌倉男子あり
正義武断の名　喝して世に示す

多々良浜

多々良浜辺の戎夷　そは何蒙古勢　傲慢無礼者
倶に天を戴かす　イデヤ進て忠義に　鍜へし我腕
こゝぞ国の為め　日本刀を試しみん

筑紫の海――（以下略）――

（湯地丈雄『精神教育　元寇反撃　歴史画光栄録』、二〇―二一頁）

〔絵画史料15〕

○第十四図　筑前海岸の今津付近の惨状

第十四図図解

嗚呼是れ、筑前海岸今津近傍、戦後の惨状也。畏くも至尊命を懸け、忠臣身を致し、国家を累卵の危きに守りし、殉難者忠魂の止まる処なり。今や文明慈善の世、片時も問はで、忍べき古戦場なる千代の松原に、元寇紀念碑を建設の挙あるも之か為め也。

（鈴村譲『元寇画鑑』）

元寇大油絵第十四説明

嗚呼是レ、筑前海岸今津近傍、戦後ノ惨状也。畏クモ至尊命ヲ懸ケ、忠臣身ヲ致シ、国家ヲ累卵ノ危キニ守リシ、

第十四図　『元寇』（奥付なし）より転写

殉難者忠魂ノ止マル処ナリ。今ヤ文明慈善ノ世、敵ノ負傷者ヲモ、助ケ救フノ昭代ナレハ、片時モ問ハテ、忍ビザルモノアラン。千代ノ松原ニ、元寇紀念碑建設ノ挙アルモ、是カ為メ也。

(14) This is a sad and painful scene where is near by the seashore of Imazu, after a battle in which the most of our patriots fell.

（湯地丈雄『元寇画帖――護国記念精神教育――』）

註

ここに写真版で印刷されている原画には、仔細に眺めると、大小のキズや絵の具の剥離が見える。これは、写真版で印刷する時点で、すでにそのような状況にあったのである。『元寇』（奥付なし）――発行年などは不明ではある――に収録されている、これらの十四枚の大油絵――パノラマ画・テンペラ画――は、その大任を果たした後の原画を撮影したものであった。即ち、元寇紀念碑――亀山上皇銅像――は、すでに建設されていた。十四枚の大油絵――パノラマ画・テンペラ画――は、その活動の跡――大小のキズや絵の具の剥離――を、モノクローム色の写真版としての、この絵画写真集に残していた。

湯地丈雄による建碑運動。湯地丈雄は、日本全国をくまなく廻って講演会を催した。この十四枚の大油絵――パノラマ画・テンペラ画――を、荷車や馬車そして人力で運んでは、講演会の視覚教育とした。したがって、その運搬の折についたのが、大小のキズと絵の具の剥離であったのだ。十四枚の大油絵――パノラマ画・テンペラ画――が、湯地丈雄の建碑運動に果たした、大きな役割を考える時、大小のキズと絵の具の剥離は、十四枚の大パノラマ画への勲章のようなものかもしれない。

《付記》　本書では、靖国神社遊就館所蔵の、矢田一嘯描くところの、十四枚の大油絵――パノラマ画・テンペラ画――を、許可を得て転載した。ところが、この十四枚の大油絵――パノラマ画・テンペラ画――とは別に、矢田一嘯が描く元寇大油絵が他所に存在する。福岡県うきは市浮羽町、鎮西身延山本仏寺の寺宝館所蔵するところの、十四枚（百号の大きさ）が、まさにそれである。靖国神社所蔵の大油絵――パノラマ画・テンペラ画――とは、全く別物である。絵画の構図はやや異なっているが、同一画家の描くところであり、その筆致は同じである。現在、本仏寺所蔵の十四枚の大油絵は、文化財となっており、同寺から絵葉書として発行されている。なお、本仏寺は、佐野前励師のゆかりの寺であり、同寺所蔵の十四枚の元寇絵画が、残されたのだ。本仏寺では、「矢田一嘯画伯」として、その立場から、矢田一嘯の略伝を記している。

「安政五年十二月十九日、横浜に生まれ、はじめ日本画を研究したが、進んで洋画を習得するために渡米。ロスアンゼルスでパノラマの技法を学び帰国。その後九州に至り佐野前励日菅上人と出会い、元寇記念碑としての亀山上皇並びに日蓮聖人両銅像の建設に献身的に協力。その当時に描かれたものが西身延所蔵の歴史画十四枚であつて、現在文化財に指定されている。絵画史上最も貴重な資料である。他に日蓮聖人銅像台座の銅板画の下絵も画伯の手になつたもの。また銅像前の広場に、大パノラマ館が日菅上人の手によつて建設され、それにも執筆しているが、大正中期大暴風雨によつて倒壊し、当時の絵画は、今日所在がわからなくなつている。西身延所蔵の作品で知られるように、厳しい写実的な作風と大胆なタッチは、その偉大な天分の所有者であつたことを永久に伝えるものであろう。大正二年四月二十二日五十六才で死去。墓碑は福岡市妙典寺に建てられている」（本仏寺『元寇絵ハガキ』、同寺、封筒表に記された略伝）。

第六部　絵画関連史料

○ 国民教育元寇油絵大幅製作序言

元寇歴史ハ、外交ノ開クルニ随ヒ、其光リテ顕ハスベキハ勿論ナルニ、何等ノ冷眼ニヤ。当時ノ殉難者ニ対スルノ報事、未ダ天下ニ行ハレズ。誠ニ悼ムベキ也。因テ明治十九年已来、元寇紀念碑建設ノ義挙ヲ説キ、廿一年一月、檄ヲ天下ニ伝ヘ、或ヒハ図書ノ出版ニ、或ハ軍歌唱歌ニ、或ハ幻灯ニ、該歴史ノ顕揚ヲ務メテ止マズ。明治廿三年ニハ、大油絵ヲ鶴渕信英氏ニ描カセ、伊勢神宮ノ傍ニ公示シ、終テ之ヲ学習院ニ献シ、今猶ホ存セリ。再ヒ此大油絵ヲ作リタルハ、益々将来ヲ警メント欲シテ也。画工ハ矢田一嘯氏ニテ、義捐ヲ以テ揮毫シ、明治二十九年四月成就セリ。其篤志、深ク謝スル所ナリ。此絵ハ各々畳巾三枚半ノ物十四枚、之ヲ並列スレハ、百廿六尺。実ニ我国未曽有ノ、歴史画大作美術品タルハ、世ノ公認スル所トナレリ。

北白川宮殿下御覧　明治廿九年八月十五日　東京國學院ニ於テ
伏見宮殿下御覧　明治三十二年八月十一日　播州姫路第十師団司令部ニ於テ
皇太子殿下御覧　明治三十二年十一月十一日十二日
有栖川宮殿下御覧　舞子御行啓先　有栖川宮殿下御別荘ニ於テ

（湯地丈雄『国民教育元寇油絵大幅製作序言』、広告ビラの表面）

註

この序言を読んでいくと、本書で扱っている矢田一嘯が描く、大油絵――パノラマ画・テンペラ画――十四枚とは、全く別に「大油絵」が描かれ存在していた事実を発見する。「明治廿三年ニハ、大油絵ヲ鶴渕信英氏ニ描カセ、伊勢神宮ノ傍ニ公示シ、終テ之ヲ学習院ニ献シ、今猶ホ存セリ」とあるのがそれである。ここにある「大油絵ヲ鶴渕信英氏ニ描カセ」たとする現物は、はたして何枚あったのかなどについては、言及していない。ところが、第一部〔概観的史料10〕の『元寇紀念碑来歴一斑』には、明治二十四年二月の条に、「伊勢大廟の傍に掲けたる元寇反撃油絵六枚を、学習院に寄附し……」とある。これらは「六枚」の一連の史的連続性を有していた油絵であった。六枚の大油絵については、「伊勢の大廟には、つねに憂国の士の参詣がひきもきらさずあること思ひ、この地に元寇の歴史画を掲げて行人の覧に供する必要を感じ、縦四尺巾五尺の油絵を描かせて、遥々伊勢の山田町に運び、その路の傍らに一棟の画屋を新築してこれを公衆に展示し、其処に週日とどまつてその意義を講明し、終つてから、この油絵は学習院に寄附した」（仲村久慈『湯地丈雄』、一〇八頁）とある。この一文によると、「伊勢の大廟」の地に掲げられた油絵六枚の個々の大きさは「縦四尺巾五尺」であった。後に、矢田一嘯の手になる十四枚の大油絵――パノラマ画・テンペラ画――は、縦七尺横幅九尺であるから、この六枚の大油絵の方が、縦横ともに比較すると小さいのだ。西本匡伸『よみがえる明治絵画――修復された矢田一嘯「蒙古襲来絵画」――』では、「このプレ元寇ともいえる大油絵は、学習院にも現存していない。参考となるのは、明治二十四年に湯地の編纂によって出版された『元寇反撃　護国美談』という元寇の経緯を記した書に添えられた六点の挿絵である。「硯海写」と落款が置かれているが、この「硯海」という画家の手になる六点の挿図は、大油絵というにはお粗末な挿絵にすぎないが、このプレ元寇図をある程度は反映したものかもしれない」とある（七〇頁）。たしかに鶴渕信英の描く原画を、「硯海」という画家が、参考にしたと言えるかもしれない。あるいは、もっと推測を加えるならば、「硯海」＝鶴渕信英であった可能性もある。『元寇反撃　護国美談』の「六点の挿絵」については、本書第四部〔図版史料一～六〕で論じている。さて、ここで論を矢田一嘯が描く十四枚の大油絵――パノラマ画・テンペラ画――に戻そう。序言には、「再ヒ此大油絵ヲ作リタルハ、益々将来ヲ警メント欲シテ也」とある。矢田一嘯の大油絵――パノラマ画・テンペラ画――十四枚は、言わば鶴渕信英の六枚にわたる、一連の元寇画に続く、第二弾のしかも大規模な、元寇役を題材にした絵画と、位置づけられよう。

〔絵画関連史料2〕

○ 懸題優等作文抄録――入選作の一例――

《解説》「懸題優等作文抄録」とは、いわゆる懸賞作文入選の抄録である。矢田一嘯描く十四枚の大油絵――パノラマ画・テンペラ画――とは別に先立って、鶴渕信英によって制作された六枚の油絵。「伊勢大廟ノ傍ラニテ、公衆ノ縦覧ニ供シ」たとされる、六枚の中の一枚について、この絵を観覧した人の感想文が、発表されている。「亀山上皇、身ヲ以テ国難ニ代ラン事ヲ、伊勢大廟ニ祈ラセ玉フ図ニ題ス」が、その懸題作文のテーマ。湯地丈雄の「元寇紀念碑建設事務所」が、募集した作文コンクールに、応募提出された中で入賞した、「懸題優等作文抄録」の一例を、次に引用する。入選者の住所を見ると、入賞者は「伊勢大廟ノ傍」に立って、実際にこの油絵を実見し得る場所に住んでいる。この入選者も、もう一人の入選者その人も、同じことが言えるのだ。

亀山上皇、身ヲ以テ国難ニ代ラン事ヲ、伊勢大廟ニ祈ラセ玉フ図ニ題ス

愛知県西加茂郡挙母村

松　下　常　見

天祖神器ヲ伝ヘテ、而シテ宝祚天壌ト極リナク、列聖洪範ヲ垂レテ、而シテ国土金甌ト欠クルナシ。慈育下ニ普ネク、純忠上ニ奉ズ、一系ヲ聯ネテ、千古渝ラズ、万民ヲ統ベテ、終世怠ラズ。此威霊ト、此国粋ト、古今ヲ通ジ、内外ヲ渉リテ、我神州、独宇内ニ卓絶ス。元主優勝ノ理ニ拘ミテ、敢テ無謀ヲ企テ、無素ノ民ヲ駆リテ、茲ニ貪兵ヲ出ス。然レドモ蟻螻、堤ヲ潰シ、雨滴、石ヲ穿ツ。之ヲ其始ニ謹マズンバ、悔ヒテ及バズ。故ニ亀山上皇、深ク以テ憂ト為

シ、手書ヲ奉ジテ、国難ニ殉セラル。蓋胡馬ヲシテ、辺疆ヲ蹂躙セシムルハ、我ノ耻ナリ。虜艦ヲシテ、西海ニ翺翔セシムルモ亦、我ノ耻ナリ。上皇ノ宸憂、天人均シク感動ス。故ニ威霊ノ向フ所、風伯ヲ叱咤シテ、如山ノ艦ヲ、万尋ノ海底ニ沈メ、雨師ヲ駆馳シテ、蔽海ノ兵ヲ、千里ノ遠波ニ漂ハス。国粋ノ発スル所、戟手身ヲ挺シテ、将ヲ斬ル事麻ノ如ク、勇憤屍ヲ踰エテ、卒ヲ搏ツ事隼ニ似タリ。是ニ於テ乎、威振ヒ虜恐レ、敢テ我ヲ議セズ。千歳日光ヲ畏拝スルニ至レリ。若シ夫レ胡馬中原ニ嘶キ、虜車京甸ニ軋ランカ、威霊、何ニヨリテカ、輝クヲ得ン。国粋、何ニヨリテカ、揚ルヲ得ン。千百歳ノ後、独歩万国ニ卓絶シ、敢テ一指ノ我ニ、加フルモノ無キニ至リシハ、実ニ当時　聖明ノ威霊、忠良ノ国粋、之ヲシテ然ラシムルノミ。佩、誰レカ快然歓喜セザラン。――〔以下略〕――

（湯地丈雄『懸題優等作文抄録――護国之光――』、三―四頁）

註

湯地丈雄『懸題優等作文抄録――護国之光――』（同氏、明治二十四年）冒頭部分に、「懸題作文賞品贈呈」とある。「元寇反撃油絵写真」六枚がそれである。鶴渕信英描く元寇画六枚の写真なのだ。『懸題優等作文抄録――護国之光――』には、「本文写真原図大油画ハ、現今学習院ノ懸額トナル、明治二十三年十二月マテハ、伊勢大廟ノ傍ラニテ、公衆ノ縦覧ニ供シ、護国心ヲ喚起スルノ具トナシタリ」と巻末にある。「原図大油絵」とは、原画にほかならない。この六枚の元寇画も、人々の視覚に訴えることによって、大いに国防力の必要性を説いたのだ。『懸題優等作文抄録――護国之光――』には、懸題のテーマの一つとして、「一、亀山上皇身ヲ以テ国難ニ代ラン事ヲ伊勢大廟ニ祈ラセ玉フ図ニ題ス」とあるから、「亀山上皇身ヲ以テ国難ニ代ラン事ヲ伊勢大廟ニ祈ラセ玉フ図」という、題名の油絵が確かに、存在していたのである。そうなると、この図こそ、「鶴渕信英氏」の手によって描かれ、「伊勢大廟ノ傍ラニテ、公衆ノ縦覧ニ供シ」た、そして「学習院ノ懸額」となった、六枚の中の一枚の大油絵であったと見てよい。湯地丈雄が、六枚の元寇画の中で、最も世間に訴えたかった、そして中心となるべきものとしたのが、亀山上皇による殉国の精神。これを、作文募集という手段で、大いに盛り上げることは、元寇紀念碑建設と、それに伴う護国運動を完遂するのに、最も有効なやり方であった。

〔絵画関連史料3〕

○ 矢田一嘯画伯の大油絵――パノラマ画・テンペラ画――の関係記事

《解説》矢田一嘯画伯の大油絵――パノラマ画・テンペラ画――の関係記事についての史料を、二つ掲げてみよう。十四枚の大油絵――パノラマ画・テンペラ画――については、「偉大なる洋画家――矢田一嘯画伯の生涯《元寇記念碑建設、陰の協力者》――」に、その製作過程が詳しく述べられている。したがって、この伝記の記述中にある、十四枚の大油絵――パノラマ画・テンペラ画――に関する部分を、抜粋摘記してみよう。文中、「蒙古襲来大絵巻」と称して、記述しているのだ。さらに「大絵巻の公開」として、湯地丈雄等による、十四枚の大油絵――パノラマ画・テンペラ画――を携行しながらの、講演旅行の苦労話を紹介している。ところで、この伝記の中に、「蒙古襲来大絵巻」とか、あるいは「大絵巻の公開」とか、さかんに「絵巻」の文字を使用している。しかし、厳密に言うならば、絵巻とは「巻物に絵を描き、繰り拡げてゆくことで、次々と変化する画面を鑑賞させるようにしたもの」(『広辞苑』)とあり、「巻物に絵を描く」ことなのだ。したがって、十四枚の大油絵――パノラマ画・テンペラ画――は、元寇役を描くという点で、連続性があり一連の物語性があるが、それぞれは、独立している。「絵巻」の文字は適当ではない。なお、「偉大なる洋画家――矢田一嘯画伯の生涯《元寇記念碑建設、陰の協力者》――」は、本来ならば〔伝記史料〕であるが、「蒙古襲来大絵巻」と「大絵巻の公開」部分は、「絵画史料」として、ここに移して引用した。その内容が、十四枚の大油絵――パノラマ画・テンペラ画――そのものに、関係しているからである。

・蒙古襲来大絵巻

矢田画伯が取組んだ元寇役大絵巻は縦七尺、横九尺という大幅十四枚の続物である。爾来画伯は参考資料に基いて構想を練り毎日朝早くから弁当を携えて家を出て福岡市周辺の近郊から糸島郡今津、肥前唐津方面まで元寇役に由縁ある古戦場、防塁跡、海岸線、地形、山容、水態、樹木、雑草の果まで緻密に写生して廻り画材の蒐集に努力を重ねた。殊に海上の交通極めて不便だった時代、画伯は単身小舟に身を託して波荒き玄界灘を越えて二回まで壱岐、対馬両島に渡り或る時は木賃宿に、また或る日は野宿を重ねるなどして両島の古戦場を隈なく踏査し、一ケ月有半に亘る写生旅行を続けたこともあった。

こうして一年有余の日子を費して須崎土手町で描き上げたのが、今に東京九段の遊就館内に保存されている元寇役の大絵巻である。この大絵巻は約七百年前の鎌倉時代、元軍襲来の惨状を眼前に彷彿たらしめ、観る者をして転た血沸き肉躍るの感を深からしめる程の大傑作である。殊に画伯が最も苦心したのは絵巻の内、博多湾で颱風のため蒙古軍の艦船多数が覆没する光景は、幾度描き直しても気に入るものが描けず、苦悩している或る秋の一日、偶々前夜から吹き募った風雨は終に大暴風となった。画伯はこの時とばかり未明から程遠からぬ須崎裏の旧台場跡に駈出し、終日ズブ濡れとなって博多湾の狂瀾怒濤の千変万化する印象を脳裡に収めては傍らの旧煙硝倉の中に駈込み写生帳に印象を描き留めた。その日も漸く暮方近くになって須崎土手町の我家に引揚げて来た。

丁度その頃湯地氏はこの日の大暴風雨に画伯は何をしているかと見舞旁々訪れて来たが画伯の姿は見えず、絵描き道具の取乱されている狭い部屋に第二夫人トミさんが悄然と留守しているので挨拶して立戻らんとした時、全身ズブ濡れの画伯が引揚げて来るのに門前で出会い、画伯は湯地氏を見るや湯地さん絵が描けます絵が描けますと欣喜雀躍の態であったという。

矢田画伯が元寇役の油絵大絵巻を完成したのは明治二十九年のこと、年齢的に見れば画伯三十九才の壮年期、いわゆる最も脂の乗っていた時である。この間性来名利物慾に恬淡だった画伯は僅かに湯地氏から米塩の資を贈られるのみであった。

・大絵巻の公開

歴史画「元寇役」蒙古軍襲来の大絵巻が初めて福岡市で一般に公開されたのは明治二十九年五月三十一日から二週間、櫛田神社絵馬堂内で展観された。面白いことはその時矢田画伯は腰に手拭をブラ下げ。旗を立てた人力車に打乗り蹴込みに乗せた締太鼓を叩きながら市中を駈け廻り、四辻に差掛ると蹴込みに立上り絵巻を観覧に来るよう広く市民に呼掛け宣伝して廻ったことが伝えられている。――〔中　略〕――この外絵巻は市内各所で公開されたことと推測するが確かな記憶がない。そして東京で絵巻が公開された際は各内親王殿下の上覧を賜り且つ朝野の貴顕紳士を始め文武官その他大多数の一般観覧者があり、いずれも粛然として襟を正したといわれる。この絵巻十四幅は相当重量があったので未だ交通不便の時代とて湯地氏と矢田画伯が辺僻な村落などに講演旅行を続けた時は牛、馬背を利用して運搬した。時には屢々数里の道を両人で担いで行くなど散々労苦を嘗め尽したものである。

（博多を語る会「偉大なる洋画家――矢田一嘯の生涯《元寇記念碑建設、陰の協力者》――」、『博多資料』、第九輯、一一―一二頁）

〔絵画関連史料4〕

○大パノラマ画とテンペラ画

大パノラマ画は、大眺望画あるいは大風景画を意味する言葉で、遠近法を使用して迫力ある臨場感を盛り上げるのに、効果的手法と言われている。構図の上からの言い方にほかならない。一方、テンペラ画のテンペラとは、絵の具の種類を指す。油絵の一種である。したがって、テンペラ画とは、それで描かれた絵をこのように称した。顔料の種類によって分類した絵画の呼称と解してよい。一種の油絵の範疇に入るべき絵画であった。したがって、大油絵とか大油画などとも、呼称している場合もある。

もともと、矢田一嘯が、後に靖国神社遊就館所蔵となったこの大パノラマ画を、それも十四枚もの多数を制作した意図は、視覚に訴える形で元寇の一件を、世間の人々に把握してもらう狙いにあった。矢田が大パノラマ画を描く発端は、湯地丈雄の依嘱によるものであった。湯地は、元寇記念碑建立を目的としながら、護国精神の振作・普及に力を尽してきた護国運動家であった。したがって、大パノラマ画には、矢田と湯地という二人の人物が、常に関係していた。

この大パノラマ画の題材となったのは、元寇と呼ばれ蒙古襲来とも称された鎌倉時代の二度の国難であった。この大事件の経過をしかも、日本遠征謀議の発端場面から、文永の役↓弘安の役の終了までを、一連のドラマ性を持たせながら、老若男女に理解させなければならなかった。それを十四枚の場面にまとめ切ったのである。まさに、歴史教育を視覚教育で、実施しようとしていたのである。大パノラマ画を携行しての各地における講演会は、加えて聴覚教育となるのである。見る者をして六百五十年前の国難の全容を、知ってもらいたいという願望から起因している。因みに、矢田一嘯が、元寇をテーマとして、十四枚の大パノラマ画――とくに現在靖国神社遊就館所蔵に帰したもの――を描いたわけは、湯地丈雄によって首唱された元寇回顧・再評価運動即ち護国運動を、側面から助けることを目的としていた。具体的には、元寇記念碑を建立するためであり、資金集めのための全国巡回に、プラスとなるようにとの考えから発していた。

明治の二十年代から始まっている湯地丈雄の運動に、大パノラマ画という大画面絵画を使用したことは、一種の視覚教育による社会教育を試みたとも言えるのであり、当時としては仲々のアイデアであった。――〔中　略〕――矢田一嘯の描いた大パノラマ画は、大画面に特徴があった。その実際の大きさは、「縦七尺」×「横九尺」の寸法であった。これを全国に運びつつ、展覧しながら講演活動を行なっていたのである。

（太田弘毅「『元寇画鑑』と大パノラマ画――視覚を通しての護国運動――」、『松浦党研究』、二二号、五―六頁）

〔絵画関連史料5〕

○　最初の大油絵――パノラマ画・テンペラ画――は「元軍覆滅」の図

「私はゆうべ、那珂川口の旧御台場の煙硝倉の中に一晩中籠つて、荒れ狂ふ玄海灘を睨んでゐたんです。さうです、あの海の荒れ方こそ、元寇反撃のときの海神の怒りだつたんです。荒れ狂ふ海の姿は、さながら天地の神の怒り叫ぶ姿のやうでもあります。日本を守る神様を見たやうな気持がしました。もう大丈夫です。これからすぐに描きはじめます」。一嘯は感激に脣が顫ひてゐた。丈雄もひとしほ深く一嘯の情熱に頭を垂れた。かうして、第一番に出来あがつたのが、「元軍覆滅」の油絵で、縦七尺、横九尺の大作である。もともと、矢田一嘯は日本画家としては、人物画家、尊王画家として有名な、菊池容斎の流れを汲んでゐたので、武者絵などは実に巧みだつたのである。そして、つね日ごろから、絵を描くなら、結局歴史画を描くべきであると思ひ、また、それには後世までも残るやうな歴史画を描きたいといふのが彼の絶えざる念願でもあつた。その彼が、いまや元寇といふ大画材と取組んだのであるから、その創作欲も常人の想像の及ぶところのものではなかつたのである。彼は「元軍覆滅」以後は、非常な能力を傾けて、これと同じ大きさの油絵を毎月一枚平均に描きあげて、遂に十四枚の大作を成したのである。この間、丈雄も貧乏なら、一嘯もそれに劣らぬ貧困を極めてゐたのであるから、丈雄は病妻が自分や愛児の衣裳まで金に換へて送つてくるのを、涙を秘めて、それに絵具を買へ、米を買へ、味噌を買へといつた具合にしてこれを完成させたのである。この油絵こそ、丈雄一家の血と肉と、一嘯の生命を賭けた赤誠とによつて描かれたものであると言はねばなるまい。

そしてこの名画は、後年丈雄とともに各地を巡り、その土に生きる人心の脳裡に、深く護国の大精神を培つたもので、しばしば、畏れ多くも、皇太子殿下をはじめ奉り、各内親王殿下の御上覧をも賜はり、朝野の貴顕、名士をして、粛然として襟を正さしめ、また各地の児童少年をして、澎湃と感奮して志を立たしめたことは、じつに、偉人傑士の雄弁名論よりも勝れたものであるが、それもこれも、みなかの一大辛苦の結晶であることを思へば決して偶然ではない。

矢田一嘯は、この大傑作の成就をもつて、ますます護国の意気に燃え、愛する妻を親戚に托して、決然と丈雄に従ひ、その後数年のあひだわが身の腹の肥えるのを希はず、ひたすらに寝食を忘れて丈雄の事業に一身を献げたのであつた。

（仲村久慈『湯地丈雄』、二一一―二一三頁）

〔絵画関連史料6〕

○「パノラマ世界」火野葦平

夜とともに、突風は雨をまじへて、博多湾の波を荒れ狂はせた。暗黒のなかに、すさまじい雷鳴がとどろき、稲妻は一瞬、すべてのものを浮きあがらせる。海岸の岩に打ちよせる波は五間も十間も柱となつて立ち、滝となつて落下した。方々で鉦や半鐘が鳴つてゐる。大小の船舶はしつかりと纜綱（もやひ）でつながれてゐるが、風の勢には勝てなかつた。綱が切れて何隻かの船は湾の沖へ流されて行つて、岩や暗礁にぶつつかつて沈没した。ギギギギイ……メリメリ、バリバリ、……と、櫓の折れる音、船の裂ける音があちこちでしてゐる。船を守らうとする船頭たちが必死にかけずりまはつてゐる。その或る者は風に吹きとばされて海に落ちた。これらのすべてのものを、アセチリン瓦斯の青さで、稲妻が照らしだす。

この凄惨な状況を、一嘯は歯を食ひしばり、眼を皿にして凝親してゐた、レイン・コートの襟を立てて深く顎をつつみ、箱崎海岸の大鳥居の下に立ちつくしてゐた。普通の傘などは用をなさない。菅笠をかぶつて来たのに、それも紐が切れて吹きとばされてしまつた。けれども、スケッチ・ブックと鉛筆とだけは離さなかつた。風雨にたたかれながら、自分の眼で、しかもとらへた眼前のものを、一嘯はすばやくスケッチした。稲妻がきらめく一瞬を盗んで描いた。鉛筆も紙もびしよ濡れだが消えはしない。一嘯の幻想の中に、夜の嵐をものともせず、船をこぎだして行く日本の部隊、転覆する元の軍船、燃えあがる船、蒙古の兵隊などの姿がありありと見えた。元寇絵巻の中のもつとも重要な場面である。オシュトボロフから、波と稲妻とがこしらへたものだといはれた言葉は、いま自分の全身を打ちたたく雨や風よりも、もつと痛く一嘯には応へた。写生はこれまで怠らず、やつて来たつもりだつたのである。わざわざ対馬まで出かけて、元軍が上陸して来た小茂田の浜も調べた。壱岐にも行つた。しかし、さすがに暴風雨の夜までは実行せずにゐたのだつた。

（これで、神風の場面に活が入る）

さう思ふと、涙が出た。涙は雨といつしよになつて頬を流れ、一嘯の唇に塩からくしみこんだ。

（湯地さんも嵐の晩に、箱崎宮に詣つて、元寇紀念碑成就の祈願をしたといふことだ）

一嘯はそのことを思ひだした。

（火野葦平「パノラマ世界」、『小説新潮』、一九五五年四月号、二六三—二六四頁）

〔絵画関連史料7〕

◯　大油絵——パノラマ画・テンペラ画——の果たした功績

日本武士道の称、世界に揚り、日本武士道の実、世界に顕はれたるは、近く明治廿七八年に於て、清国の優勢と戦ひ、三十七八年に於て、露国の猛威を砕き、前古無比宇内環視の眼を集め、皇国の武力を示し、彼等の非望を挫きたるにあり。

遠くは往昔、文永十一年弘安四年に於て、蒙古国王世界併呑の暴威を、撃退殲滅したる。其偉功は、古今相照して、赫然たり。共に皇道発揮の時機、之を致せりと云ふべし。宜なる哉。世の文明は、近比頻りに、元寇歴史を温ねて止ます。因つて夙に描かせ置きたる、該歴史の大油画拾四幅は、曾て各地方を巡りて、人心を興起し、現今靖国神社遊就館に、陳列せられて、日々内外国人に賞観せられ、頻りに英訳説明書を、促かさるるに至れり。

抑々此の雄作は、古く歴史に照らし、慥かなる材料に基けるものを、日清戦役の終りに臨み、前途の為め慮る所あり。篤志者画工矢田一嘯氏の敏腕に頼りて、成功せるものなり。爾来之を活用して、元寇紀念碑の大成を助け、併せて国民の志気を励まし、遂に強露の大軍と戦ひ、陸海共に全捷を奏せられ、つひに清韓両国の保全を救ひたるは、偏に至尊陛下の御稜威に基き、将卒の忠勇に由ると雖も、一般国民に、忠愛の精神歴史の教育上に於て、此の雄作、亦与りて力ありと云はざるを得ず。

——〔後　略〕——

明治四十一年十月

元寇紀念首唱　大日本護国幼年会首唱　湯　地　丈　雄

（湯地丈雄『元寇画帖——護国記念精神教育——』）

〔絵画関連史料8〕

○ 元寇大油絵出張展覧会概則

●地方有志者ニテ、此油絵ノ展覧会ヲ開クニハ、名望信用アル方ヨリ、照会アリタシ。

●一ケ所ヲ五日間ト期シ、若干金ノ実費ヲ以テ出張ス。展覧会ノ経費ハ、有志者ノ集金ヲ以テスル歟、又ハ観覧料ヲ徴スル歟、其地方ニ一任スト雖モ、興業物視セラレヌ様ニ注意ヲ要ス。

●此油絵運搬ハ、至テ軽便ナリ。荷物ハ、重量凡ソ五十貫目。積容ハ、一尺二寸格、長サ九尺五寸ノ大箱四個ト、附属品少々アリ。運賃ハ、里程ニ依テ、多少アリ。

東京麹町区飯田町五丁目卅番地　元寇紀念　護国堂

（湯地丈雄『国民教育元寇油絵大幅製作序言』、広告ビラの表面）

○　湯地丈雄等の講演会日程——抜粋、大油絵（パノラマ画・テンペラ画）携行しながら——

《解説》「明治二十九年（大油絵展覧開始）」（仲村久慈『湯地丈雄』）とあり、これ以後、大油絵——パノラマ画・テンペラ画——が、講演会において供用されたのである。それまでの幻灯使用では、白昼において聴衆観衆に見せるのに、不便性が存在していたからである。矢田一嘯によって、描かれた十四枚の大油絵——パノラマ画・テンペラ画——が、大いにその効果を発揮する。「明治二十九年」「明治三十年」そして、「明治三十一年」の分まで、抜粋摘記する。十四枚の大油絵——パノラマ画・テンペラ画——を携行しての、講演会はそれ以後も、引き続き行なわれた。なお、「油絵」とあるのは、大油絵——パノラマ画・テンペラ画——使用を示し、時には、「兼幻灯」ともあり、大油絵——パノラマ画・テンペラ画——と「幻灯」の併用のケースも、あり得たようである。また、「幻灯」の文字も見え、幻灯のみの例も、これまたあったことがわかる。

大油絵——パノラマ画・テンペラ画——携行（後半期の頃）

明治二十九年（大油絵展覧開始）

一月四日—二十九日間	熊本観聚館	同（油絵）	三七〇〇〇
二月十八日—二十五日間	玉名郡高瀬	同	三五〇〇
三月二十五日—三日間	熊本西行寺	同	一〇〇〇
同月七日—七日間	同　阿弥陀寺	同	五〇〇
四月十八日—五日間	下益城郡海東村	同	三〇〇〇
五月一日—五日間	山鹿郡山鹿	同	二四〇〇
五月六日—五日間	菊地郡隈府		一五〇〇
日不明	合志郡大津		五〇〇
五月十一日—三日間	阿蘇郡宮地	同	五〇〇

五月十四日	同内牧	同	三〇〇
同十八日—三日間	久留米	同	三四〇〇
同三十一日—六月十日	博多	同	六三〇
六月二十八日	佐賀市	同	三五〇
七月一日	佐賀県有田	同	二五八
八月二日—五日間	東京偕行社	軍人（同）	七〇〇
八月十五日—七日間	國學院	公衆（同）	四三〇〇
九月二十日—四日間	麹町区各学校	生徒其他（同）	四三〇〇
十月二十七八両日	埼玉郡妻沼	同	一三〇〇
十月三十日—五日間	埼玉郡深谷	同	四三〇〇
十一月十一日	同浦和	同	九二〇
十一月十九日—五日間	宇都宮	同　兼幻灯	四七〇〇
十二月十三日	埼玉郡黒瀬	同	一七〇〇
同二十五日—十九日間（三十年一月十二日マデ）	東京上野公園美術協会	公衆、油絵	五七〇〇

明治三十年

三月十二日	埼玉県霞ケ関	同　幻灯	一五〇
同二十一日	同　福岡	同　油絵	八〇
三月二十四日—八日間	同　川越	同　幻灯	三二〇〇
五月十二日	横浜	同	五二〇〇
九月十一二両日	筑前若松	同　油絵	一三〇〇
九月二十六日—三日間	同　真方町	同	一五〇〇
十月七日—三日間	同　飯塚町	同	一六〇〇
十月十一日—三日間	同　大隈町	同	一二〇〇
十一月八日—三日間	長崎榎座	同	六〇〇〇
同十八日—三日間	同　平戸	同	三〇〇〇
同二十二三両日	同　諸学校	同　幻灯	一〇〇〇
同二十四日	同　炉粕町	同	六〇〇
同二十六日—三日間	同　大村	同　油絵	二〇〇〇
同二十七日—三日間	歩兵第四十六聯隊	同	一〇〇〇
十二月一日—三日間	佐世保	同	三〇〇〇
同三日四日	佐世保海兵団	海軍軍人同	二〇〇〇
同十七日—三日間	壱岐郡武生水	公衆　同	二〇〇〇
同二十一日二十二日	同　国府	同	二〇〇〇
同二十三日—三日間	同　香椎	同	二五〇〇

同二十六日　同　鯨伏　　同　　一〇〇〇
同二十九
三十日　同　石田　同　幻灯　三五〇〇

――〔以下略〕――

（仲村久慈『湯地丈雄』、二四八―二六七頁）

註

「明治二十九年（大油絵展覧開始）」とあり、矢田一嘯描く十四枚の大パノラマ画を携行しての、講演会がこの年より始まった。しかし、講演会によっては、「兼幻灯」とあり、大油絵――パノラマ画・テンペラ画――と幻灯とが、両者併用して行なわれた例もあったのだ。両者併用となっても、主役は大油絵――パノラマ画・テンペラ画――であり、幻灯はあくまで従という立場であったろう。大油絵――パノラマ画・テンペラ画――の有する視界の広さと迫力が、臨場感を促し観る者をして、圧倒せしめたことは確かであった。

〔絵画関連史料10〕

○　青森市における元寇大油絵展覧

青森市にも、「国民教育歴史講話元寇大油絵展覧」と銘打って、明治三十四年六月十五日に、十四枚のパノラマ画を携えて湯地は巡回してきた。その新聞広告と、開催した事実に対する本文ニュース記事、さらに、収支決算報告記事を、ここに『東奥日報』という地方新聞から、引用してみよう。マイクロフイルムからの転写であり、やや読みにくい個所もあるが、大パノラマ画を携行しながら、湯地丈雄一行が、元寇記念碑建立資金の募集活動と、護国精神の高揚を、訴え続けた様子を、偲ぶことができる。ある地方都市の有様を記事にした、当時の地方新聞を通して、「国民教育歴史講話元寇大油絵展覧」の一端を、窺い知れるのである。一例としてここに掲載する。

因みに、「国民教育」という冠をつけたところに、湯地の狙いが象徴的に表わされている。「国民」を啓蒙し「教育」するところの「歴史講話」が、日本全国を巡回する湯地一行の仕事であったからである。最終的には、護国運動を、「国民」運動にまで高める目的が内包されていた。

この広告の冒頭部分には、

一　此元寇大油絵ハ歴史発揚ノ為メ成レルモノニシテ観者ノ耳目程度ニ随テ感覚ノ深浅ヲ免レサルモ其非凡ノ大作タルハ勿論我国未曽有ノ大作美術品ニシテ皇太子殿下並ニ各親王殿下御覧ノ栄ヲ賜ヒタリ

一　大油絵ハ横九尺縦七尺ノモノ拾四幅アリ現物ヲ目撃セル上ハ賢愚トナク世ノ有益タルヲ真知セサルモノナシ画中ニハ帝室ニ関スル処アリ敬意ヲ加フヘシとある。

（太田弘毅「『元寇画鑑』と大パノラマ画――視覚を通しての護国教育――」、『松浦党研究』、二二号、七頁）

註

ここに「パノラマ画」とか、「大パノラマ画」とあるのは、矢田一嘯の描くところの、十四枚の大油絵を指す。広告文中に、「此元寇大油絵ハ歴史発揚ノ為メ成レルモノニシテ」とあり、歴史を学ぶ意義、即ち〝歴史の教訓〟を知ることの重要性を強調している。

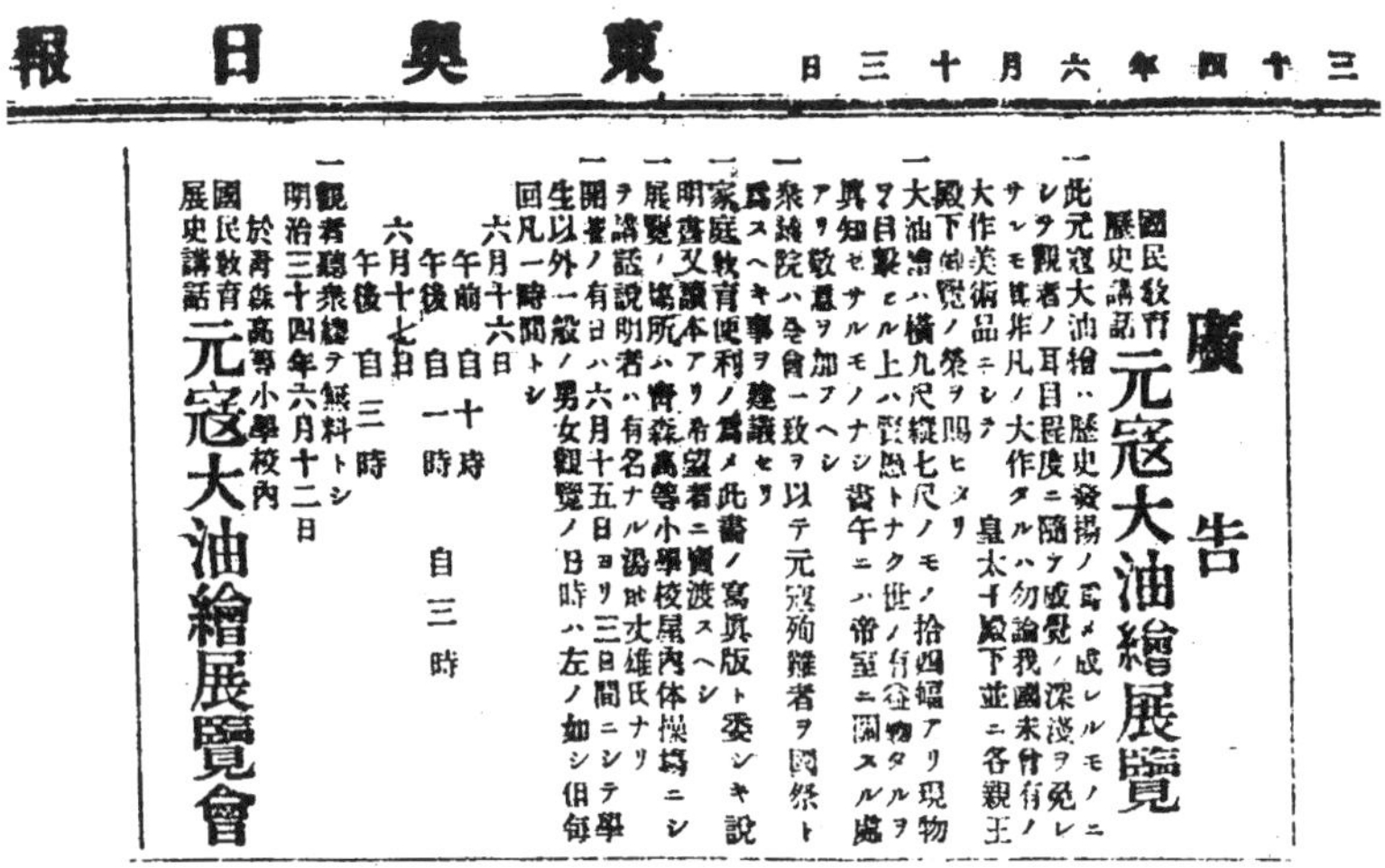

東奥日報　三十四年六月十三日

廣告

國民教育歴史講話 元寇大油繪展覧

一此元寇大油繪ハ歴史發揚ノ爲メ成レルモノニシテ観者ノ耳目程度ニ隨テ感覺ノ深淺ヲ免レサレモ其非凡ノ大作タルハ勿論我國未曾有ノ大作美術品ニシテ　皇太子殿下並ニ各親王殿下御覧ノ榮ヲ賜ヒタリ
一大油繪ハ横九尺縦七尺ノモノ拾四幅アリ現物ヲ目撃セル上ハ戰慄トナク世ノ有益物タルヲ異知セサルモノナシ曩午ニハ帝室ニ關スル處アリ敬意ヲ加フヘシ
一衆議院ハ全會一致ヲ以テ元寇殉難者ヲ國祭トスヘキ事ヲ建議セリ
一家庭教育便利ノ爲メ此畫ノ寫眞版ト委シキ説明書又讀本アリ希望者ニ賣渡スヘシ
一展覧ノ場所ハ青森高等小學校屋内体操場ニシテ講話説明者ハ有名ナル湯地丈雄氏ナリ
一開會ノ有日ハ六月十五日ヨリ三日間ニシテ學生以外一般ノ男女観覧ノ日時ハ左ノ如シ但每回凡一時間トシ
六月十六日　午前自十時　午後自一時　自三時
六月十七日　午後自三時
一観者聴衆總テ無料トシ

明治三十四年六月十二日
於青森高等小學校内
國民教育歴史講話 元寇大油繪展覧會

〔絵画関連史料11〕

○ 青森市における巡回講演（明治三十四年六月十五〜十七日の間）とその広告文

註

仲村久慈『湯地丈雄』によれば、明治三十四年六月十五日から三日間、「青森高等小学校　学生及公衆　一二三〇〇」とある。これが、「国民教育歴史講話元寇大油絵展覧」の「広告」に該当する、記録である（二七二頁）。なお、これに続いて「同二十一日—二十二日　同　第二十五聯隊　一三〇〇」とあり、青森高等小学校において、軍人への展覧もなされた（同頁）。

（東奥日報社『東奥日報』、広告、明治三十四年六月十三日付）

〔絵画関連史料12〕

○　元寇紀念油絵展覧会の新聞記事

●元寇紀念油絵展会　昨十五日当市高等小学校に於て、開設せられし、元寇紀念油絵展覧会は、国民思想統一の為にも、学校教育の為めにも、実に有益にし、殊に湯地丈雄氏の熱心なる説明には、頑是なき児童と雖、感涙を催さざるはなかりき。嘗て無意味に歌ひ居りし、元寇の役の唱歌も、充分歴史的思想を開発せられし、高等小学校生徒の無邪気なる口より、自ら勇壮活発而も悲壮慷慨、憤るが如く悲むが如く歌唱せられしは、一層死者に対する同情と、報国至誠の情隘して、実に聴者をして一段の感を深めらしめたり。今明日も開会せらるゝことなれば、苟も報国精忠の志ある者、奮ふて参観せられたし。

（『東奥日報』、本文、明治三十四年六月十六日付）

（太田弘毅「『元寇画鑑』と大パノラマ画――視覚を通しての護国運動――」、『松浦党研究』、二二号、七頁）

註

『東奥日報』は、青森県の地方紙。とくに、津軽地方を根拠とする新聞である。地方における講演会の有様がこれによって、しのばれる。編著者が、かつて勤務した青森県。そこの青森市における、湯地丈雄一行による「元寇油絵展覧会」の有様を、一例として調べてみた。弘前市立図書館所蔵による、『東奥日報』のマイクロフィルムから、この記事を採録した。湯地丈雄自身の講演は言うまでもなく、軍歌『元寇』を合唱する「高等小学校生徒」が、会場の雰囲気を、大いに盛り上げている。

〔絵画関連史料13〕

◯湯地丈雄の講演と歌唱は国民教育——視聴覚教育の実践——

十四枚の大パノラマ画の展覧は、視覚に訴えての国民への教育であるが、それに加うるに湯地の講演と歌唱とは、聴覚教育にほかならない。まさに、視覚と聴覚との連繫、いわゆる視聴覚教育なのである。湯地の熱弁と熱唱とは、会場の見学者そして聴衆に、大きな感動を与えたようである。湯地の講演は、「国民教育」とあるように、一種の国民啓蒙という社会教育である。したがって、社会教育という教育学的見地からも、研究する価値はあるのだ。『東奥日報』の明治三十四年六月二十三日付の記事には、募金の決算が出ている。本文での扱いである。官庁とか学校あるいは、有志者等々から、元寇記念碑建立のための寄付がなされている。

（太田弘毅「『元寇画鑑』と大パノラマ画——視覚を通しての護国教育——」、『松浦党研究』、二二号、八頁）

〔絵画関連史料14〕

○北条時宗追祭において、大油絵——パノラマ画・テンペラ画——展覧への感謝状

円覚寺管長釈宗演は、この丈雄の尽力によつて、北条時宗の祭祀が復活したことを非常に喜び、左の感謝状を贈つた。

感謝状

貴下今般当山開基北条時宗卿追祭挙行に際し、周到なる御斡旋により空前の盛典を見るに到る、実に感謝の至りに不堪候。特に蒙古大油絵の展覧並に愛国幻灯の開会等に於ける熱心懇篤なる御説明は、一同愛国の大精神を喚起せしめたる事を確信致候。依て茲に謝意を表し候也。

円覚寺

釈　宗　演

明治三十六年四月五日

湯地丈雄殿

この感謝状のなかにも書かれてあるやうに、この祭典の日にはかつて矢田一嘯が心血をそそいで描いた元寇歴史画の大展覧をなし、また、丈雄が十数年のその巡歴遊説をたすけた幻灯を映写して、いちいちその説明をなし、海軍将

校をはじめとして、各界の名士や、学生、老人、子供に至るまで、愛国の大精神を一層深く銘記させたのであつた。

（仲村久慈『湯地丈雄』、二八〇―二八一頁）

〔絵画関連史料15〕

○ 大油絵――パノラマ画・テンペラ画――を観る者への注意

因書　元寇大油絵は、国家の教育を主として作れるものにて、普通の遊覧物として視る勿れ。意匠の周到、画趣の磊落と高尚とは、見る人の思想に随て、自ら明ならん。繰り返して見給ふへし。

（湯地丈雄『元寇画帖――護国記念精神教育――』）

註

十四枚の大油絵――パノラマ画・テンペラ画――を観覧する者への、湯地丈雄による注意なのである。この注意は、〔絵画関連史料10〕として、前に掲げた「広告国民教育歴史講話　元寇大油絵展覧」の中に記された「国民教育」という、文字と符合一致する。「国家の教育を主として作れるものにて、普通の遊覧物として視る勿れ」とあるのが、この注意の中心の主張なのである。観覧者は、元寇役を撃退した、当時の日本人の勇気と行動とに対し、衿を正す姿勢で真面目に、崇敬の念を持って鑑賞すべきと言うのだ。

〔絵画関連史料16〕

○「元寇役の大画面で国民精神を振揮した湯地翁の功績」

・元寇の役は日本歴史上重大な国難であった。六百五十年前、蒙古（元）と高麗（朝鮮）の大連合軍が亀山天皇の御宇文永十一年と、後宇多天皇の御宇弘安四年との二回に壱岐対馬から肥前、筑前地方の海岸を襲い暴戻残暴を極め、当時の国家を震駭せしめたことはここに説くまでもない。

・この元寇の役について、福岡市東公園にある亀山上皇の銅像を仰ぐ人、現在は陳列してはないが九段の遊就館で天地七尺、左右九尺の大油絵元寇役図十四面を見たことのある人は湯地丈雄氏の名を想起するであろうと思う。

・亀山上皇の銅像が氏独力の奔走になり、元寇役図は日本全国に亘り氏の足跡と共にあまねく、百二十万人に感動を与えて護国の精神を振揮したというのであるから、氏の活動がいかに異常なものであったかが知られよう。

・翁は明治十九年福岡県に警察署長として勤務していた。たまたま九州一円のコレラ大流行に際して翁は管下の五郡と志賀島を巡視したが死亡者相次ぐ惨状を目撃して転（うた）た六百余年前の元寇役を思い出した。折柄清国の水師提督丁汝昌の北洋艦隊が長崎に寄航して大いに暴行を働くなど国民を侮視するところが甚しかった。当時我国の朝野は清国の艦隊の精鋭に心胆を寒うしていたので湯地翁は慨然とし国民精神の軟弱を嘆じ、奮然として護国精神を振揮せしむべく起ったのであった。

・翁はこの際、六百余年元寇の乱に直面せる当時の状を国民の脳裡に深く刻み込むに如かずというので、先ず明治二十一年の年賀状に元寇記念の首唱を発表し二十三年退官して全国に遊説した。この時に翁は幻灯も上記の大油絵を携えて聴衆に示したのである。

・油絵は帝室御物竹崎季長の元寇絵巻に基き、種々の考証を加えたもので、矢田一嘯なる人の揮毫に成った。一嘯画伯は菊池容斎派を学び、後に米国に滞在すること七年、戦争画の揮毫に興味を持ち、元寇役に就ては画家の立場よりは愛国家として揮毫の志があったので、翁とは大いに共鳴し遂に大作を完成したのである。

・翁は遊説の傍ら記念碑の資金を募ったが、風霜十七年不撓の熱誠は遂に明治三十七年十二月二十五日、日露戦役勃発の年の末、亀山上皇銅像の除幕式を挙げるにいたったのである。

・翁が元寇狂とまで称せられる程の全生命を捧げての愛国運動には、先見の明が伴っていた。果然日清の役、日露の役の国難が展開したのである。共に我国は大勝したが、全土に獅子吼せる翁の運動はこの大勝に貢献するところが多かったであろう。

・翁は更に大日本護国幼年会を設立し、幼年者の貯金を以って水雷艇を建造せんとして大正元年一万四千円の醵金を得たが、二年一月志を遂げずに宸逝した。朝廷深く翁の功績を嘉せられ正七位に叙せられた。

（「元寇役の大画面で国民精神を振揮した湯地翁の功績」、『国際写真情報』、一九三〇年七月号、湯地富雄『録音秘話　前畑ガンバレと私』、一〇二頁所収）

〔絵画関連史料17〕

○　大油絵――パノラマ画・テンペラ画――の現在

ここに紹介するのは、当時描かれた大パノラマ画「元寇大油絵」である。この絵は明治二十九年、矢田一嘯画伯によって描かれたものである。一嘯は歴史画を得意とし、明治天皇から「日本画士」の称号を拝受してゐる。明治十九年に渡米して西洋画を学び、活人画とパノラマ画の描法を研究した。帰国後元寇記念碑を博多に建立する資金を得るために、元寇のパノラマ化を試みた。彼は元寇襲来から撃退に至る推移を、十四コマにわたって描いた。一コマの画面は縦二二〇、横二七〇センチに及ぶ大きさである。

元寇記念碑建立を志した湯地丈雄は、福岡警察署長の職を抛って、この絵を携へて、全国各地を巡回した。湯地は記念碑建立が終ると、この絵を明治四十一年に、靖国神社・遊就館に納めた。この絵は余りにも大きく、遊就館としては平素飾ってをくだけのスペースがない。そこで「靖国神社と近代美術のあけぼの」と題する特別展（平成四年四月一日→五月三十一日）の期間中、部屋一杯に掲げられた。

私も出かけたのだが、残念ながら各地を持ち歩いたためにひび割れや痛みが目につく。それに大正十二年の関東大震災で、十四面のうち三面が消失して欠けてゐる。それでも一つ一つの画面に作者の息づかひがこめられてゐて、見事な迫力である。

第一図は元のフビライ大王が、マルコポーロを顧問にして、高麗の使臣と共に日本征服を謀議してゐる図である。作者は時代考証や自然条件についても研究を重ね、一枚一枚が力動感溢れるものに仕上ってゐる。元寇といふ国難と鎌倉武士の勇戦と民衆の悲惨さが見事に描き出され、その感動は今も私の身内を鼓動してやまない。

（名越二荒之助「国難《蒙古襲来》を描いた大パノラマ画――ベトナム、インドネシアと日本の場合を対比して〝成熟した国家〟とは何かを考へる――」、『民族戦線』、第五五号、一六―一七頁・一九頁）

〔絵画関連史料18〕

○ 大油絵――パノラマ画・テンペラ画――、寄託から寄贈へ

矢田一嘯筆

「蒙古襲来大油絵」奉納

去る五月二十一日、湯地富雄氏から標記の大油絵十一点が奉納された。

この絵は奉納者の父敬吾が明治四十五年、当社に寄託した十四点のうちの十一点（三点は関東大震災で破損）。寄

託から八十三年目にして、湯地家親族相計り奉納となった縦二・一米、横二・七米の大作である。

明治十九年八月、福岡警察署長だった奉納者の祖父丈雄は、清国海軍の軍艦二隻が長崎に入港中、上陸した水兵の乱暴鎮圧に長崎に急派されて元寇の往時を思い起し、人心の脳裡に深く護国の精神を培うの必要を感じた。この為同二十一年正月、元寇記念碑建設の檄文を草したが実績が上がらなかったので、同二十三年官職を辞し、献身以って歴史の温活に従事する覚悟を決め、全国を遊説して廻った。同二十七年日清戦争が勃発するや元寇歴史の連想者が急増して、各地から講話依頼が相次ぐようになった。同二十八年、火の出るような丈雄の講演をきいて感動した矢田一嘯は、男の生涯を賭して丈雄の事業を授けようと決心、無報酬で元寇大油絵の執筆を申出るのである。この時一嘯三十七歳。明治十九年渡米、桑港で建築家・画家として高名なイタリー人カペレッチーに師事して透視画を、さらに当時流行のパノラマ画を研究して同二十二年帰国、各地のパノラマ館でパノラマ画を描いていた。

夜間の講演には幻灯を併用して成果を挙げていたが、幻灯は夜しか使えない。昼間の講演に使える油絵があればと思っていた矢先の申出に、丈雄は喜んで執筆を託したのである。丈雄は東京の病妻が自分や愛児の衣裳を売ってまで送ってくる金を使って一嘯の為に家を借り、絵具や米・味噌を買い与えた。一嘯は神風が蒙古軍船を打ち砕く怒濤のありさまを描くのに、一月半も海を彷徨い、嵐で荒れ狂う玄海灘を一晩中睨んで実感を得るなどの苦心を重ね、二年をかけて十四枚の油絵を完成させるのである。

二人はこの絵を携えて、さらに全国を遊説するが、絵は趣旨共鳴と資金獲得に大きな役割を果した。そして遂に同三十八年、玄海灘を臨む千代の松原に記念碑を完成させた。檄文を草してから実に十八年が経過していた。

目的を達成した丈雄はこの絵を遊就館に寄託（名義は長男敬吾）するが、この遊就館の設計者こそ一嘯が米国で師事したあのカペレッチーである。この絵は後に旧遊就館に飾られて一嘯の名を後世に遺したのである。

（靖国神社『靖国』（月刊）、一九九五年八月、湯地富雄『録音秘話　前畑ガンバレと私』、一四二頁所収）

註

「去る五月二十日」とは、平成七年五月二十日である。大油絵――パノラマ画・テンペラ画――は、長い間東京千代田区九段の靖国神社遊就館に収められていたが、寄託という形であった。それが、靖国神社へと寄贈されたのだ。したがって、大油絵――パノラマ画・テンペラ画――現存する十一枚――は、靖国神社の所有に帰したことになる。湯地富雄『録音秘話　前畑ガンバレと私』には、「靖国神社への奉納申請書」なるものが、収録されている（一四〇―一四二頁）。

〔絵画関連史料19〕

○　靖国神社への奉納申請書の追記部分

《解説》十四枚の大油絵――パノラマ画・テンペラ画――が、靖国神社遊就館へ、寄託の状態から最終的に、寄贈された経緯については、〔絵画関連史料18〕「大油絵――パノラマ画・テンペラ画――、寄託から寄贈へ」で、明らかになっている。「靖国神社への奉納申請書」の「追記」部分に、大油絵――パノラマ画・テンペラ画――の行方について書いてある。この追記部分の筆者は、湯地丈雄の子孫である湯地富雄氏である。

丈雄儀明治十九年福岡警察署長在職中、同年八月清国海軍ノ軍艦二隻（定遠・鎮遠）ガ、長崎港ニ入港中、清国水兵ガ上陸。乱暴スルノヲ急援ノ依頼ヲウケ、急ギ博多ヨリ鎮圧ニ向ツタ。コノ時元寇ノ往時ヲ思イ起シ、国民ニ元寇ノ歴史ヲ思イ出サセ国家ヲ警メル必要ヲ感ジ、改メテ歴史ヲ探究シ始メタ。

明治二十一年正月元寇記念碑建設ノ檄文ヲ草シ、官民ノ士気ヲ鼓舞シタガ実蹟上ラズ。明治二十三年三月官職ヲ辞シ、一身ヲ投ズル覚悟ヲ確メ、運動ヲ始メ全国ヲ遊説シテ回ツタ。明治二十七年日清戦争勃発、二十八年戦中博多ニ於テ、偶然パノラマ画家矢田一嘯氏ト巡リ会イ、丈雄ハカネガネ昼間ノ演説会ニハ幻灯デハナク、大油絵ノ必要ヲ感ジテイタ。両人ハ意気投合シ、金銭問題ヲ抜キニシテ、絵ヲ仕上ゲルコトヲ、一嘯氏ハ引受ケテクレタ。コノ間ノ委細ハ、小説家火野葦平氏ノ「パノラマ世界」ノ作品ノ中ニ、ヨク書カレテイル。

一嘯氏ノコノ絵ニ注イダ意気込ミハ、ソノママ絵ニ現ハレ、同氏ノ作品中唯一残ル、一代ノ傑作トナリ、コノ絵ヲ見タ人々ハ、多大ナ感銘ヲウケタ。コレ一重ニ一嘯氏ガ、如何ニ心血ヲ注イダ作品デアルカノ証ト思ハレマス。丈雄ハ明治三十七年十二月二十五日、元寇記念碑トシテ、千代ノ松原ニ玄海灘ニ向ツテ、亀山上皇ガ敵国降伏ヲ祈念サレル御尊影ヲ、銅像トシテ完成サセタ。目的ヲ果シタ丈雄ハ、コノ大油絵十四点ヲ、九段遊就館ニ寄託シ、広ク一般ノ展覧ニ供シ、国防精神ノ高揚ニ役立テヨウト計ツタ。

大正二年祖父死亡後、父敬吾ノ名儀ニテ寄託中、関東大震災ニテ、貴館モ尽大ナ損害ヲウケラレ、油絵三点ガ消失サレマシタコトハ、誠ニ残念ナコトデシタ。ソノ後四・五年ノ間、当方ニオ返シ頂イタコトモ有リマシタガ、私共ガ私物トシテ、保持スベキニ非ズ。又余リニモ大作品デアルノデ、再ビ寄託申上ゲマシタ。昭和十四年、父敬吾死亡後、早速手続キスベキ処、日支事変ニ小生召集ヲウケ、引キツヅキ大平洋戦争、終戦。

戦後ノ動揺等相イツギ、今日至リマシタ。祖父丈雄ガ寄託申シ上ゲテ以来、八十有余年。今日マデ投ゲヤリニ致シマシタコト、誠ニ慚愧ニ堪エマセン。長年ノ間ヨク御保管賜ハリマシタコト、深ク感謝致シマス。コノ度親族ト、相計リ、一嘯氏ノ作品十一点ヲ、靖国神社ニ奉納シ、永ク遊就館ニ於テ、御保管、展示下サレマス様、御願イ申上ゲル次第デス。　平成七年五月二十四日　湯地富雄記ス

（湯地富雄『録音秘話　前畑ガンバレと私』、一四一―一四二頁）

〔絵画関連史料20〕

○　靖国神社への奉納申請書

奉納書

祖父湯地丈雄所蔵ノ元寇大油絵掛図

パノラマ画家　矢田一嘯氏作品

一、掛軸十一点　寄託者　亡湯地敬吾

右記ノ品　靖国神社遊就館ニ奉納致シマス

平成七年五月　日

練馬区大泉町〔以下、丁目・号・番を省略〕

敬吾長男　湯地富雄　〇

練馬区南大泉〔以下、丁目・号・番を省略〕

富雄長男　〃〃厚生○

靖国神社御中

（湯地富雄『録音秘話　前畑ガンバレと私』、一四〇頁）

註

「掛軸十一点」とあるのは、「元寇大油絵掛図」と同じである。大油絵――パノラマ画・テンペラ画――十一枚の原画を指す。関東大震災によって、失われた三枚を除く、残存している十一枚にほかならない。失われた大油絵の原画は、「第二」・「第三」そして「第六」のそれである。他の十一枚の原画は、ここに「湯地富雄」と「湯地厚生」の両氏の名によって、「奉納」された。なお、二名の奉納著者名の下に、○印がある。これは印鑑押捺を、示しているようだ。

第七部　音楽史料

〔音楽史料1〕

○ 軍歌『元寇』

《解説》 軍歌『元寇』は、日本の軍歌史上、最も有名なものの中の一つ。この軍歌は、明治二十五年に作られ、それ以後日清戦争から、第一次世界大戦頃まで、軍人や学生を中心に、歌われたものである。この歌の誕生は、次のようなものであった。元寇紀念碑建設を唱え、護国運動を展開していた、湯地丈雄が募集した軍歌の中の一つで、入選作であった。陸軍軍楽隊の永井建子作詩・作曲である。その曲調は勇壮で、血湧き肉躍るような感慨を、人々に与えたものである。このような経緯を辿った、軍歌『元寇』が、『元寇画帖――護国記念精神教育――』に収められたのも、当然であった。なお、『国民教育元寇油絵大幅製作序言』(広告ビラ)の裏面に、「軍歌」としてこの『元寇』が、掲載されている。「明治二十五年五月陸軍軍楽次長永井建子氏が元寇殉難者吊祭賛助として作りたるものなり」と、湯地丈雄のコメントが、付せられている。「吊祭」とは、弔祭と同義で、死者を悼みその霊をまつること。

元　　寇

『元寇』　陸軍軍楽隊　水井建子　作詩・作曲（明治二十五年作）

軍歌『元寇』

全　鎌倉男子

四百余州を挙(こぞ)る　十万余騎の敵
国難こゝに見る　弘安四年夏の頃
何ぞ、恐れん我に　鎌倉男子あり
正義武断の名　一喝して世に示す

全　多々良浜

多々良浜辺の戎夷(えみし)　そは何蒙古勢
傲慢無礼者　倶に天を戴かず
イデヤ進て忠義に　鍛へし我腕(わがかいな)
こゝぞ国の為め　日本刀を試しみん

全　筑紫の海

心筑紫の海に　浪押分て行く
偉丈夫(ますらおたけお)の身　寇(あだ)を討ち帰らずば

死して護国の鬼と　誓ひし箱崎の
神ぞ知召(しろしめ)す　日本(やまと)魂潔し

仝　玄海洋

天は怒りて海は　逆まく大浪に
国に寇をなす　十余万の蒙古勢は
底の藻屑と消て　残るは只三人(みたり)
いつしか雲霽(は)れて　玄海洋月清し

（湯地丈雄『元寇画帖――護国記念精神教育――』）

註

「弘安四年夏の頃」とは、弘安役――第二次元寇役――を指す。朝鮮半島の合浦から出航したのが、東路軍艦船隊で四万人。一方、中国大陸の慶元から出航したのが、江南軍艦船隊で、将兵等十万人で構成されていた。「多々良浜」とは、博多湾に面した浜辺。多々良川が、博多湾に流入している。ここから南に行くと筥崎宮や千代松原がある。この軍歌では、博多湾で戦闘があったことを前提にしているが、疑問視する説もある。「戎夷」とは、野蛮な国、またはその住民を意味する。もともと、元帝国を建国した蒙古民族は、中国本土の北方――蒙古地方・モンゴリア――に住んでいて、漢民族から野蛮人扱いされていた。したがって、元帝国全体あるいは、その支配下にある元艦船隊の将兵を卑しんで、日本側でもこのように呼称した。「十余万の蒙古勢は、底の藻屑と消て、残るは只三人」とあるのは、『元史』日本伝に、「十万の衆、還るを得たる者三人耳」とあることから、このような歌詞となっている。ただし、この「三人耳」は、鷹島に上陸した中での、帰還者の意味である。十万人の中での帰還者は「三人耳」ではない。

〔音楽史料2〕

○ 軍歌『元寇』の作成——経緯（その一）——

永井建子作詞・作曲の「元寇」は、明治二十五年五月二十五日発行の『音楽雑誌』第二十号の第三頁目に曲譜が、第四頁目に歌詞が「軍歌元寇」として発表された。『音楽雑誌』は、明治二十三年九月二十五日に四竈(しかま)訥治が主宰して創刊されたわが国初の西洋音楽を主とした音楽雑誌であった。——〔中略〕——

こうした明治二十年代の洋楽振興の動きに応じて発行された『音楽雑誌』であったが、他方この時代に昂揚して来たナショナリズムに呼応して、発表・紹介される作品にも、やがて軍歌と一般に呼ばれるようになった歴史唱歌の類も、少くはなかった。「元寇」は、まさにその代表作の一つである。——〔中略〕——

亀山上皇尊像建立運動に心を動かされた永井建子は、さっそく自ら作詞もして「軍歌元寇」を書き上げ、その主旨宣伝に一役買うことを熱望し『音楽雑誌』に発表したのであった。「鎌倉男児」「多々良浜」「筑紫の海」「玄海灘」の四章からなる「元寇」は「人籟楽士作曲並撰曲」として発表され、テーマはご承知のように弘安四年（一二八一）八月の第二次元寇の有様を歌ったものである。——〔中略〕——

戦備を堅くして元軍の上陸を許さず、上下一致して「敵国降伏」の念に燃え、やがて〝神風〟が吹いて敵軍が崩壊し去った弘安四年の〝国難〟が、当時大陸軍国、大海軍国を誇っていた東洋の大国・清国との対立関係の中に、六百年という時空を超えて二重うつしにされていたのである。永井建子が、明治二十五年という時点で「軍歌元寇」を作詞・作曲したのは、この故であった。――〔中　略〕――

一章四行を二行ずつのくり返しで歌う形をとったので、メロディーが鮮烈で、覚えやすいという特色があった。『音楽雑誌』に発表された時は、歌詞にも一部誤植があり、曲譜もハ長調で書かれてあったが、その後、作曲者自身の手で現行のように変ロ長調に訂正された。曲調の指示も「厳粛に」とあって、これは後に信時潔（のぶとき）が「海行かば」を作曲した時と同様の指示であるが、「軍歌元寇」が作られた時代の、〝国難〟というものを受け止める姿勢が端的に示されている。（題名ものちに軍歌の二字が取られて、たんに「元寇」と改められている）。

（八巻明彦「『元寇』の歌と日清戦争」、『歴史と人物』、第七八号、一七二―一七三頁）

〔音楽史料3〕

○　軍歌『元寇』の作成――経緯（その二）――

この歌は明治二十五年四月二十五日発行「音楽雑誌」に載った。作詞作曲ともに陸軍軍楽隊の永井建子楽長であるが、本名を出さずに「人籟居士作歌並撰曲」と記し、歌詞各章の初めには「鎌倉男児」「多々良浜」「筑紫の海」「玄海灘」と小見出しがつけてある。ただしこの「音楽雑誌」所載の歌詞には誤植があるので本書に掲載したのは永井楽長から直接著者に寄せられた歌詞と楽譜を載せた。――〔中　略〕――

御銅像は明治二十七年に竣成し、ときの参謀総長有栖川宮熾仁親王御筆にかかる「敵国降伏」の銘が台石につけられて今も博多の松原に聳えているが、この銅像は歴史に輝く弘安四年の大捷を記念するだけでなく、実に日清戦争という日本未曽有の大戦争を目前にして、国民の士気を振興するの使命を果たしたのであり、この軍歌もただの記念軍歌または追憶的な詠史軍歌として作られたのではなく、日清戦争直前の時局軍歌として生まれた、という点に注意されねばならぬ。

永井建子……陸軍軍楽隊長。慶応元年九月八日広島県に生まれ、明治十一年陸軍軍楽隊が初めて生徒を公募したとき満十三歳で入隊、抜群の成績を示し、二十六歳ごろ（明治二十三年）から軍歌の作詞作曲を始め、日清戦争には軍楽次長（曹長の階級）として従軍、明治三十六・七年フランス留学、日露戦争の時は戸山学校軍楽隊附として在京、三十九年から九年間にわたり戸山学校軍楽隊長、累進して一等楽長（当時の一等楽長は中尉の階級）に到り、その間明治四十三年陸軍軍楽隊を率い英国ロンドンに出張し日英博覧会の会場を始め各地で演奏して隊員の優秀な技術で欧州人を驚嘆せしめ、大正四年九月満期退職、郷里広島に移って音楽普及に全力を傾けたが昭和十五年三月十三日死去した。享年七十六歳であった。

（堀内敬三『定本日本の軍歌』、五八―六一頁）

元　　寇

永井建子作詞・作曲

１音符下に転記した例（堀内敬三『定本日本の軍歌』）

〔音楽史料4〕

○ 湯地丈雄、軍歌『元寇』を歌唱そして余話

わたくしは、日露戦争のさなか――明治三十七年（一九〇四）の生れですから、幼少のころから、東公園の亀山上皇や日蓮上人の銅像を拝み、元寇のパノラマを見てきました。また明治・大正・昭和三代の唱歌や軍歌を、いろいろと教えられては歌ってきました。それら数多くの唱歌や軍歌のなかで、わたくしの魂につよく結びついているものは、やはり郷土にゆかりの深い、つぎのような永井建子さん作詞・作曲の〝元寇の歌〟です。わたくしは幼少のころ、母の膝下で、口移しにこの歌を習い覚えました。この歌は、わたくしの母の少女時代に、当時、元寇紀念碑の建設に献身しておられた湯地丈雄さんが、幻灯の巡回映写をしながら、みずから歌って教えこんでまわられたものだということで、曲節に我流のところがあり、単調なくりかえしに終始するものですが、戦前、百道の元寇防塁前で、毎年行われていました元寇記念祭のときも、この曲節が、そのまま用いられていました。それで、学校では、その祭礼が近づきますと、この湯地流の曲節をわざわざ教えたくらいです。それは、本来の曲節とは異なっていましても、この変てこな曲節の方が、郷土的特色があってよかった、といいますか、一種の意味があったように思われます。とにかく、わたくしは六十八才の今日でも、この郷土色のこもった単調な曲節によってですが、永井さんの〝元寇の歌〟をよどみなく誤ることなく歌うことができるのです。――〔中　略〕――わたくしは、この歌を、陸軍の兵隊が、歌いながら博多の街を行軍するのを、よく見かけました。また、筥崎宮の楼門下に整列した海軍の水兵が、足拍子に合せて、

この歌を高らかに歌う光景を見たことがありました。わたくしはこうしては腹ごみといいますか、幼少の時から博多湾の風濤とともに、元寇という国史上の大きい問題に、深くかかわりあって育ってきました。

（筑紫豊『元寇危言』、まえがき）

註

「筥崎宮の楼門下に整列した海軍の水兵が」「この歌を高らかに歌う」とあるが、軍歌『元寇』の石碑が、筥崎宮の境内に存在する。「元寇歌曲碑」が、それである。『元寇』と題名があり、上段に音符が五線の上に記され、そして歌詞が全文にわたって、刻まれている。なお、ここでは音符は、〔音楽史料3〕にある、一音符下げたものが、用いられている。昭和五十六（一九八一）年に、日本唱歌保存愛唱会が、これを建てた。

〔音楽史料5〕

○『十二歳の初陣』の歌詞・歌曲

《解説》『十二歳の初陣』の作詞・作曲について、考察しよう。そもそもこの歌は、「少弐の孫の資時」という人物をモデルにして、この歌は構成されている。「資時」とは、少弐資時である。文永の役にも出陣、弘安役においては、壱岐の瀬戸浦の海辺で戦死した。壱岐の瀬戸浦、字大久保の古戦場跡には、少弐資時の墓がある。戦死の時、年齢わずかに十九歳の若武者であった。壱岐守備の重任を負って、敵の大軍を悩まし、壮烈な戦死をとげた。弘安役——弘安四年——時十九歳であるから、初陣したと言われる文永役——文永十一年——時は、遡って数えると十二歳となる。『十二歳の初陣』はこれに因んだ歌曲である。日本武士の花であり、鑑とされたのだ。その功に対し大正四年に、従四位が贈られている。今日もなお、壱岐神社の祭神として、その霊は人々によって敬仰されている。『よみがえる明治絵画──修復された矢田一嘯「蒙古襲来絵図」──』には、「矢田一嘯、壱岐国元寇歴史画『少弐資時公初陣』、水彩・紙、明治四十三年（一九一〇）、七五、一×五七、二cm、壱岐神社蔵」とあり、「十二歳の時の文永の役における博多での戦いであった」（同書、八〇頁）とある。同書には、「矢田一嘯、壱岐国元寇歴史画『少弐資時公奮戦』、水彩・紙、明治四十三年（一九一〇）、七五、三×五七、二cm、壱岐神社蔵」とある。続けて「本図は、悲劇の若武者としてではなく、敵兵に囲まれながらも果敢に戦う姿を描くことで、資時の武勇を称えている」（八〇頁）とある。歌にも謳われ、絵画にもなっているのが、少弐資時という人物であったのである。再び、論を『十二歳の初陣』へと戻そう。この歌がどのような理由で作成され、どうして『元寇画帖──護国記念精神教育──』の中に、収められているのか、その経緯は定かでない。ただ、この『十二歳の初陣』が、載せられているのみで、その解説もないし註記もないのだ。元寇紀念碑建設運動の中で、公募され入選したものであろうか。また、軍歌『元寇』は、現代でも使用されている形式の、五線譜に記されているのに、『十二歳の初陣』は正式な、五線紙に記した音符表示ではない。どうして、数字を使用した曲の表わし方──数字譜──をしているのかも不明である。また、はたして『十二歳の初陣』が、一般向けの軍歌か中学生向きの軍歌なのか、主たるその対象者も分からない。

十二歳の初陣

年はわづかに十二才　少弐の孫の資時（すけとき）は
学びの窓の其間にも　弓矢の道の教あり
やがて文永秋のころ　蒙古が襲ひ来と聞き
をさな心の優しくも　鏑矢とりて勇みたち
敵陣ちかく進みゆき　矢竹心の一すぢに
力をこめて放ちしが　思ふ矢つぼに及び兼

しこの夷は是を見て　笑ひのゝしる声高し
さすが幼なき資時も　無念の涙に咽びけり
弘安四年の軍さには　十有九歳と成ぬれば
壱岐を守の職となり　敵陣ふかく打入りて
思ふがまゝに薙倒し　其いさをしは類なし
あだなす夷尽るまで　かひなの力試さんと
兼て誓し甲斐もなく　運命こゝに極まりて
敵の毒矢に斃れしは　いと惜べき男子なり

（湯地丈雄『元寇画帖――護国記念精神教育――』）

註

『十二歳の初陣』のように数字を以って、記譜することは、「数字譜」「簡易譜」「略譜」などと、呼ばれる表示法である（『音楽大事典』、平凡社、一九八二年、一二八二頁、「数字記譜法」の項）。「今日最も広く知られ、利用されている方式は、数字をいわば階名に当るものとして用いるものである」（同頁）。青木裕子氏の御教示によると、「明治時代の出版楽譜目録を捜しましたが、『十二歳の初陣』の手掛りは全くありません。公に出版された曲ではないかもしれない、という感触を持ちました」（青木裕子氏から編著者太田弘毅宛の書簡、平成二十年四月二十七日付）。したがって『十二歳の初陣』は、湯地丈雄の主宰する元寇紀念碑建設運動そして護国運動の最中に、公募入選作となったけれども、現在ではその作詩・作曲者名が、忘れ去られている曲

十二歳の初陣

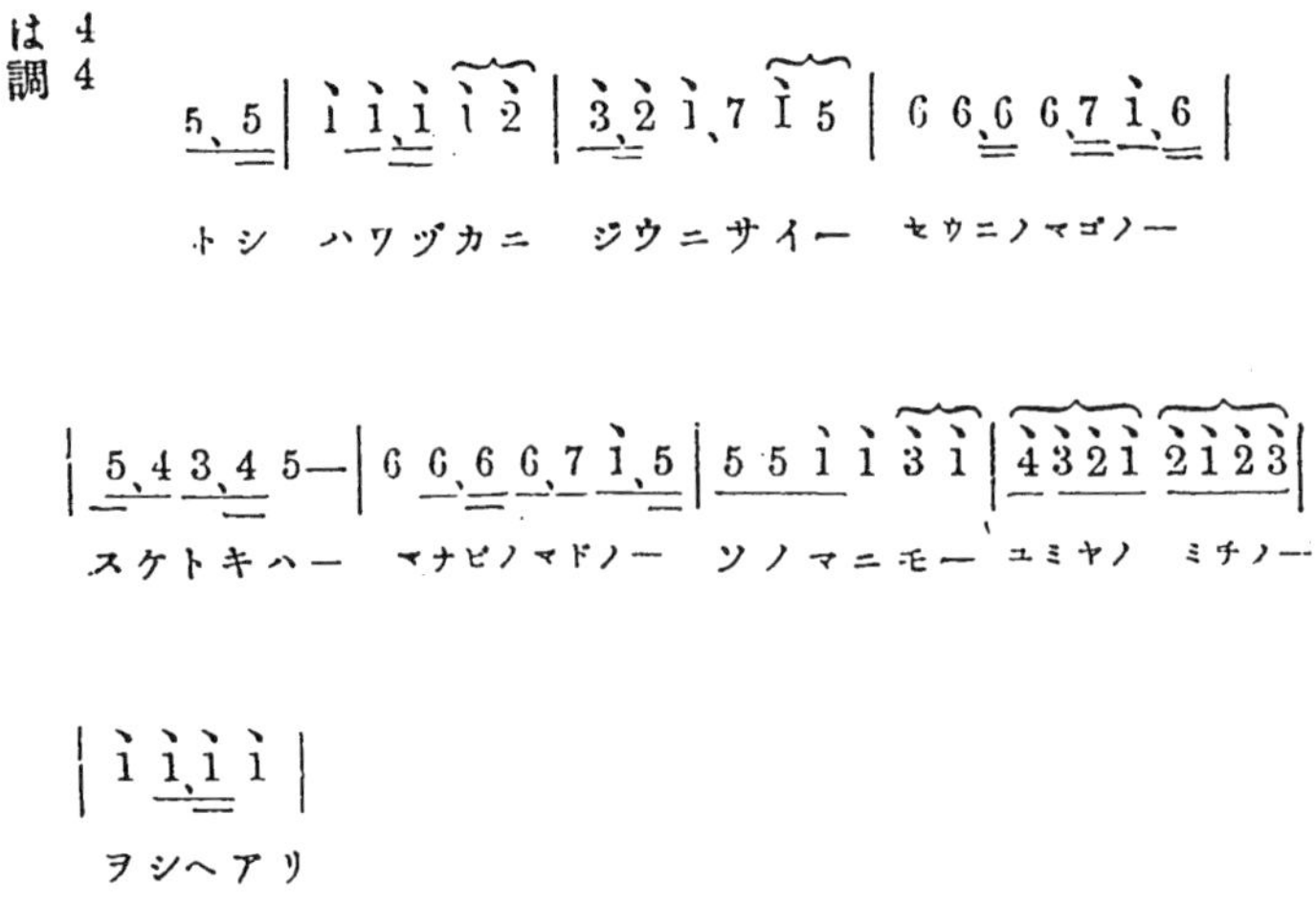

（湯地丈雄『元寇画帖――護国記念精神教育――』）

なのかもしれない。曲そのものも、忘却の彼方に押しやられたとしか、考えられない。五線紙への転譜については、音楽家の野口玲子氏を介して、青木裕子氏の御教示を受けた。「明治30年代の唱歌・軍歌は♫のリズムが基調になっていることが多いので、数字と下の線（符桁を示す）と数字の右横の点（付点を示す）を補い、記譜致しました」とある。

十二歳の初陣

（青木裕子氏による、数字譜から五線譜への転譜）

〔音楽史料6〕

○『勝ちて』歌詞のみ／《参考》『抜刀隊』の歌曲

『勝ちて』

此譜は抜刀隊の軍歌と同じ（歌詞のみ）

勝（かち）て兜の緒をしめよ　油断大敵おそるべし
勝て兜の緒をしめよ　驕れる者は後なきぞ
我が日の本の勝ち軍　四百余州を縦横に
進む限りは草木まで　靡（なびか）ぬ者はなかりしも
世界の眼は日の本を　羨むほどに恨むべし
我東洋の大業は　是より後の事ぞかし
軍のほかに軍あり　国の力をとましつゝ
正しき道理を貫きて　進みとるべき務あり
勝て兜の緒をしめよ　勝て兜の緒をしめよ

（湯地丈雄『元寇油絵大幅製作序言』、広告ビラの裏面「軍歌」）

《参考》

抜刀隊

外山正一作詞
ルルー作曲

わ れ は　かん ぐん　わ が て き　は　て ん ち
て き の　たい しょう　た る も の　は　こ こ ん
い れ ざ る　ちょう て き ぞ　こ れ に し た ごう
む そ う の　えい ゆ う で　き じん に は じ ぬ
つ わ も の は　と も に ひょう かん　け っ し の 士
ゆ う あ る も　て ん の ゆ る さ ぬ　は ん ぎゃく を
お こ せ し　も の は　む か し よ り　さ か え し
た め し　あ ら ざ る ぞ　て き の　ほ ろ ぶ る
そ れ ま で は　す す め や　す す め　も ろ と も
に　た ま ち る　つ る ぎ　ぬ き つ れ て
し す る か く ご で す す む べ し

『抜刀隊』の歌曲・歌詞（堀内敬三『定本日本の軍歌』、33頁）

註

この軍歌『勝ちて』は、「勝て兜の緒をしめよ」の戒めを、歌詞にしている。この戒めは、一つの諺のように人の口に、膾炙しているが、『蔭涼軒日録』の文明十九（一四八七）年四月十五日の条に出てくる。「此譜は抜刀隊の軍歌と同じ」とあり、軍歌『抜刀隊』の曲を借用して、歌唱するものである。曲は陸軍軍楽隊雇教師フランス人ルルーの作である。この曲は、陸軍が公式に使用していた、分列行進曲の一部に、組み込まれていた。したがって、世間に広く知れわたっていた、高名な曲であった。明治時代、この曲調を借用して、全く別の歌詞が作られた例も、多々あったという。この『勝ちて』も、次掲の『成吉思汗』も、その例にもれなかった。

〔音楽史料7〕

○『成吉思汗』歌詞のみ

『成吉思汗』

此譜は抜刀隊の軍歌と同じ（歌詞のみ）

我朝高倉帝の御代　世界の様を見渡せば
韃靼蒙古の野蛮にも　大小軍のたえまなく
鉄木真はこれを見て　俄かにたつる蓆（むしろ）はた
四隣諸国を攻なづけ　成吉思汗（じんぎすかん）と名乗けり

勢次第に増長し　世界の王と成んずと
中央亜細亜の野を翔(かけ)り　天山越へて進み行く
土耳古斯坦(とるこさたん)も亡され　鉄門関もうちやぶり
四百余州も陥しいれ　南北魯西亜(ろしあ)も踏散し
斯波(ぺるしあ)王も匈牙利(はんがり)も　羅馬(ろおま)王さえ怯やかし
世界の半は押へつけ　貢をおさむる千余国
風に萎かぬ草あるも　蒙古に靡ぬ国はなし
業を嗣ぎたる忽必烈(こつぴつれつ)　智勇兼備の名も高く
鬼神も恐れし蒙古軍　我日の本を侮どりて
文永年に三万余　弘安年に十余万
屢々襲ひきたりしを　伐ちてはらひて鏖(みなごろ)し
あまた亡びし国の仇　我神州に討たれけり
是をも知らで外国(とつくに)が　蒙古に似たる事有ば
討て破(やぶり)てたをすべし　討て破てたをすべし

（湯地丈雄『元寇油絵大幅製作序言』、広告ビラの裏面「軍歌」）

註

この軍歌『成吉思汗』の中の「成吉思汗」という人物は、元寇役の直接的当事者ではない。だが、元帝国の前身とも言うべき、蒙古帝国の創始者である。その「じんぎすかん」に始まって、帝国拡大の様子を語り、「業を嗣ぎたる忽必烈」――「こびつれつ」、フビライハーン――に、歌詞は至っている。「忽必烈」――フビライハーン――こそ、中国本土に入り元帝国を建て、元寇役を起している当事者にほかならない。曲は独自の創作ではなく、軍歌『抜刀隊』のそれを、借用して歌唱するようになっている。

〔音楽史料8〕

○『古今の恵』の歌詞・歌曲

『古今の恵』

いまは文明開化の世　軍のさまも事かわり
かけ引共に目覚しく　四百余州も攻て伏せ
忠義の為に死る身は　吊らひ祭りいと厚し
手負の者に憾みなく　すくひの道は赤十字
てきも味方も諸共に　同じ枕に死す可きを
たすけて返す施しは　開け行く世の恵なり
嗚呼古も国の為め　仆れし人の数さへも
知や知らずや其忠魂　祭りもらして六百年

源深くさぐりなば
泉くみつる四千万
今もむかしも隔なく
照すは御代の鏡なり

赤きこゝろの泉あり
いかで問ずに忍べき
めぐむは人の誠なり
うつるは国の光なり

（湯地丈雄『国民教育元寇油絵大幅製作序言』、広告ビラの裏面「軍歌」）

古今の恵

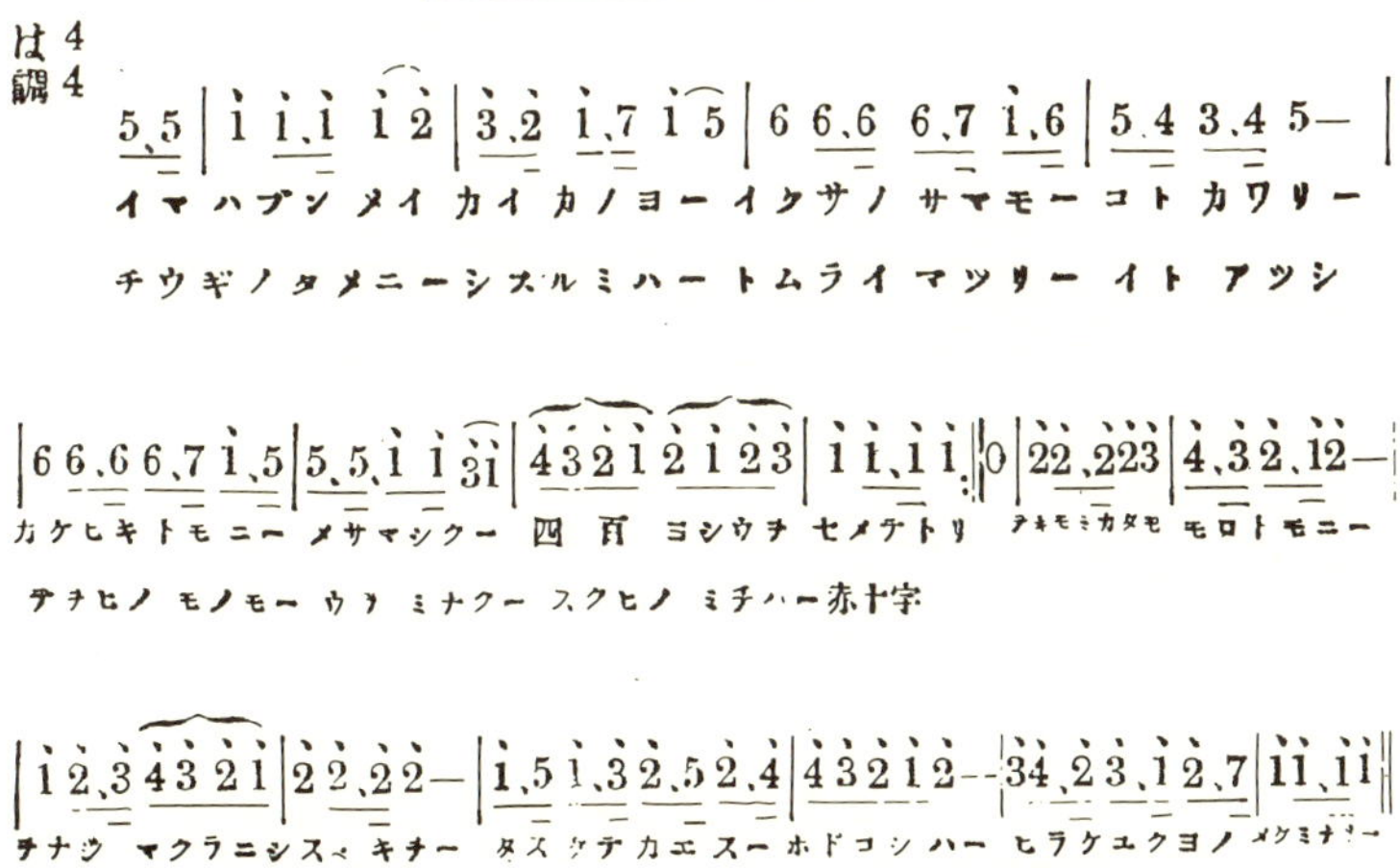

は調 4/4
イマハブンメイカイカノヨーイクサノサマモーコトカワリー
チウギノタメニーシスルミハートムライマツリーイトアツシ
カケヒキトモニーメサマシクー四百ヨシウチセメテトリ
アキモミカタモモロトモニー
テキヒノモノモーウミナクースクヒノミチハー赤十字
チナシマクラニシスヽキチー
ホドコシハーヒラケユクヨノ

（湯地丈雄『国民教育元寇油絵大幅製作序言』、広告ビラの裏面「軍歌」）

古 今 の 恵

イ マ ハ ブ ン メ イ カ イ カ ノ ヨー
チ ウ ギ ノ タ メ ニーシ ス ル ミ ハー
イクサ ノ サ マ モー コ ト カ ワ リー
トムラ イ マ ツ リー イ ト ア ツ シ
カケ ヒ キ ト モ ニー メ ザマ シクー
テヲ ヒ ノ モ ノ モー ウ ラミ ナクー
四 百 ヨ シ ウ モ セメ テ トリ
スクイノ ミ チ ハ ー 赤 十 字
テキ モ ミ カタ モ モ ロ ト モ ニー
ヲ ナ ジ マ ク ラ ニ シス ベ キ ヲー
タ ス ケ テカ エ ス ー ホ ド コ シ ハー
ヒ ラ ケ ユ ク ヨ ノ メグ ミ ナ リー

（青木裕子氏による、数字譜から五線紙への転譜）

〔音楽史料9〕

○『元寇紀念の歌』（対馬）（壱岐）の歌詞・歌曲

『元寇紀念の歌』

文永弘安幾回か　世界無双の敵を受け
亀山帝もをみたみも　国を護りて身を殺し
勝とも見えぬ戦ひに　すてし命の数しれず
その大丈夫(ますらお)の功(いさを)しを　国の光りと祭るべし
今は昔のかたみなり　昔はいまの母なるぞ
かたみを受し同胞は　四千余万と栄へしぞ
栄行く世に生れ来て　恩に報ゆる事なくば
文しる人と云べきか　道しる人と云ふ可か

仝　対馬

ころは文永あきの空　対馬の沖の波間より
寄せ来る敵の大軍は　幾十万のかずしれず
ときの守護代資国は　兼て覚悟の男子等を
率したがへて馳向ひ　火花を散して戦ひつ
海山ひびくときの声　其勢ぞすさまじき
深痍浅痍(ふかであさで)は身の誉れ　死る其身は世の誉れ
幾百年のすゑまでも　大和心のかゞみぞと
仰がぬ人は無りけり　慕はぬ人は無りけり

仝　壱岐

名も潔き壱岐の国　その国民の真心は
家をも身をも顧みず　国を守りし誉れあり
文永年のいくさにも　弘安四年の戦ひも
ほこる蒙古の大敵は　壱岐の小島と侮りき
守護代職の景隆は　撓(たわ)む色なく勇ましく
修羅の巷(ちまた)に立ち向ひ　城を枕にたほれけり
これぞ真の大和武士　其功蹟のかがやくは
開け行く世の光なり　開け行く世の光なり

（湯地丈雄『国民教育元寇油絵大幅製作序言』、広告ビラの裏面「軍歌」）

元寇紀念の歌　(対　馬)(壱　岐)

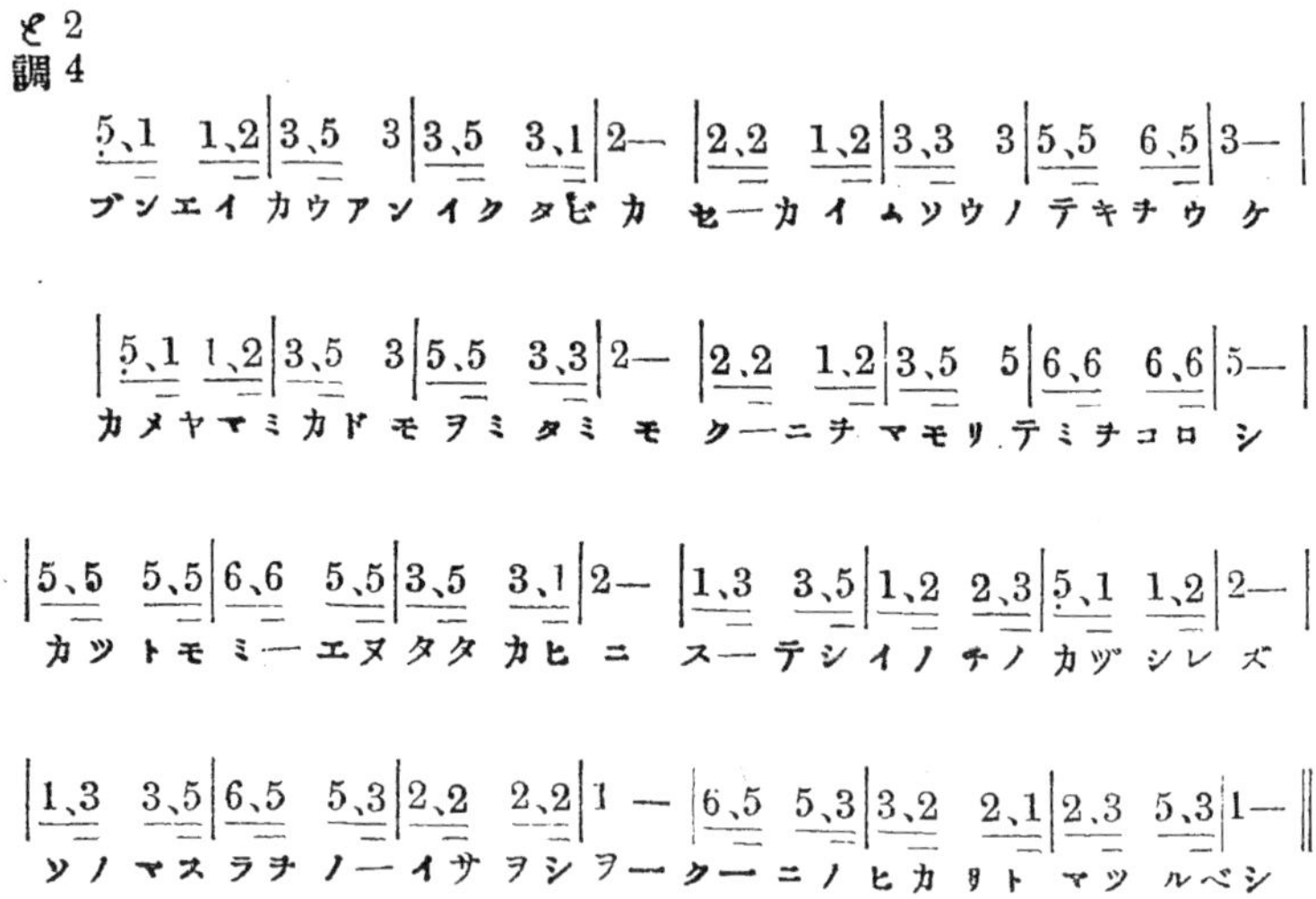
ブンエイカウアンイクタビカ セーカイムソウノテキチウケ
カメヤマミカドモヲミタミモ クーニチマモリテミチコロシ
カツトモミーエヌタタカヒニ スーテシイノチノカヅシレズ
ソノマスラチノーイサヲシヲークーニノヒカリトマツルベシ

(湯地丈雄『国民教育元寇油絵大幅製作序言』、広告ビラの裏面「軍歌」)

元寇紀念の歌 （対　馬）（壱　岐）

ブ ン エ イ カ ウアン イ ク タ ビ カ
セ ー カ イ ム ソウノ テ キ ヲ ウ ケ
カ メ ヤ マ ミ カドモ ヲ ミ タ ミ モ
ク ー ニ ヲ マモリテ ミ チ コ ロ シ
カ ツ ト モ ミ ー エ ヌ タ タ カ ヒ ニ
ス ー テ シ イ ノ チ ノ カ ヅ シ レ ズ
ソ ノ マ ス ラ ヲノー イ サ ヲ シ ヲー
ク ー ニ ノ ヒ カ リ ト マ ツ ル ベ シー

（青木裕子氏による、数字譜から五線譜への転譜）

〔音楽史料10〕

○『蒙古襲来反撃の軍歌』歌詞のみ

《解説》この「蒙古襲来反撃の軍歌」は、歌詞のみであるが、はたして、曲が付せられていたのか、どうなのかその点は不明である。これを載せている『元寇夜物語り』には、曲については、全く記述がなく、何の説明もない。この歌詞に、もともとオリジナルの曲が作成され、付せられていたのか、はたまた他の歌の曲を借用して、歌っていたのかも分からない。

『蒙古襲来反撃の軍歌』

今を去ることかぞふれバ　六百年の其昔　弘安四年の頃とかや
元の世祖の配下にて　智勇兼備の范文虎　是に従ふ兵士(つわもの)は
其勢凡そ十余万　我か神州に襲ひ来る　其時鎌倉執権に
北条時宗ありと聞　時は六月(むつき)の上旬(はじめ)にて　降しく雨の絶間なく
まだ五月雨の霽(はれ)やらぬ　筑紫の海の浪荒く　我に寇なす戎夷艦
津々浦々に充亘(みちわた)り　皇国(みくに)を守衛る武士は　袖の港の海際に
石塁高く築きあげ　東ハ箱崎多々良潟　西は鳥飼姪の浜

生（いき）の松原今津まで
大友菊池島津の手
竹崎五郎季長は
甲の星を輝し
あけの嵐に吹靡き
雲間に見ゆる稲妻か
吹来る風は腥く
物ともせずに斬まくり
山を立来る波とても
倭魂飽までも
寇なす戎夷尽るまで
永き月日の責め守り
死地に入のも君の為
俄に颶風（おおかぜ）吹起（た）つて
まだ東雲のあけやらぬ
底の水屑と沈み果て
心地よかりしことどもなり
神の皇国ととなへきて

固く守衛れる武士（もののふ）ハ
其他の武将も夥多にて
最（い）と目覚しく見へにける
鎧の袖をつらねつつ
雪か花かと怪る
四方に射出す矢さけびは
絶る間なき金鼓（つつみ）の音
波間を分けて進み行く
千尋の底も渕とても
我が日の本の国体を
仮令（もし）や火の中水のそこ
屍は積で岡を成し
忠義の為に死する身を
天地轟く浪音は
一夜の中に戎夷等か
漸く命ながらへて
我が日の本の国体（くにがら）は
国の栄誉ハ限りなく

大宰の少弐を始とし
中にも河野通有と
たがひに先をあらそひて
岸に樹たる其旗は
刃ハ野辺の穂薄（ほすすき）か
磯打波か松風か
雲霞の如き大軍を
進むに猛き武士は
躊躇（ためらう）ことか何のその
露だも汚すことなかれ
何為（なに）かいとはん大丈夫（ますらお）が
血汐は流れて海を染め
神霊も憐み給ひしか
最（い）と凄じく聞へける
戦艦（たたかいぶね）ハ覆り「戦」を上に
帰るは僅か三人のみ
故き神代の頃よりも
千代に伝て栄へなん

千代に伝て栄へなん

返し歌

寇船を覆しし風は　武士の　猛き心の　うちよりや吹く

（湯地丈雄『元寇夜物語り』、一―二頁）

〔音楽史料11〕

○　小学生の歌う軍歌

《解説》湯地丈雄『孫みやげ――日本無双紀念碑咄し――』の中に、次のような教師からの問いかけがある。「諸子は筑前那珂郡井尻校の生徒が唱へた軍歌を暗誦し得ますか」とあるのが、それである。そして「（生徒一同合唱する）」と続くのだ（仲村久慈『湯地丈雄』、五二頁）。次に掲げるのが、小学生の歌う軍歌である。「第一」から「第五」まであり、なかなかの長編である。ここで歌われている「軍歌」の題名は、付せられていない。曲についても不明である。

第一

天皇みことの畏くも　知しめすてう日の本に　無礼はたらく国あらば
一も二モなく征しなむ　無礼働く使者あらば　有無をも云せぞ斬そてん
五十鈴の川に澄む水と　均しく清き国柄に　露のけがれも留めじと

大和心を人問はゝ　秋の最中に霜さへて　鎌倉山頭月玲々

第二

正義を守る我が国は　天地に恥る所なし　四百余州と云はばいへ
十万余騎と云はばいへ　正義はづれし彼の夷　何の恐るる事やある
筑紫の海の波きはに　牡鹿の角の束の間も　油断をなさず打守る
武士の鎧に露おきて　冑の星のきらめきぬ　大刀のこじりの輝ぬ
首を挙げて眺むれば　立花山頭月皚々

第三

いでや刀の切れ味を　試みるべき時ぞかし　木の葉の如き舟にのり
山なそ浪を押し切りて　寇舩ちかく進みつゝ　檣つてにのり移り
群がる元のゑみし等を　斬りなびけつゝ舷に　立ちたる様の勇しさ
鋒のほさきに結ぼるゝ　血塩の露に光りさし　多々良浜辺に月瓏々

第四

嗚呼天怒り海あれて　狂ひさか巻く大浪に　ゑみしが舩ぞ覆へる
浮べるかばね十余万　其上歩して渡べし　嵐退き浪なぎて

鏡の如き海原に　磯の小船の楫をとり　其場間近く漕よせて
此体たらく打見やり　我が日の本の武夫が　天を仰ぎてからからと
心地もよげに打笑ふ　時しも東の山いでて　玄海洋上月湾々

第五

静に思ひめぐらせバ　我が大君の此御代ハ　昇る朝日の旗の手に
振ひ起れり人心　獅子を印せる大旗や　鷲を画ける大旗の
寄くる事のあるならば　昇る朝日の旗の手に　群がり立て打はらひ
昔の人に劣らじと　振ひ起きよ人心　心乃光り君見ぞや
博多の港空晴れて　紀念碑頭に月団団

（湯地丈雄『孫みやげ――日本無双紀念碑咄し――』、仲村久慈『湯地丈雄』、五三―五四頁から該当部分を引用）

註

「小学生の歌う軍歌」として、「第一」から「第五」までを紹介してきた。湯地丈雄『元寇夜物語り』には、『元寇反撃の軍歌』として、「第一」を「（鎌倉）」、「第三」を「（多々良浜）」、「第五」を「（紀念碑）」と名付けている。なお、『元寇反撃の軍歌』には、「（対馬）」と「（壱岐）」の章もあるが、『孫みやげ――日本無双紀念碑咄し――』所収のこの「小学生の歌う軍歌」には、入っていない。「小学生の歌う軍歌」は、もともと『元寇反撃の軍歌』の中にある、「（鎌倉）」「（多々良浜）」「（紀念碑）」――「（対馬）」と「（壱岐）」を除く――を基として、新規に「第二」と「第四」を加えたのではないか。

〔音楽史料12〕

○ 全国の有志から寄贈の歌詞——その三例——

《解説》全国有志から寄贈の歌詞のみ三例を、ここに摘記する。それぞれには、曲は付いていないようである。この三例は、『精神教育対外軍歌』に収められている。全国の有志から寄贈された歌は、この歌集にあるのは全部で八曲である。すべて学校関係者による作成である。旧制中学校・小学校・高等小学校あるいは師範学校作となっている。いずれも優秀作品として、ここに掲載されている。三例は入選作のそれであったろう。

仝　　久留米　明善中学校

弘安四年の其むかし　勇名支那に轟きし
忽必烈か軍せい等　わか神国に寇せんと
其数す凡そ十余まん　海を掠めてせめ来る
このとき執権時宗は　胆略四海を圧倒し
寄せ来る敵を撃破り　誉を世々に残さんと
謀るをりしも神風の　伊吹き起りて大海原
海をおほへる戦艦も　ひと夜の中に筑紫潟
玄界洋の千尋なす　底の藻屑となりしこそ

実にこゝろよきことなりし
四隣敵なる今の世に
維持せん者ハ祖先より
大和こゝろの武勇ぞや
勇み進で武を磨け
雲を凌ける紀念碑を

鳴呼わか国の兄弟よ
独立不羈の国勢を
受け伝たるしき島の
奮へよ立てよ益良雄よ
日本の海の此の岸に
朝夕見つゝ武を励め

仝

玄海なたに立つ浪か
博多の磯に吹く風か
彼は蒙古の舩なるか
寄なは寄よ仇よせよ
一つ処にたゝへたる
来らは来れせめ来れ
御笠の山に昇る日の
昔の人の斯くばかり
寄せし白浪打払ふ
県に近き千代のまつ

御笠郡　二日市高等小学校（那保宗の所作にかかわる）

千々の島根か群雲か
鼓みの音か矢叫ひか
此は此方の声なるか
我国人の勢ほひを
水城の関の備へあり
我か大君の御稜威をや
国の光りを顕はさん
力つくしの海原に
太刀風寥くふく岡の
千代の礎ゑ固むへし

ちよの礎ゑ固むへし

仝

あゝ日本のこく躰は
人は武勇と唱きて
是そ誠のしるしなる
筑紫の海に寄る敵は
相模の太郎か胆太く
今や遅とまつ浦かた
陣を連てかためたり
山にもまかふ大艦も
なとか当らん三尺の
時しも七月晦日の夜
たちまち起る神風に
敵の兵艦のこりなく
あは神国の神なると
共に国威を顕はせり

福岡県尋常師範学校　仝　附属小学生徒合奏

其むかしより神の国
あまの玉ひし御剣は
弘安四とせの夏の比
山も崩るゝ計りなり
討て払へと諸共に
博多の港に至るまて
嗟勇ましや勇ましや
天に轟くいし火矢も
日本刀にやまと武士
一天俄かにかきくもり
逆まく波の崩れ来て
砕けし様も哀れなり
相模太郎がきも太き
共にこくいを顕せり

（湯地丈雄『精神教育対外軍歌』、一一―一三頁）

〔音楽史料13〕

○ 水雷艇幼年号の勧め——音符と歌詞——

《解説》「水雷艇幼年号の勧め」とは、「水雷艇幼年号」の建造の「勧め」をテーマにした、唱歌に、ほかならない。湯地丈雄が、元寇紀念碑——亀山上皇銅像——が完成した後は、並行して行なっていた護国運動に、水雷の艇献納運動が加えられた。「大日本護国幼年会」なるものを組織し、「幼年」達に護国精神を植えつけつつ、水雷艇を海軍省に献納しようとする、一大計画であった。それには、全国の「幼年」達に、献金を求めなければならない。水雷艇の献納が、実現した暁には、「水雷艇幼年号」と命名することさえ、前もって定められていた。宣伝活動の前面に押し出されたのが、「水雷艇幼年号の勧め」という題名の歌曲と歌詞であった。冒頭部分の歌詞には、「民に護国の念ありて　興り栄ぬくにはなし」とあり、まさしく「護国の念」を　強調している。唱歌であり且つ、一種の軍歌でもあった。護国運動における幼年向け広報の一端を担っていた。

民に護国の念ありて　興り栄ぬくにはなし
げに亜米利加の少年は　文明開化の今の世に
油断大敵うけまじと　造る軍艦大いさは

水雷艇幼年号の勧め

たー みに ごこ くの ふねくあり て おーこり さか えぬ くに はな し
げに アメ リー カの 少一年一 は 文一明一 かい ぐわの いま のよ に
ゆだん 大敵 うけまじと つくるぐんかん 大いさは 四艘 八千 四百 トン せかいにならびなしと きく

（湯地丈雄『元寇画帖——護国記念精神教育——』）

四万八千四百噸　世界に双びなしときく
アメリカボーイと名付らる　名誉かゞやく船おろし
費用は二千余万弗　皆な少年の力とや
我が日の本の幼年は　海の護りの忘られず
七八年の以前より　水雷艇の幼年号
造る為とてをさな手に　一ケ月には一銭と
極めて小さきものなれど　共同貯金の続きなば
二十万や三十万　積て重ねてさゝげたき
みさをは高く世にきこえ　盟ひを結ぶ人多く
推し弘まりて行く末は　むかでの足の如くなり
皇国を護る真心は　天地鬼神も感ずべし
其の親々友人（ともだち）も　聞くさへうれし斯の業を
助けなさずにおくべきか

（湯地丈雄『元寇画帖――護国記念精神教育――』）

註

護国精神高揚運動を、「日の本の幼年」にまで拡大普及しようとする、湯地の心意気が感じられる一文。「亜米利加の少年」とかが、積極的に行動し、「少年の力」で「アメリカボーイ」と「名付らる」「軍艦」を造り上げげた。今その「軍艦」が、「亜米利加」海軍の一隻として存在していたとする。米国海軍における具体的一例を挙げている。発想の手本となったのは、この「アメリカボーイ」であったらしい。

第八部　護国運動の諸相

4

〔護国史料1〕

○『伏敵編』の編纂と元寇紀念碑建設運動

『伏敵編』の編纂は、湯地丈雄の主唱のもとに推進された元寇記念碑建設運動との関係でおこなわれたものである。このことは同書の末尾に付された、明治二四年六月の年記をもつ湯地丈雄の跋文に「特ニ元寇紀念碑建設ノ大挙ト関係ヲ有スルヤ、輔車モ啻ナラサルナリ」と述べているところからも明らかである。『伏敵編』編纂の主監であった広橋賢光は、明治二四年一一月の宮中への書籍献上願の中で「右（『伏敵編』）ハ先年賢光福岡県奉職中元寇記念碑ヲ建設セントスルノ挙アリ、抑元寇ノ事タル国家ノ存亡ニ関スル一大事件タルニ拘ラス、右ニ関スル歴史ノ完備シタルモノナク、実ニ我国史学上ノ一大欠典タルヲ免レス、而シテ民間ニ残存スル史料モ日ニ月ニ散逸セントスルノ恐レアリ、依テ右史料ヲ今日ニ拾収スルノ史学ニ稗益スル所、鮮ナカラサルヲ察シ」同書を編纂したのであると述べている（「記録」D所収の原稿。この文章は『伏敵編』の元寇史料集としての価値を端的に明示している）。広橋が同書の序文で元寇記念碑建設運動に言及しているのは当然である。前記「記録」Aに「元寇史編纂ニ付広告」と朱筆で頭書した山田安栄自筆の原稿があり、編纂史料収集のための広告原稿と思われるが、その中で文永・弘安・応永の外寇を撃攘したことについて「国権ヲ侵奪セラレス、国権ヲ維持シ、威武千古ニ卓越スル者、豈ニ壮快ナラスヤ」と述べ、つづいて「今ヤ元寇記念碑建設ノ挙起リ、以テ我威歩ノ後世ニ存シ、且此書ヲ撰シテ以テ其事由ヲ詳晰シ、我同胞三千余万人ト観感興起シ、前ニ鑑シヲ以テ、滋ニ折衝禦侮ノ志ヲ養ハントス」と述べて、『伏敵編』の編纂が元寇記念碑建設運動と相関々係にあることを述べ、撰書の意義に及んでいる。これは後述するように、撰書の意が、一つは建碑の義挙を賛襄し、一つは敵慨禦侮の気を振興することにある、ということを述べたものである。

『伏敵編』編纂の史料は主として史局蔵収のものによったのであるが、各地に設置された元寇紀念碑建設事務所の調査報告によるところも多かった。九州地区とくに福岡元寇記念碑建設事務所のはたした役割は大きく、津田信秀が中心になってはたらいている。それらの報告は山田安栄によって整理され、『伏敵編』に収載された。報告は同書に収められるにあたって割注で明記されており、「記録」には、その調査報告の原文や手紙類が留められていて、出所を明らかにすることができる。元寇記念碑建設運動の主唱者湯地丈雄は、当然のことながら編纂史料の収集に尽力している。大学医学部解剖科助手竹崎季熏が季長の末裔に相違ないことを報知した明治二三年九月八日の山田あての湯地の手紙や、同年一〇月六日、山田にあてた河野通有の子孫福岡県士族某が祖先からの古具足や書類等を所持していることを知らせた手紙が残っており、二三年六月九日の山田あての手紙では、『伏敵編』を「一日モ速ヤカニ脱稿」するよう希望し、「時期ノ関係モ軽ンズ可カラス、宜ク御尽力御願申上候」と述べている（「記録」A所収）。

（川添昭二『蒙古襲来研究史論』、一一六―一一七頁）

〔護国史料2〕

○『伏敵編』大尾――元寇役関係史料集発行の意味――

元寇殲掃ノ事ハ。大日本建国以来ノ大故ニシテ。君臣一致国家ヲ累卵ノ危キニ護リ。国威ヲ洋ノ東西ニ輝シタルハ。

内外歴史ニ昭々タリ。外交漸ク開クルニ及ヒ。当時ノ偉蹟名誉ハ益発揚シ。而テ又警誡ヲ将来ニ加フヘキノ亀鑑タリ。凡ソ折衝禦侮ノ道ヲ無事ノ日ニ講スルハ。宇内各国皆然ラサルナシ。況ヤ東洋ニ介立シテ万国ニ対峙スル我国ニ於テヲヤ。伏敵編既ニ成リ。附スルニ靖方溯源ヲ以テス。

此書ヤ二千有余年。攻戦守禦、事ノ漢韓ニ係ルモノ。其他内外交渉ノ事蹟ヲ網羅シ。分編提徴セリ。就中文永弘安殲賊ノ事実ニ至テハ。綱目具備シテ。殆ト余蘊ナシ。而テ西洋歴史ト関係スルモノアリ。当時元主忽必烈ノ幕賓伊太利人マルコポロ元人東侵紀事ノ著アリテ。我帝国ノ威武ヲ西人ニ知ラシメタルノ端ヲ開キ。閣竜（コロンブス）モ其書ニ由テ遠航ヲ企テ。米国ノ発見アリ。巴理（ペルリ）我ニ来航ノ初メ。浦賀港ニ直入ヲ憚リタルモ。当時ヲ鑑セシニ因ルト云フ。又明治十三年伊太利国皇子東游シテ船ヲ筑海ニ寄セ。元寇ノ古戦場ヲ訪ヒタルカ如キモ蓋亦之ニ拠レリト。嗚呼著書ノ功大ナル哉。矧ヤ本編ハ無前ノ良史ニシテ。世道ヲ益シ。人心ヲ興シ。国家ノ経綸ヲ裨ルモノ寡トセス。特ニ元寇紀念碑建設ノ大挙ト関係ヲ有スルヤ。輔車モ啻ナラサルナリ。仍テ一言ヲ巻尾ニ附ス。

明治二十四年六月

湯地丈雄謹識

（山田安栄『伏敵編』、巻六、大尾）

註

後半部分において、元寇紀念碑建設に言及している。この史料集『伏敵編』の作成そのものが、元寇紀念碑建設運動に伴う護国運動と連結していることを明示している。「元寇紀念碑建設ノ大挙ト関係ヲ有スルヤ。輔車モ啻ナラサルナリ」とあるのが、それである。因みに、『伏敵編』は、現在でも通用する史料集。

〔護国史料3〕

○『伏敵編』・『靖方溯源』を推薦

この護国美談ハ、紫山中洲両居士のものしたるものにて、蒙古東侵して、我国を奪はんとしたる事実の中、専ら文永弘安二役に係ることを摘録し、鎌倉北条氏の事、蒙古本国の事をも、大略附載し、見る者をして、警戒を無事の今日に加へ、護国の感念を起さしめんとの意なり。抑も、元寇紀念碑建設の大挙ハ、一私人の力もて、能く為し得へきの事にもあらす。又一隅の仕事にもあらす。苟も、護国の念あるものハ、上下相謀りて力をこれに用ゐ、国光を発揚すへきの務を挙くへき筈なれハ、既に大方の賛助を忝くハしたるなり。されとも、天下の広き家こと人ことに説くこと能ハす。又此挙に賛成せんとハすれと、当時攻守の事実に暗くてハ、と云ハるものあり。此等の便利をはかるために、仮に此編ハ、てきたるものなれハ、事実の誤りを訂正するの暇もなく、脱略も数多し。見る者当時の事ハ、此二役に起りて、此に終りしにあらす。遠近古今、種々さま〳〵の関係よりして、発りたる徴証あり。その精覈なる事ハ、左に掲けたる伏敵編と、靖方溯源とに、就てゑらるへし。我皇室の下にたちて、千万年の恩沢を蒙りたる臣民ハ、必す此二書の事実を知りて、よく意味を味はひなハ、忠義の心を発揮するに余りありて、今日対外の策を講するの津梁とならん。

元寇紀念碑建設首唱　湯地丈雄志るす

明治廿四年十月廿日

文学博士 重野安繹監修　山田安栄編纂

伏敵編　六冊　（文応元年に起り、中間に蒙古襲来の事あり。末は嘉吉年中、外交修睦の事に終る。）

靖方溯源　二冊　（神代より亀山天皇文応年中に至る。事対外の事績に付、発明詳密なり。）

引用書ハ、和漢洋凡そ四百五十種。古記珍編、採択最も精密なり。三韓古地図、其外戦地関係地図、竹崎季長絵巻、外賊防禦の古址、当時の武器及北条氏書像。此外雑図、皆考拠となるものハ、多く附挿す。

（湯地丈雄『元寇反撃　護国美談』、巻末）

〔護国史料4〕

○　少弐資時の墳墓を発見、追祭を復興

《解説》少弐資時の墳墓を発見、追祭を復興へと、湯地丈雄による活動は顕著である。そもそも初めは武藤氏を称していたのが、後の少弐氏である。鎌倉幕府創設の時に、武藤資頼が源頼朝に従って功あり、鎮西奉行として九州に赴任。大宰少弐に任ぜられてからは、代々少弐氏を名乗り氏とした。鎮西奉行であった少弐経資は、第一次元寇役――文永役――において、欠員となった壱岐島守護代に、我が子を任命した。これが、第二次元寇役――弘安役――時、壱岐の瀬戸浦で戦死した、少弐資時その人。当時十九歳の若者であった。七年前の前戦役では、十二歳で初陣、博多湾岸の戦闘で奮戦した。

扨又資時の美談を掲けん。文永十一年には、僅かに十二才の身を以て、博多湾の陣頭に立ち、鏑矢を放ちて奮戦せし

が、又々弘安四年には、十九才となりて、壱岐の島に押し渡り、大敵に向て勇戦苦闘、終に忠死せしは天晴なり。然るに物換り星移りて治久く、人智暗く、只景隆の為めにのみ碑を設けても、資時を吊(とむら)ふものなきこそ悼しけれ。明治三十一年に至り、湯地丈雄は同島に渡り、百方捜索の末、同地の神職後藤謙太郎氏等ありて云く、正二位の墳墓として、崇め祭り来りしは、少弐資時の（正二位を少弐と同音相通ず）事ならんとて、考証を極めて、之を憶めしこそ快けれ。因て三十二年一月より六日間、同地の官公吏有志相謀りて、追祭を復興せり。其後同地の有志者は、資時の為め記念碑建設の企あり。辱くも宮内省より、御下賜金を頂きしは、感泣の至りなり。又近頃全国の小学読本にも、右資時の事蹟を、挿入せられる様になりしは殊に喜ばし。

（湯地丈雄『精神教育　元寇反撃　歴史画光栄録』、一五―一六頁）

註

少弐資時の墓については、中上史行『壱岐の風土と歴史』の一五七頁に、「少弐公園にあり、明治三十一年、元寇記念碑首唱者湯地丈雄、矢田一嘯らの検索の結果、ショウニイさまと里人から崇敬されていたこの墳墓を、少弐資時の墓と決定したものである」と、記している。

〔護国史料5〕

○　湯地丈雄の献袋を報ずる新聞記事

湯地丈雄氏の献袋　元寇の事を、国民の脳裏に印銘せんとて、多年一日の如く、其紀念碑建立に熱心なる湯地丈雄氏が、数年来使用する状袋の裏面にハ、必ず元寇の事を印刷しありしが、今度氏が征清軍に贈りたる状袋数万枚にも、同じく其事件を記し有り。今や既に在清軍人の手に渡り、又大本営に差出したるものハ、戦地に送る公文用に使用せらる、由。

（『読売新聞』、明治二十八年四月十三日付）

註

湯地丈雄による元寇紀念碑建設運動と、それに伴う護国運動の発端は、長崎事件——長崎清国水兵暴行事件——であった。この事件は、日清戦争の起こる前の明治十九（一八八六）年の出来事であった。そして、いよいよ日清戦争が明治二十七（一八九四）年に勃発してからは、中国大陸に存在する清国の脅威が、日本にとってますます現実のものとなってきた。湯地丈雄の目には、元寇役当時の元帝国と、日清戦争時の清国とが、二重写しとなって認識されていた。

〔護国史料6〕

○　北条時宗への追慕——北条時宗宮中和歌御題（湯地丈雄作、明治二十三年二月）——

君不レ見同舟胡越無二仇敵一。真心相依救二漂溺一。記否文永弘安年。君臣忘レ身護二社稷一。笑他趙宋南渡後。群小猜忌売二家国一。胡児長駈戦塵漲。四百余州尽敗績。余勇忽向二神州一来。書辞傲慢誇二兵力一。『唇既亡兮歯将レ寒。邦家安危逼二旦夕一。和戦之論乱紛紛。殺気満レ天日月昏。覇府宰臣時有レ人。五尺躯幹渾是胆。斥レ書斬レ使鏖二十万一。長使二胡児肝胆寒一。西史伝載胡軍敗。五洲初知日本尊。物換星移六百歳。盍下旌二其忠一招中其魂上。時聞遺名上二御題一。枯骨応レ沾雨露恩。』

北条時宗宮中和歌御題　書き下し文（漢文体の右傍に付してある）

きみみずや　どうしうのごえつきうてきなし。しんしんあひよりて　へうできをすくふと。きするやいなやぶんえいこうあんのとし。くんしんみをわすれてしやしよくをまもる。わらふたのてうそうなんとののち。ぐんせうさいきかこくをうる。こじちようくせんぢんみなぎる。しひやくよしうことごとくはいせき。よゆうたちまちしんしうにむかつてきたる。しよじがうまんへいりよくをほこる。『くちびるすでにほろびてはまさにさむからむとす。はうかのあんきたんせきにせまる。わせんのろんみだれてふんふん。さつきてんにみちてじつげつくらし。はふのさいしんときにひとあり。ごしやくのくかんすべてこれたん。しよをしりぞけつかひをきりてじうまんをあふし。とこしへにこじをしてかんたんをさむからしむ。せいしつたへのこすこぐんのやぶるるを。ごしうはじめてしるにつぽんのたうときを。ものかはりほしうつるろくひやくさい。なんぞそのちゆうをあらはしそのこんをまねかざる。ときにきくゐめいぎよだいにのぼると。ここつまさにうるほふべしうろのおん。』

（鈴木隆『時宗新論』、三六〇頁）

註

湯地丈雄による元寇紀念碑建設の運動と、それに伴う護国運動において、尊敬し追慕するべき人間の一人は、北条時宗であった。北条時宗の功績を顕彰することも、護国運動の大いなる高揚を、図るための一環と見てよい。

〔護国史料7〕

○懸題優等作文抄録――入選作の一例――

《解説》湯地丈雄による元寇紀念碑建設運動は、あらゆる方法をもって、行なわれていく。懸題作文の募集も、その一つであった。三つの題目を設定している（湯地丈雄『懸題作文抄録――護国之光――』、一頁）。

一、亀山上皇、身ヲ以テ国難ニ代ラン事ヲ、伊勢太廟ニ祈ラセ玉フ図ニ題ス

一、元寇殉難者ノ為メニ、招魂祭ヲ、起スヘキ説

一、宮中和歌御題トシテ、北条時宗ヲ、詠ゼシメラレタルヲ聞キ、感ヲ述ブ

湯地丈雄自身が、「北条時宗宮中和歌御題」（明治二十三年三月）を作成しているように、北条時宗への尊崇の念が強い。したがって、三つの題目の一として、湯地丈雄の「元寇紀念碑建設事務所」が、「宮中和歌御題トシテ、北条時宗ヲ、詠ゼシメラレタルヲ聞キ感ヲ述ブ」という題目を設定し、「懸題」の「作文」を、募集したとしても、何ら不思議ではない。これも護国運動の一環なのだ。このテーマに限って、一例の「優等作文」を次に掲げる。そもそも、明治時代において、元寇役を語る時、逸してはならない人物が、北条時宗であった。したがって、この入選作も例にもれない。

宮中和歌御題トシテ、北条時宗ヲ、詠ゼシメラレタルヲ聞キ、感ヲ述ブ

大阪府下摂津国島下郡岸部村

植田竹三郎

明治四年八月生

古今東西ノ戦争、其数幾千万ナルヲ知ラズ。而シテ我カ義胆一心以テ、彼ノ破竹ノ勢ヲ以テ来ル、数十万ノ兵ヲ殲シ

タルハ、北条時宗ノ元寇ヲ防ク是ノミ。夫レ蒙古ノ我カ国ニ寇スルヤ、人心洶々トシテ、朝野皆震動ス。然ルニ時宗独リ思ラク、我レ彼ノ使ヲ斬シカ、彼必ズ大挙シ来ラン。来ラバ、吾之ニ当リ死センノミト。於是決然其使ヲ斬ル。然ラハ彼ノ大挙シテ来寇、固リ時宗ノ心算定マル所ナリ。唯其レ此ノ如シ。是レ士卒ノ奮励一心、逐ニ之ヲ殲シタル所以ナリ。是ニ由テ之ヲ観レハ、時宗ノ元寇ヲ殲スル、日本義胆ノ凝結セル者ニアラズヤ。方今外交日ニ繁ク、而シテ人情偸薄ニ趨ル。知ラズ、日本義胆ヲ固有スル者、果シテ幾人カアル。余宮中和歌御題トシテ、時宗ヲ詠セシメラレタルコトヲ、敬承シ窃ニ察シ奉ルニ、天皇陛下ノ此御題ヲ以テ、和歌ヲ詠セシメラレ給フハ、聖意ノ在ス所知ルベキナリ。嗚呼凡ソ日本ノ臣民ニシテ、此御題ヲ敬承スル者、豈奮然興起シテ、固有ノ日本義胆ヲ養成シ、上下一心協力シ、以テ義勇公ニ奉ゼザルベケンヤ。余感激ニ堪ヘズ。依テ感ズル所ヲ述ベ、以テ日本同胞諸氏ノ、益日本義胆ニ富マレンコトヲ希望ス。

（湯地丈雄『懸題優等作文抄録——護国之光——』、二一〇—二一一頁）

註

北条時宗の功績を、この入選作は素直に評価している。鎌倉武士の頂点に、立っていたのが北条時宗。鎌倉幕府の実力者で、実質的に幕政を動かしていた。当時北条時宗は執権職にあった。北条時宗は、湯地丈雄による護国運動の、象徴的人物二人の中の一人であった。即ち、二人とは亀山上皇とこの北条時宗が、それである。したがって、元寇紀念碑建設と、それに伴う護国運動のシンボル的存在として、北条時宗は「懸題」の「作文」テーマとしては、最適な人物像であったと言えよう。なお、ここでは、「日本義胆」が、「養成」されるべきであるとする。そして「日本同胞諸氏ノ、益日本義胆ニ富マレンコトヲ希望ス」で、最末尾を結んでいる。

○毎年一定ノ日ヲ以テ、全国挙テ元寇殉難者吊祭会創設スヘキ。同感者勧募広告。

蒙古難ノ関係ハ、前後数百年ニ跨カル矣、今之ヲ説クニ、遑アラス。文永年ヨリ起リシ関係ハ、四十ケ年余ニ亘リ、大軍ヲ受クル事両回。至尊命ヲ懸ケ、国民身ヲ致シ、国家ヲ累卵ノ危キニ護ル。苦戦四ケ月ニ跨リ、或ヒハ敗レ、或ヒハ利アリ。国家ノ危キ事国初ヨリ已来、未タ曽テ此ノ如キ者アラス。夫レ生ヲ衛レハ、病ナシ。国ヲ護レハ、寇ナシ。寇ヲ忘レテ、国亡ヒザルモノアラサル也。然ラハ、則護国殉難者ヲ、吊祭セスシテ、国風厚キト云フヘキ歟。人心厚キト云ヘキ歟。今ヤ、世界列国、其風ヲ見ルニ便ナリ。識者之ヲ鑑ミテ可也。果シテ之ヲ覚ラハ、見寄リ聞寄リ、同志ヲ集メ、各地競フテ起ルヘシ。美風美俗ハ、国ヲ護ルノ基也。終ニ全国一定日ヲ、生ムノ母タルヘキ也。若シ脳裏、忘ルヘカラサルノ寇ヲ忘レテ、紀念碑而已貽ラン歟。是レ無用ノ外飾而已。国ヲ護ルニ於テ、何ノ益カアル。敢テ朝野ノ人士ニ、計カルコト爾リ。

東京市麹町区飯田町五丁目二十番地
帝国元寇紀念碑建設事務所

（湯地丈雄『精神教育対外軍歌』、巻末）

註

この広告には年月日は入っていない。『精神教育対外軍歌』は、明治二十六年十二月十一日発行とあるので、この年月日あたりが、広告の文章の書かれた年月日と見てよい。

〔護国史料9〕

○　元寇殉難者国祭復興主意書――檄文・明治三十年一月十日――

国ニ殉スル者ハ国ニ祭ラル。是レ国家ノ大経ニシテ、古今ノ通義也。是故ニ勤王殉難者ハ、国典其祭リヲ受ケ、輓近対外殉難者ニシテ、国祭ニ洩ル、モノナシ。固ヨリ其理也謹テ惟ルニ、至尊命ヲ懸ケ、忠臣身ヲ殺スノ多キ、元寇殉難ノ時ニ、過キタルハアラス。国家頼テ以テ全ク、社稷頼テ以テ安シ。其恩其功、敢テ忘ルヘケンヤ。然ルニ治久ク、人怠リ終ニ祭リヲ断ツニ至ル。誠ニ悲シムヘキ也。今ヤ昭代百廃皆ナ起リ、社会文明ノ眼ハ、秋毫ノ末ヲ察スルニ足ル。焉ンソ此ノ欠典アルニ忍ヒンヤ。漸クニ其古戦場ニ、元寇紀念物建造ノ義挙起リ、天下ノ同賛スル所トナリ。既ニシテ事、聖聞ニ達シ、金千円ヲ福岡県ニ賜フ。志士ノ望ミ益々高ク、国運ノ開達ト共ニ、大成スルノ機全ク定マリ、元寇反撃謳歌ノ声ハ、全国ニ轟キ、人意ヲ強クシ、忠魂ノ吊祭モ、亦時ニ行フモノアリ。風教正ニ此ノ如シ。殊ニ辱クモ、昨年十一月二日ヲ以テ、故宗助国ニ従三位ヲ、故平景隆ニ正四位ヲ贈ラセ玉フ。共ニ是レ元寇殉難ノ名将也。嗚呼聖恩枯骨ニ及ヘリ。全国ノ臣民、感泣ニ禁ヘサル所也。而シテ紀念物ノ壮観ハ、福岡県庁ノ保護ニ頼テ、成就セラレントス。甚タ美ナラスヤ。然リト雖モ、建造物ハ形体而已。国祭起ルニ非ンハ、善尽セリト云フヘカラス。実ニ此一挙ハ、追遠ノ民徳ヲ進メ、忠愛ノ志気ヲ励マシ、国家ノ将来ニ及ホス。鴻益亦幾許ソヤ。天下ノ志士仁人、冀クハ同意ヲ表セラレンコトヲ。但吊祭ノ典礼ハ、其筋ノ指定ヲ仰クヘシ。

明治三十年一月十日

東京上野公園元寇殉難者吊祭会場ニ於テ識ス

東京麹町区飯田町五丁目三十番地

元寇紀念首唱　湯地丈雄

（湯地丈雄『国民教育元寇画』、巻末）

〔護国史料10〕

○　元寇殉難者国祭ニ関スル建議

――帝国議会満場一致、明治三十六年三月二十四日――

謹テ惟ミルニ、我国紀元二千五百六十余年、未タ曽テ外寇ノ侵畧ヲ、受ケタルコトアラス。若シ稀有ノ例ヲ史上ニ求ムレハ、唯リ文永弘安ノ元寇アル而已。抑元ノ勢力、欧亜二洲ヲ蹂躪シ、遂ニ支那四百余州ニ君臨シ、南進ノ余威ニ乗シテ、兵ヲ我カ九州ニ加ヘ、将ニ呑噬ノ欲ヲ逞クセントス。此時ニ当リ幸ニ上聖主アリ。畏クモ玉体ヲ以テ、神明ニ誓ハセラレ、下北条時宗ノ断アリ。将卒士民赤誠身ヲ致シ、義勇国ニ殉スルアリ。以テ克ク此外難ヲ、危機一髪ノ間ニ救フヲ得。国家之レガ為ニ独立ヲ全ス。蓋其功績ノ偉大アル、史上豈比スヘキ者アランヤ。今ヤ時去リ、跡遠クシテ、人鬼祭ラレス。忠魂帰スル所ヲ知ラス。唯元寇紀念碑建設ノ挙ニ対シ、先ニ優渥ナル恩賜アリ。福岡県庁ノ保管ニ依リテ、基礎工事既ニ成リ、其落成期シテ待ツベキ也。然リ而シテ、其ノ祭祀ノ典ニ至テハ、殆ント欠如タリ。是忠魂ヲ慰メ、国家ノ元気ヲ、鼓励スル所以ニアラス。今維新前後ノ殉難者ハ、悉ク国祭ヲ享ケサルナキニ、独リ元寇殉難者ノ此典ニ与ラサルハ、実ニ明治昭代ノ欠典ナラスヤ。政府ハ宜ク相当ノ方法ヲ以テ、国祭ノ式ヲ定メ、永ク追遠ノ典ヲ、挙ケラレン事ヲ望ム。

（湯地丈雄『精神教育　元寇反撃　歴史画光栄録』、八―九頁）

〔護国史料11〕

○　大日本護国幼年会の創立

昨忘㆓固陋㆒温㆓元
寇㆒、今愛㆓新思㆒伍㆓
幼年㆒、不㆑識斯心
自㆑何賜朝々嗽㆑
口拝㆓皇天㆒、

大日本護国幼年会

創立席一作

（湯地丈雄『元寇画帖――護国記念精神教育――』）

註

右の詩は水雷艇を国家に献納するために、組織された「大日本護国幼年会創立」時の感懐を読んだもの。『元寇画帖――護国記念精神教育――』には湯地丈雄の写真が載っており、「湯地丈雄五十六歳、明治三十五年十一月撮影」とある。その肩書には、「元寇紀念碑首唱兼護国幼年会首唱」と記されている。「明治三十五年」の時点では、湯地丈雄は「元寇紀念碑首唱」の役割と、「護国幼年会首唱」の任務を、二つながら並行して行なっていた。因みに、「護国幼年会」は、この頃発足していた。護国幼年会は、護国運動を担う、集団であることは、言うまでもない。

〔護国史料12〕

○　水雷艇貯金のいさみ

《解説》「水雷艇貯金のいさみ」は、水雷艇を海軍省に献納するための、具体的仕組みと方法を記したもの。湯地丈雄は、元寇紀念碑――亀山上皇銅像――が完成した後は、水雷艇献納運動を計画し、これを推進した。「大日本護国幼年会」を組織して、募金を集め「大蔵省」→「海軍省」へと献金。その献金された資金で「水雷艇幼年号」を建造するという、一大プランであった。この献金の募金徴収は、全国の郵便局が、受け持った。この運動は、護国運動――護国精神高揚運動――であり、元寇紀念碑建設の延長線上にあった。湯地丈雄の死によって、「水雷艇幼年号」は、実現することはなかったようである。しかし、湯地丈雄の晩年における、護国運動として、記憶されなくてはならないものであった。それも「幼年」を組織して、護国運動を進めようとする、きわめてユニークなものであった。「幼年」時代から、護国思想を彼らの、脳裏へ植え付けようとする発想であった。水雷艇とは、攻撃用の魚形水雷（魚雷）を積んで出撃、魚形水雷をもって敵艦を攻撃する小型艦艇。

日本帝国少年は、　其数六百有余万、　共同一致の道を履（ふ）み
毎月壱銭預けなば』、　郵便局は特別に、　保護の扱ひいと厚く、
弐拾万円積む毎に、　産るるものは水雷艇』、　信用深きいかり綱、
繋ぐ数々重なりて、　拾ケ年には三十艘　百ケ年には三百艘』
其目的を貫きて　日本魂みかきつ、　進むは護国幼年会

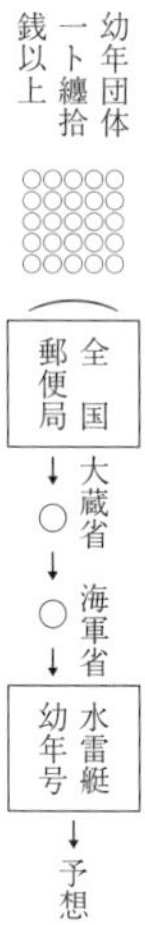

一　大日本護国幼年会員ノ規約貯金ハ、水雷艇ノ外決シテ用ユルモノニ非ス。但数年分ヲ一度ニ預ケテモ、宜現金ハ郵便局ヨリ、大蔵省海軍省直納ノ規約也。水雷艇一隻ハ、金廿万円ニテ造レル。

全国小学生徒総計、五百七十二万〇（ママ）九百廿六名アリ。能ク共同一致シテ、毎月壱銭宛ヲ集メ、当会ノ規則ヲ守リ、郵便局共同貯金特別取扱ノ認可ヲ受ケ実行スレハ、四ケ月以内ニテ、廿万円宛積ミ得ル也。拾ケ年ニハ、三十隻已上、百ケ年ニハ、三百隻已上造レル筈。幼年ハ入会シ、父兄有志者ハ、保護奨励スヘシ。

（湯地丈雄『元寇画帖——護国記念精神教育——』）

註

元寇紀念碑建設運動の対象は、老若男女の一般国民であった。だが、水雷艇献納運動の対象は、「日本帝国少年」であったり、「護国幼年会」の名にある「幼年」であった。具体的には、「全国小学生徒」であった。なお、「貯金規則書ハ、麹町区富士見町五ノ七、

大日本護国幼年会ニ在リ」とある。

〔護国史料13〕

○水雷艇貯金へ拠金の仕組み

先づこの幼ない赤誠の一団にたいして、自分がいま熱心に唱導してゐる元寇紀念碑も、またこの幼年号献納のことも、みな、国を護るといふ心の源から出たものであることを説いて聞かせ、いつまでも、その心掛を忘れてはならないと話しをすると、子供たちも、いまこそはつきりと護国の二字に目ざめたかのやうにきほひたち、月々一銭づつの貯金は、如何なることがあつても、永久に怠らないといふ約束を固め合つた。そして、この三十余名をもつて、「護国幼年会」、また別の名を「一銭社」といふ団体を組織して、この美しい企てを続けていつたのである。

この、博多の児童によつてさきがけされた献艦運動の美挙は、たちまちその噂を全国にひろめて、これにつづいて起る各地の護国幼年会は無数であつた。そこで丈雄は、「護国幼年会」といふ中央団体を設けてこれを統一し、なほも熱心に各地を巡るごとにその主張をつづけ、やがて会員は殆ど全国に散在するまでになつた。

丈雄はこの児童貯金の有様を公明にするため、当局者と交渉して、その全部が一定の額になるまで郵便局に預け、やがて一定金額に達したときは、郵便局から大蔵省の手を経て、海軍省経理局に保管を依頼し、その間は一銭一厘も手数料などかからぬやうに取計つて貰ひ、この尊ひ児童の赤心は、そのままそつくり、水雷艇建造の費用にのみ用ひられるやうな仕組みにしたのであつた。

しかし、この事業の前途はなかなか遼遠なるものがあつた。若し、そのとき、全国四百万の児童がいつせいに、月一銭づつの貯金をするならば、この水雷艇は五ケ月をもつて一隻出来上るわけであつたが、さすがの丈雄も、一人でそこまで徹底させるべき手段と宣伝を行ふのには、あまりに時間が少かつたのであつた。

この一銭貯金は、明治三十八年頃に六千円となり、大正二年には一万円になつたが、遂に水雷艇の建造を見ることが出来ず、丈雄は卒したのである。――（中　略）――

水雷艇幼年号が完成しなかつたことは、丈雄にとつて、どんなにか悲しいことであつた。また、これに力を協せた児童の心を思ふと、断腸の思ひもしたが、しかし、この真心の種子は、やがて必ず芽を萌してくる日のある事を信じて、静かに眼を閉じたのであつた。

《折にふれて》

あめつちの 神もいさむか をさな子も 国の護りの ふねつくるなり
しきしまの 浜の真砂をかきよせて 富士より高くなを なさせはや

（仲村久慈『湯地丈雄』、二二九―二三一頁）

〔護国史料14〕

○ 大日本護国幼年会の徽章と水雷艇のイラスト

註

イラストの水雷艇上に横たわる、太い二本の管状のものは、水雷を発射する装置である。湯地丈雄は、このイラストに描かれたような、水雷艇の建造を、夢見ていたのである。湯地丈雄の死によって、水雷艇が現実に建造されるには、至らなかった。

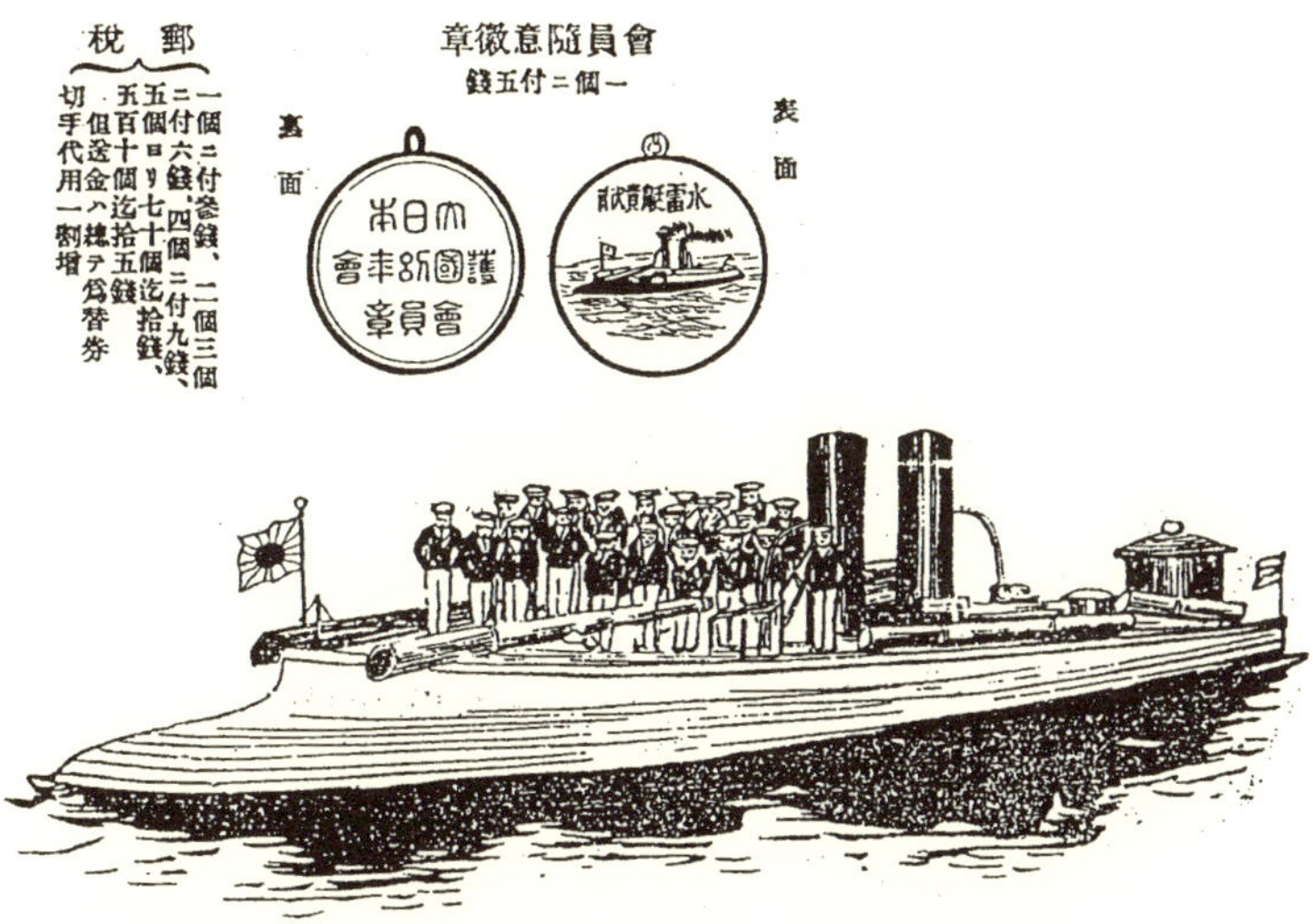

（湯地丈雄『元寇画帖——護国記念精神教育——』）

〔護国史料15〕

○水雷艇貯金へ拠金の仕組み——歌詞に託して——

日本少年六百万、精神教育的にして、
水雷艇を造る為め、毎月壱銭持寄りて、
共同貯金を励みなば、七拾弐万は年毎に、
郵便局に預けられ、特別保護を受るべし。
最新式の艦載艇、壱隻僅か三万円、
海国民は親も子も、早や目を覚し気を付けよ。
東洋一の帝国の、勝ちて兜の緒をしめて、
油断大敵受けまじと、仕業も次第に習はせよ。
子供心に楽しませ、無用の費えも省きなば、
家の為にはたから船、国の為にはいくさぶね。

（湯地丈雄『精神教育　元寇反撃　歴史画光栄録』、一三三頁）

〔護国史料16〕

○共同貯金組合

共同貯金組合　大日本護国幼年会員、水雷艇費貢献の目的は、精神教育に在り。筑前千代松原なる古戦場に、元寇記念碑建設に先たち、唱歌を募り、（四百余州を挙そる十万余騎の敵）云々の声を、全国に充たし、懲清征露の二大役に元気を添へたり。他日幼年の手に成れる水雷艇は、多大の精神修養となるを知るべし。

（湯地丈雄『精神教育　元寇反撃　歴史画光栄録』、冒頭部分）

〔護国史料17〕

○水雷艇幼年号関係の新聞記事二種

・大日本護国幼年会（『読売新聞』、明治三十八年五月二十三日付）

湯地丈雄氏の首唱に係る、麹町区飯田町五丁目国学院内なる同会にてハ、今回特別貯金取扱認可を得たるを以て、全国に管理部を設け、子女中より、毎月一銭宛を貯へ、郵便局へ契約貯金をなさしめ、以て水雷艇製造費中へ、献納する筈なりと。

・水雷艇幼年号（『読売新聞』、明治三十九年十一月四日付）

湯地丈雄氏主唱、大日本護国幼年会発起の水雷艇幼年号建造は、昨今漸く世人に認識せらるゝに至り、寄附金の申込頗る多く、殊に京都、長野、福岡等は、其額既に六千円以上に達せりと。

〔護国史料18〕

○**総高金一万一千二百円余**
――水雷艇幼年号の募金状況――

明治四十四年調
貯金の統計表は預金者の住所姓名に基づくものなり

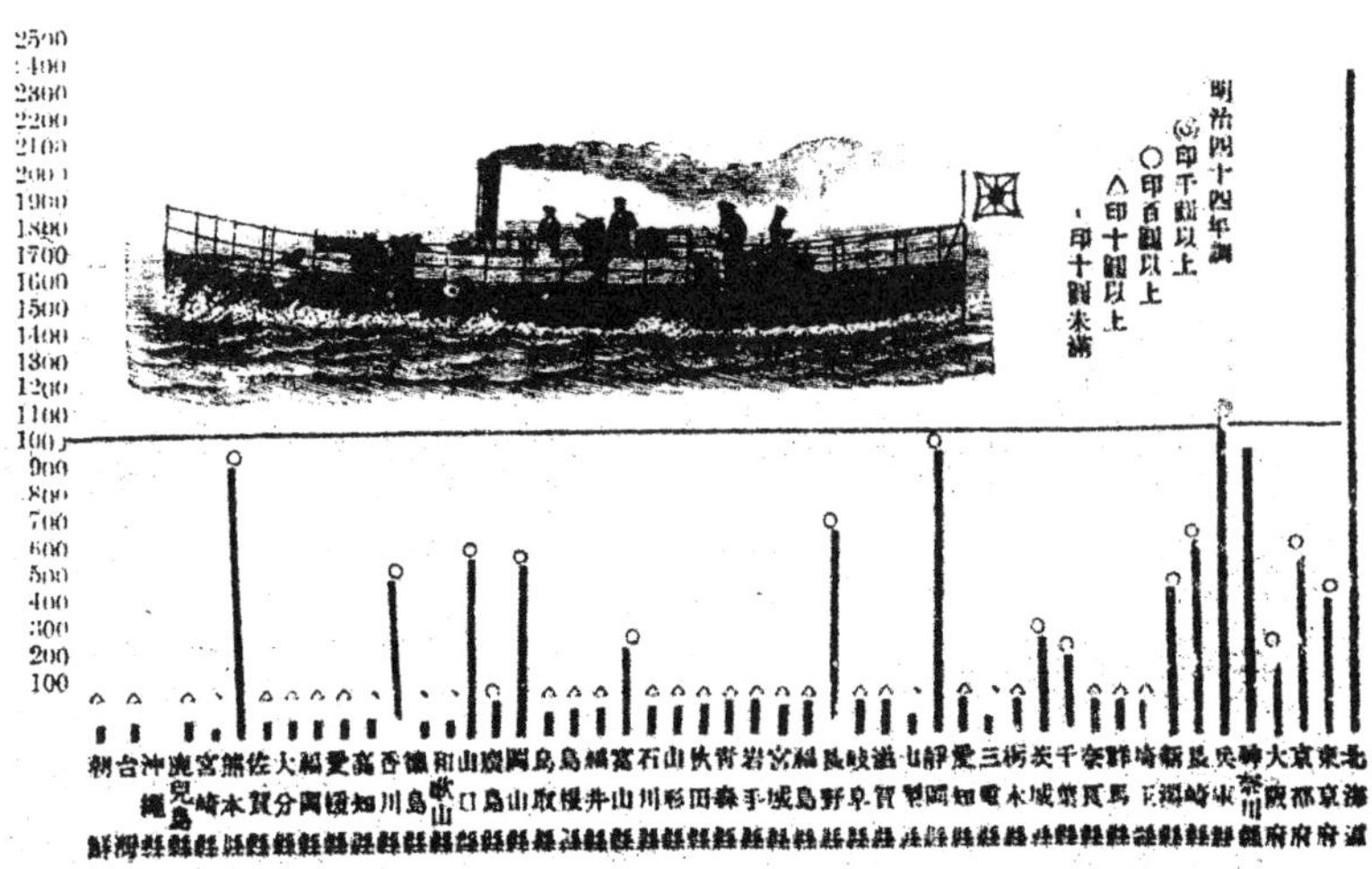

（湯地丈雄『精神教育　元寇反撃　歴史画光栄録』、末尾）

〔護国史料19〕

○ 元寇紀念碑建設の往時を追懐――山中立木稿――

元寇歌

元寇の追懐

古りし昔の事ながら　忘る、なかれ同胞よ
亀山帝はかしこくも　御身を以て国難に
代り給はん叡慮より　天神地祇への御誓願
忽然科戸（しなご）の風すさみ　筑紫の海の激浪に
艨艟砕け敵軍を　殲滅したる元寇の
昔語りも今は早　六百余年の史の蹟
思ひやるこそうたてけれ

――〔中　略〕――

皇（きみ）の御稜威と我々の　遠祖（とおつおや）等が忠勲に
一掃せられて仇波の　名残りだになき浦安の
名に背かざる日の本の　威名は世界に輝けり

左は去りながら其昔(かみ)に　幾多の将士国のため
犠牲となりし英霊を　数百年も顧みす
空しく草土に委したるは　実(げ)に痛ましき極みとて
今尚ほ残る防塁に　有志集ひて年毎に
祭りはなすも如何せん　平時は苔むす石畳(たたみ)
心つくしに訪ふ人も　哀れ淋しき松風の
音は昔の儘にして　一宇の祠もなかりしは
国の闕典のみならず　此の地に住める我々の
羞らふべきにあらざるか　ましてや今は文明の
御代とはいへど憂たくも　外来思潮に漂ひて
人の心もおのづから　移ろひ易きをりなれば
国の仇波鎮めたる　益良武雄の英霊を
仰き祭らばしかすがに　大和心を発揮する
其一助ともなりぬべし　されば洽く有志者の
賛助を請うて筑紫潟　古戦場なる百道原
百千代かけて長久に　御霊を鎮めたてまつり
護国の神と祭らなん　護国の神と仰がなん

昭和三年戊辰十月

（山中立木『元寇歌』――元寇六五〇年祭の時のパンフレット――、一一一頁）

註

「山中立木」は、湯地丈雄による元寇紀念碑建設運動時の福岡市長であった。湯地丈雄を支援する「元寇紀念会」――「元寇記念会」とも表記――のメンバー。「昭和三年」に、建碑運動の往時を回顧している。「護国の神と祭らなん　護国の神と仰がなん」の「護国の神」とは、亀山上皇銅像を指す。「昭和三年」は、第二次元寇役たる弘安役から、ほぼ六五〇年を経過しており、それを意識しての小冊子を発行したものか。この『元寇歌』には、著者の肩書を示すものは、一切記していない。また、発行所や、頒価などの記載もない。

第九部　湯地丈雄略伝と、建碑運動を助けた矢田一嘯画伯・佐野前励師の軌跡

〔伝記史料１〕

◯ 湯地丈雄の略伝（前半生）／福岡警察署長時代の湯地丈雄（肖像写真）

弘化四年四月四日　誕生、幼名丈熊。
万延元年　父歿し家督相続、時に十四歳なり。組附中小姓に被仰付。
元治元年　冬、長門の役あり、細川侯の公子良之助君（後称護美即子爵家なり）小倉出陣に付供奉、翌年正月凱陣す。時に十八歳。
慶応元年六月　太子右京大夫君に供奉し京都に上る（十九歳）。
同年八月　帰国。
同年十二月　重ねて供奉上京し、二十九日着阪す。
慶応二年正月二日　発阪、三日御入京あり、時々徳川、会津、桑名の兵我兵にまぎれ入京せんとす。薩長の兵出でてこれを阻む。則ち維新の開戦なり。
同年三月　京師にて銃隊指揮役助勤拝命、継いで横浜警衛の命を受け、海軍に従ひ東行、大原卿提督たり。直ちに江戸に至着、細川藩邸に宿営す。
同年五月十五日　東叡山の役を討す、我等赤坂門を守衛して争するを得ず。奥羽征討軍進む。
同年七月　帰藩の命あり、大阪に至り、江戸遊学の命を受け再び東行す。此年江戸改めて東京と称す。始めて　行幸あり、江戸城　行在所となる。
十一月、命ありて帰藩す。
明治二年正月　太子右京大夫君に供奉して西京に入る（時に二十三歳）。
同　七月　桂御所警衛を命ぜらる。
明治三年三月　命ありて帰藩す。
同　七月五日　藩掌拝命、席順は時習館句読師習書師の上座なり。
同　同月　藩命　東京詰命ぜらる、但し外交専務。
同　十二月　豊後国日田県下暴民蜂起に付急速帰藩の命あり、大阪に至り熊本藩山田小参事に面会周旋す。時に四条陸軍少将兵を率て進軍を議決す。大蔵大亟、松市助左衛門、共に出御、汽船凌雲丸に同乗す。参議木戸準一郎帰国馬関より上陸、余は小倉より上陸、急行帰藩す。此際　勅使岩倉公薩より長に至る。時に熊本藩安場権大参事日田郡へ出張に付随行、翌日安場大参事長州へ赴き、木戸参議、松山口藩大参事と共に岩倉勅使を出迎へり。

福岡警察署長時代の湯地丈雄

明治四年正月七日　勅使薩州より廻着、大久保参議、西郷大参事随身なり。会議の概略は維新以来朝政不振を以て一層各藩勉強あらん事を議する為なり。ここに於て、時に三藩共献兵の議あり。岩倉公、余をして土州に赴かん事を勧む。故にこれ迄同伴したる原田、木村の両名と分れ、彼等は熊本に帰り、余は、大久保、西郷、松本と共に長州の軍艦に乗じ高知藩に到る。板垣退助面会、三日を経て帰藩す。

同　二月六日　薩行す、田中司同伴たり、恒雄（実弟・著者註）江村猛など随行せり。大山鹿児島藩大参事、野津、海老原、西口大参事など、献兵の命を奉じて帰藩あり、直ちに面会して事情を聞く。此時各藩の志士薩に来る者七百余名、盛なりといふべし。

同　二月下旬　該藩の汽船に乗じ陪陽へ廻る。

同　三月五日　帰藩す。此時久留米藩には長門の脱徒潜伏し居る故、長薩両藩の兵を出して之を討たしむ。余、日田及久留米に出張す。事すでに鎮静す。直ちに上京命あり竜口藩邸に入りて滞在す。

同　七月十四日　廃藩置県の改革あり、命に依つて帰国す。

同　十一月十五日　阿蘇郡野尻口矢津田組戸長を命ぜらる。翌年より野尻組命儀となる。

明治六年三月十五日　下益城郡へ転勤す。

同　七月二十日　福岡県へ出向の命あり。

同　七月二十七日　福岡県史生を任ぜらる。

明治七年一月　佐賀県逆徒追討に付、同表へ出張す。

同　五月四日　同上、依願免本官。

明治九年八月二十一日　愛知県第三区々長を拝命す。

明治十年三月三日　出征、第三旅団本営所属申付の事。（旅団本営）

同　四月三十日　出征第三旅団本営附属差免。

同　九月六日　一等学区取締兼務拝命。（愛知県）
明治十二年十二月二十八日　愛知県七等属拝命。
明治十三年三月二十七日　鹿児島県逆徒征討の際尽力其労少からず候に付、金三十円下賜候事。（賞勲局）
同　四月十六日　依願免本官。（愛知県）
同　八月十九日　任内務六等属。（内務省）
明治十四年四月十二日　任農商務六等属。（農商務省）
明治十五年十二月二十日　石川県四等属申付候事。（石川県）
明治十六年二月二十三日　任警視属。（但月俸四十円下賜。警視庁）
同　十二月二十八日　任巡査長。
明治十七年六月十七日　任警察副使。
明治十八年七月七日　任警部。板橋警察署に勤務。
明治十九年二月十七日　非職申付。（警視庁）
同　五月六日　任福岡県警部。（福岡県）
同　同月十四日　福岡警察署長申付候事。
（時に歳四十歳なり。著者註）
明治二十三年、依願免本官。
（これより元寇紀念碑のことに奔走す。著者註）

（仲村久慈『湯地丈雄』、三一六―三二二頁）

（湯地丈雄の肖像写真、野上伝蔵『湯地署長――元寇紀念碑の由来――』、口絵）

註

「著者註」とあるのは、『湯地丈雄』の著者（仲村久慈）のそれである。なお、引用部分で、湯地丈雄の活動において、本書の目的と直接関係ない個所がある。それは一々――〔中　略〕――などの記号を、表記せず省略した。履歴については、次のような一文もあり、この〔伝記史料1〕の欠を補うものとなっている。「湯地丈雄は弘化四年（一八四七）の出生、父は熊本の藩校時習館の教師。幼にして父母を失い、祖母の手で養育された。祖母は熊本藩士佐々文右衛門の女、佐々干城・同友房はその甥である。湯地は一四歳で家督をつぎ、組付中小姓となった。元治元年（一八六四）の長州征伐には藩主の世子良之助に従って小倉に出陣。慶応年間は熊本藩の立場の中で京・大坂・江戸の間を往来している。明治三年（一八七〇）藩校時習館の句読師習画師の上座となり、同年、東京詰めとして外交を専掌。明治四年阿蘇郡野尻口矢津田組戸長となり、同六年、下益城郡に転勤、同九年愛知県第三区々長、明治一〇年の西南の役では政府軍として従軍し同一六年警視属となり、明治一九年（一八八六）、四〇歳で福岡警察署長となったのである。後半生を元寇記念碑建設運動に捧げ、大正二年（一九一三）一月一〇日、東京の自宅で死去した。（川添昭二『蒙古襲来研究史論』、一四〇頁）」。

〔伝記史料2〕

○元寇記念成功 護国幼年会創立　履歴一斑――湯地丈雄――

《解説》この『履歴一斑』は、湯地丈雄が、元寇紀念碑建設運動と、それに伴う護国運動に従事するようになった、後半生の「履歴」である。湯地丈雄の具体的活動の詳細が、これによって知り得る。〔伝記史料1〕の後に続く、「履歴」と言い得るだろう。したがって、〔伝記史料1〕と、これから掲げる〔伝記史料2〕とは、両者相まって湯地丈雄の略伝となる。

（還暦記念手録）

東京都麹町区富士見五丁目七番地

首唱　湯地丈雄

弘化四年四月四日生

明治四十年四月四日作成（六十一歳）

〔註・（　）内は編者湯地富雄による補記〕

一、明治十九年七月「元寇殉難者追悼会」を筑前福岡の千代の松原に開催し歴史を探究す。

一、同年八月十五日　偶々、長崎港に於いて清国の北洋艦隊の水兵による暴動発生。双方互いに死傷者有り。是一些事と雖も将来のため、元寇の歴史を温活し、国家を警める必要を感ず。爾来（以来）、官暇（休暇）を得る毎に蒙古襲来の旧跡を調査す。当時丈雄は福岡警察署長の職に有り、管轄五郡に跨り、悉く当時の戦場に関せり。因ってその便を得たり。

一、明治二十一年一月元旦　元寇記念碑建設の檄文を草し、内閣各大臣および全国の諸新聞社に送り、同意を求む。初め協議の際は数十名の同意者あり。発表に臨んで皆連署を辞せり。故に丈雄一名と成る。

一、この折に侍る

「荒小田を　かえすがえすも国の為
　赤き心の種子をまかはや」

全国同心之衆徳、　全国同心の衆徳、

古今独歩之豊碑、　古今独歩の豊碑、

以養天地之元気、　　以って天地の元気を養い、
以護万世之皇基、　　以って万世の皇基を護らん

聊か創業の抱負を述ぶ。

一、熊本第六師団長・山地陸軍中将、小倉第十二旅団長・長谷川陸軍少将、安場福岡県知事、高橋九州鉄道会社長、その他最寄りの知名の人士をもって発起人とす。

一、明治二十一年二月　陸軍参謀旅行演習あり。各師団参謀長および壮年参謀官は福岡県下に集まる。小沢陸軍中将、之が統監たり。伏見宮殿下、北白川宮殿下、東園万里小路の両侍従之に一行たり。丈雄は警衛として終始随行す。恰も好し。その策戦計画たるや内外交戦の演習なるをもって元寇の古戦場を駆馳するの感あり。辱(かたじけ)なくも両殿下には元寇記念碑にご賛成の思召をもって若干金のご寄付あり。一行中なる浅田少佐、大蔵大尉、長岡大尉（皆今の将官）等諸氏の尽力による。

一、明治二十一年五月　福岡県書記官・広橋伯爵を推して元寇記念碑建設事務委員長とす。

一、明治二十一年同月　各国在留の公使・領事に託し、在外の本邦人に建碑主意書を送る。豪州メルボルン名誉領事へ、マークス氏率先して金五〇ドルを寄贈し来る。その後、諸外国人の寄付少なからず。以って元寇歴史の重要性を知るべし。

一、明治二十一年十一月　東京にて大隈伯、山田伯、谷子爵その他有識の士、同感を表する者続出。また関西にありては高島第四師団、中井滋賀県知事、北垣京都府知事、建野大阪府知事等賛成者朝野に興起す。

一、明治二十一年十二月　広橋伯爵内務書記官に転任。この月より伏敵編著述の事起きる。重野文学博士を監修として山田安栄氏を主筆とす。

一、明治二十二年一月　（憂国の士少時車を停めよ）の十一字を大字して筑前大宰府の付近、所謂水域旧蹟に標示す。尚、額面を以って（文永十一年蒙古軍来襲、我が軍に利あらず。退いてこの地を守る）と認め、人目を惹けり。

一、俚耳（卑しい人）に入る、の方便として、蒙古襲来の軍歌唱歌を募る。（四百余州を挙げる十万余騎の敵。国難茲に見る）云々の歌もその一つなり。猶また家庭教育のため、老婆と児童との問答書を作り孫土産と名づけて配布す。外国人中にも之を読み感動せしもの多し。

一、明治二十二年八月一日　元寇記念会を筑前千代の松原にて挙行し、明年四月二日を期し建碑起工式を予定す。

一、明治二十三年一月　内務省の認可を得て、筑前千代の松原の公園内の一万坪を以って建碑敷地と確定する。（安場福岡県知事の出願）　三月、丈雄官職を辞し、献身以って歴史の温活に従事す。

一、人心を定むるため、石材の運搬を始む。この石材は当時の外防に縁故ある福岡城の砦の一隅・旧薬院門の石材を毀ちて（壊して）用ゆ。

一、明治二十三年四月二日　建碑起工式を挙行す。群集する者二万余人。うち福岡県師範学校、中学校、小学校生徒および熊本県の学校生徒等二千四百余人が武装参列す。因って福岡歩兵第二十四連隊長・佐藤陸軍大佐（征清役の鬼大佐の名ありて重傷を受け、今退役陸軍少将・佐藤正君也）に請うて、一名の将校を指揮官とす。

一、明治二十三年四月　佐世保軍港に行幸（陛下来訪）あり。丈雄は行在所に出頭して天気を伺い、元寇歴史に関する長篇の詩二首を録して奉る。辱も乙夜の覧を賜ふ。供奉官一同に向って建碑の主意書および創業以来の略歴を作りて配布す。

一、明治二十三年五月　丈雄は東京その他に巡回して創始以来の事務所を監督整理す。

一、これより先き、伊勢大廟参詣者に元寇歴史画を公示する必要を感じ、特に四尺に五尺の油画を描かせ、伊勢山田町の路傍に一棟を新築し、公衆に向けて指示講明せしめ、終えて学習院に寄付す。

一、明治二十三年十月三十日　教育勅語拝読。感泣す。陰（ひそか）に惟みるに丈雄、献身的唱導の方針は自然天意に適い居たるを真知す。

一、明治二十三年十一月　山県、西郷、山田、松方、大山、後藤、青木、樺山、土方、芳川、陸奥、品川、渡辺の各大臣、その他宮中、府中の賛成益々加わるに至る。

○明治二十三年十二月十五日　皇太子殿下学習院に臨御。元寇反撃の幻灯説明をお聞き召さる。無上の名誉を蒙る。

○明治二十三年十二月十七日　福岡県に左の恩賜あり。今般、有志の者共その県下に於いて元寇記念碑建設の趣旨を聞き金千円下賜候事。

明治二十三年十二月十七日　宮　内　省

一、明治二十四年四月二日　名古屋第三師団長・黒川陸軍中将、第五旅団長・乃木同少将（今の大将）の賛助により元寇の幻灯を映写し講話す。是を後日聴衆百万人以上に直接（供覧）せんと首途（かどで）とす。

一、明治二十五年中　は北海道その他に巡回。寧日（無事）な日なし。

一、明治二十六年十一月二十一日、二十二日　の両日を以って元寇殉難者吊祭会（慰霊祭）を華族会館にて開催し、内閣各大臣をはじめ貴・衆両院議員および朝野の名士を招き奏楽。幻灯等を以って公徳を説く。金子貴族院書記官長（今の男爵）、水野衆議院書記官を賛成者とす。

一、明治二十七年　果然（はたして）日清開戦となる。元寇歴史の連想者天下に満つ。各地より講話の請求に是遑（時間）あらず。

一、明治二十七年十一月　天気伺いのため、広島大本宮に出頭す。皇族室に於いて元寇の幻灯を映写し説明す。

一、明治二十八年一月　皇軍全捷（全勝）の機、全く定まる（無傷）。人心懈怠（なまけ）の兆、漸く現わる。馳て福岡市に赴き、元寇歴史大油画製作のため画工を撰む（選定す）。偶然、東京の矢田虎吉氏に会う。即ち参考材料を贈りて執筆を托（託）す。

一、明治二十八年三月　平和談判成る。人心次第に奢侈に（贅沢）移る。俄然（にわかに）警報あり。露・仏・独国の三強国が同盟を以って日清の談判上に障礙（干渉）を試み、甚だ傲慢無礼なり。盟主たる露国と早晩交戦の避くべからざるを知る。元寇談の必要性また起きる。

○八月　福岡市海岸に於いて、多数の幼年に対し水雷艇（小型軍艦）費のため、郵便局へ共同貯金を始める。毎月一人一銭宛を集め、郵便局に預金する時は、全国の少年而已にて毎年七十万円を積み得るの方法を示したるところ、その内の二十名は父兄の同意を得たるとて直ちに福岡郵便局より通帳を申し受け、貯金を始めたり。これすなわち、天下後世の美法となりし発端なり。

一、明治二十八年十一月　熊本県下益城郡海東村に於いて元寇反撃の名士・竹崎季長の墳墓を発見し祭祀を復興す。

一、明治二十八年十二月　元寇大油画十四編の成功期を察し・熊本に出張。黒木第六師団長（今の陸軍大将）、松平熊本県知事（今の男爵松平正直君）を問い、元寇大油画を公示し、講話奨励するの趣旨を以ってす。頗る同意を得、在官佐野の知名者を発起者として開会す。

一、明治二十九年　熊本県立公会堂に於いて一月より二月まで老若を集めて元寇大油画を指示、講話す。聴衆三万人余に及ぶ。これより各地方に巡回展覧せしむ。

一、明治二十九年十一月二日　特旨（使）故宗助国、故平景隆に贈位の恩典あり。共に文永十一年元寇殉難の名将なり。

一、明治三十年一月　去る十二月より一月十一日まで、東京上野公園美術協会に於いて元寇殉難者吊祭会を開き、油画につき指示講話す。

一、明治三十一年一月　九州地方巡回。同年十二月壱岐国瀬戸浦に於いて少弐資時の墳墓を査確し、祭祀を復興す。この資時は文永の役十二歳にて初陣し、弘安の役にて十九歳にて戦死せし守護代なり。

一、明治三十二年十一月十一日　皇太子殿下舞子行啓先に於いて、元寇大油画御精覧遊ばさる。名誉の極みなり。

一、明治三十二年十一月　新聞紙上に「米国の少年、輩醸金を大軍艦製造（へ寄付）」とのこと伝わる。我が護国幼年会に擬したる乎と感ずる人あり。

一、明治三十三年十二月　に至り元寇大油画講話の聴衆は百万五千人に及ぶ。

一、明治三十四年一月より三月　まで、衆議院食堂の壁上に掛けるに元寇大油画を以ってす。

一、明治三十四年三月二十四日　果然（果たして）衆議院、満場一致を以って元寇受難者の国祭を建議、可決す。全国同心の志、初めて貫く。

一、明治三十五年三月十日　富美宮殿下、恭宮殿下は鎌倉の御用邸に於いて元寇大油画を御精覧の栄を被る。

一、明治三十五年三月二十日　常宮殿下、周宮殿下は小田原の御用邸に於いて元寇大油画を御精覧の栄を被る。

一、明治三十五年四月四日　相州鎌倉の円覚寺に出張、北条時宗のため、祭祀復興を謀る。四月八日、釈宗演氏初め衆僧を会す。明年四月四日より必ず大祭典を執行することを決す。すなわち元寇大油画を開展講話す（四月四日は時宗の命日）

一、明治三十四年十二月　逓信省第五十六号布達に以って、規約貯金特別取扱規則を発表せらる。大日本護国幼年会員の共同貯金保護の法律を得たり。

一、明治三十七年一月　その筋の認可を得て、大日本護国幼年会員の規約書を確定す。

一、大日本護国幼年会員の共同貯金は水雷艇費の他、一切使用するものに非ず。よってその現金処分は大蔵省に請願委任するの条項を作る。

一、明治三十七年二月八日　日露開戦となる。実に亀山帝六百年忌に当たり、前古未見の大事件にして邦家の興廃・存亡の関する所。億兆一心（億の民、心をひとつにして）国家に報ゆるの秋にして外患憂慮、恰も元寇難当時を連想せざるものなし。

一、明治三十七年五月十七日　特旨、北条時宗に従一位を贈らせ給ふ。億兆感泣す。特に征露軍人の感激果たして如何ばかりぞや。

一、明治三十七年十二月二十五日　亀山帝を頂きたる元寇記念の碑、竣工す。高さ七十一尺。（二十一・五メートル）。之と同時に元寇記念の日蓮上人大銅像建設を成功せり。同僧侶佐野前励氏の助力功績最も多し。

一、実に発起以来、十有七星霜を経たり。その間、福岡県に於ける事務委員長としては書記官・広橋伯に始まり、山崎書記官、猪鹿倉書記官、中原警部長、岩崎知事、岩村知事、曽我部知事、入佐書記官、深野知事、河島知事、山田事務官等相継ぎて各自、その苦心、その功労の大なる挙げて数えがたし。恰も好し亀山帝の尊像、元寇記念碑頭より日本海に臨ませ給う。その時は日露激戦中なるを以って、今昔の感極めて深し。況んや除幕式後僅か六日を経て明治（三十八年一月一日）露国の自称する難攻不落の旅順港要塞は皇軍の勇猛に耐え兼ね名将ステッセル以下城を以って降を請いし。その因縁亦、感ぜざるべけんや。

一、亀山帝尊像の同材たるや岩村知事、河島知事よりの請願と、大蔵陸軍中将、押上同少将、福井海軍大佐、広橋伯、金山貴族院書記官等の尽力と、西郷海相、寺内陸相の特別許可を以って明治二十七、八年征清役の戦利品たる敵の砲身を得て供したり。惟うに将来元寇記念碑より天下同胞に与うる歴史的護国の観念は敢えて量るべからざるべし。

一、明治三十八年四月　篤志婦人の組織を以って、東京保護団の成立せしは、大日本護国幼年会に於いて屈強なる援護を得たり。抑も本会は挙国一致の素養たり、盛徳大業たりと雖も、人心の開達と共に進行を謀るの必要あるを以って、頗る慎重を要す。而して之を安全に保護の道を与うるに於いて、強固なる基本なかるべからず。東京保護団員諸君の経営苦心の点、茲に存す。

一、明治三十八年五月二十七日　露国波羅的（バルチック）艦隊は日本海に於いて全滅す。海上の権全く日本に帰す。是れ即ち聖上の御稜威（神の威光）と賢将勇卒の偉勲たるは勿論なりと雖も、斯る勁敵（強敵）を海底に沈めたるは元寇記念碑・亀山帝尊像の御目前に当たる日本海に於いてしたること、最も有り難し。

一、「元寇記念碑建設」と「大日本護国幼年水雷艇貯金会の創立」とはその形異なりといえども、その精神毫も異なるものにあらず。古語の所謂故るきを温ねて新しきを知ると云うべき而已。

一、明治三十九年　前古無比の大戦争に全捷（全勝）、凱旋の祝声朝野に満つる今日に於いて、精神教育の必要を感ずると共に、元寇歴史の観念漸く加わるるに至りしは悦ばし。

一、明治四十年四月四日　丈雄還暦の記念として全国の水雷艇費貯金を取り調ぶるに、報告未着のものありと雖も、僅かに五千二百円余の小数とは甚だ口惜し。予（自分）の徳器厚からしめ、識（識見）高からしめ、謀（計画どおりに）行わるるに至れば、毎年七十万円余を積み（立てられ）三隻以上の水雷艇を造り得るは難きに非ざる可きに、今猶、斯くの如きは自反自責すると共に、自ら励行するの外他なきを覚える而已嗚呼。

折にふれて

あめつちの 神もいさむか をさな子も 国の護りの ふねつくるなり
しきしまの 浜の真砂を かきよせて 富士より高く 名をなさせばや
予か骨の 冷へる比にや 世の中に 沸き出づるほど ふね沈むらん

偶　成

昨亡二固陋一温二元寇一　今愛二新思一伍二幼年一
　昨は固陋を亡い元寇を温む、
　　今は新思を愛して幼年に伍す
不レ識二斯心自レ何賜一　朝々嗽レ口拝二皇天一
　斯心（この心）はいずれより賜りたるかを知らず、
　　朝々、口を嗽ぎ皇天を拝す
皇州子女本清操　製艇成志益高
　皇州の子女は本（本来）清操、
　　製艇、志を成すこと益高し
自有二前途長計在一　水雷声二幼年号一
　自（おのず）から前途長計の在る有り
　　水雷、幼年号と声す

（湯地富雄『録音秘話　前畑ガンバレと私』、七五―八五頁）

〔伝記史料3〕

○「元寇狂と呼ばれたる故湯地丈雄翁」青木矮堂

福岡市東公園に建てられてある亀山上皇の御銅像を仰ぎ拝する者は、恐く故湯地丈雄翁の名を憶ひ出すであらう。又日清戦争以前から全国を歴巡して元寇記念碑設立趣旨と護国の精神とを熱烈に説かれた翁の名は今も世人の記憶する所であらう。

翁は肥後の人で、弘化四年に生れ、明治十九年内務省より転じて福岡県警察署長となるや、偶ま九州一円に虎疫の大流行を来し、翁は其管下なる五郡と志賀島を巡視し、死亡相踵ぐ惨状を目撃して、其人達の祖先は是れ六百年の昔元寇の役に殉して此国を擁護した人々であるのに、今其後裔が虎疫の為め空しく続々世を去るのは如何にも気の毒だと感じたので、翁は奮然部下を励まし、身命を投げ出して虎疫の撲滅と人命の救助に努力したのであるが、其間に元寇といふ事が翁の頭脳に深く根を下したのであつた。又此頃清国水師提督丁汝昌の率ゐる北洋艦隊が定遠鎮遠を始め精鋭を尽して我国に来り、堅牢壮大山の如き巨艦の幾多を目撃したる我朝野の人士は心胆為めに寒からざるを得なかつたが、それと反対に清艦の士卒は意気豪然として我を蔑視し、帰途長崎に寄航中、八月十五日其乗組水兵が陸上に於て大暴行を働き、遂に警官及市民との間に一大争闘を演出し双方に無数の死傷者あり、事態甚だ容易ならざるものとなるや、清浦奎吾鳩山和夫等の諸氏が東京より長崎に到りて談判する所があつたが、其曲彼にありしにも拘らず、遂に我は泣寝入りとなつたのである。此事件を冷静に観察した翁は甚深の衝動を受け、元寇を記念して国民に護国の精神を振興せしめなければならぬといふ観念が更に濃厚となつた。又之に加へて、当時顕官華族等の上流社会が日夜鹿鳴館に舞踏して夢中となり、他方条約改正論沸騰して将に屈辱的条約の成らんとする形勢が現れたので、斯くては我国が埃及の轍を踏むやも計り知るべからずと思つて、翁の憂国心は極度に高潮したのである。而して朝野を覚醒して此現状を打破するには極力攻撃の鋒を向ける外に道なく、それには六百年の昔我が国が直面したる大国難即ち元寇の史実を中心とするに如かずと決し、先づ明治二十一年の年賀状に元寇記念の首唱を発表し、明治二十三年退官して全国に遊説し、幻灯を用ゐて当時元寇の為めに蒙りたる惨状を示し、一語一涙肺肝より熱誠を吐露して護国の精神を喚起し、兼ねて記念碑建立の資金を募つたのである。明治二十四年八月畏くも東宮殿下（今上陛下）には二見行啓の際翁を召されて此護国幻灯を御覧になり、翁は無限の光栄に感激して、畢生の熱弁を振つて護国精紳振興の緊要なる所以を言上したのである。

斯くてそれより三年目には，翁の先憂適中して日清戦争勃発し、皇軍海を渡りて遼東の野に清軍を敗り赫々たる戦捷を獲たのである。即ち翁の熱心遊説された護国精神の振興が亦与つて此戦捷に功があつたと謂はねばならぬ。

爾来翁の熱誠は益々加はり、湯地丈雄といへば、人をして元寇の役を聯想せしむる程になり、世人は翁を呼んで元寇狂とさへ言ふに至つた。熱誠の前には凡てのものを感化し、凡てのものを成功に導く、翁の熱心に依つて有志より募集されたる零細の資金は積もり積もつていつの間にか巨額に達し、明治三十七年十二月二十五日即ち日露戦争の勃発したる年の末には、遂に亀山上皇御銅像の除幕式が挙行され、恐れ多くも国家浮沈の大変に臨ませられて捨命殉国の御祈願を遊ばされた上皇の神容が玄界洋に向つて現れたのである、――（中　略）――翁は当初百万人に講演する予定であつたが、遂に此予定数を突破して百二十万を算し、又翁は多年此事業の為めに奔走し、家産を蕩尽して顧みなかつたといはれてゐる等、亦以て翁が熱誠努力の一面を窺ふに足るものである。

別稿高橋先生の稿中にもある如く、元寇史として最も価値ある伏敵編の如きも翁の刺戟を受けて著述されたものだといふに至つては、人の熱誠の力は驚くべきものである。

（青木矮堂「元寇狂と呼ばれたる湯地丈雄翁」、『海之世界』、二〇巻八号、六一―六三頁所収）

〔伝記史料４〕

○湯地丈雄と矢田一嘯画伯／矢田一嘯の肖像写真

矢田一嘯の肖像写真
（西日本新聞社提供）

湯地丈雄氏の元寇記念碑建設資金募集は湯地氏の単独講演で福岡市を振り出しに九州各県は勿論、中国、四国、関西、関東という風に十七年間という長年月に亘って南は鹿児島から北は北海道の隅々まで講演の旅は続けられたが、資金募集は甚だ困難であった。矢田一嘯画伯は最初湯地氏とは何の関係も因縁もない、所謂「路傍の人」に過ぎなかったようである。ただ東京やその他の各地で湯地氏の講演に対する世評が或は山師とか、或は詐欺漢であるとか聞いて、そうかなあ位いにしか思っていなかったらしい。然るにたまたま熊本に滞在中明治二十七年八月五日同地鎮西館で湯地氏の熱烈なる元寇役の講演を傍聴するに及んで始めて湯地氏は山師でも詐欺漢でもない。真の国士であり、世評は誤解であることを痛感しつつ同年末に熊本を去って福岡市に来たのであった。この頃は湯地氏は既に福岡市を引払い東京の自宅に居たのである。明けて翌二十八年一月たまたま湯地氏が中国方面の講演旅行先から一先ず福岡市に立寄り、或る旅館に投宿していた際、矢田画伯はこれを知って早速旅館に湯地氏を訪い初対面の挨拶の後画伯は従来世評を聞いて抱いていた湯地氏に対する疑念は熊本の講演を傍聴して全く晴れた旨を語りその不明であったことを詫びた末、「貴下の元寇役講演も世人に耳からのみ訴えただけでは効果は少かろうと思う。この際眼で見る絵画の力を利用して国民に併せ訴えたらどうでしょう。私はパノラマ画家であり米国から帰って既に東京、福岡、熊本などでパノラマを描いて来た。この際私に元寇役の油絵を描かせてくれませんか」と申出た。ところが湯地氏は一言のもとに「結構な話だが金がない」と素気なく謝絶してしまった。矢田画伯は即座に「それでは金はいりません、無報酬で描きましょう」と侠気を見せていい切った。それからそれならば洵に有難いという訳で茲に画伯と湯地氏とは固い固い感激の握手を交わすことになった。即ち画伯は自ら進んで元寇記念碑建設の一翼を荷うことになった訳。

（博多を語る会「偉大なる洋画家——矢田一嘯画伯の生涯《元寇記念碑建設、陰の協力者》——」、『博多資料』、第九輯、一〇—一一頁）

〔伝記史料5〕

○　佐野前励師、袂を分つ——「意見の喰違い」——

さて元寇記念碑は最初博多湾を臨む海辺近くに建設される筈であった。それが中途変更され東公園になったものである。記念碑の設計案は最初高さ三十尺位の煙突型石柱の頭上に乗馬姿甲冑を着けて采配を振る鎌倉執権北条時宗の銅像を据えることに決定。その原型製作は下土居町博多人形師前崎友吉に委嘱された。然るにその殺元寇記念会では神道派各神社代表の神官連及び仏教派各宗寺院代表の僧侶となかんづく法華宗代表日菅上人佐野前励師との間に意見の喰違いが生じ激論とさえなったと伝えられる。即ち佐野師は元寇役と宗祖日蓮上人との因縁を力説し記念碑に日蓮上人の肖像を嵌込む固い約束が湯地氏との間にあることを強調して已まなかった。というのは佐野前励師は元寇記念会が発足する最初、首唱者湯地氏との間に記念碑には日蓮上人の肖像を嵌込むという約束が成立したので、この旨直ちに大本山に報告、本山管長から全国の門信徒に向ってその協力方の諭告が発せられた程だったのである。従って佐野師は今日まで物心共に特別の支授助力を続けて来た。それにも拘らず神官や他宗の僧侶たちが大反対を唱えた結果、記念会は結局多数の意見によって設計原案を変更して、北条時宗像を廃して亀山上皇像を記念碑に飾ることに決定したのである。

その時以来佐野前励師は元寇記念会の脱会を決意し湯地氏と当初固い約束もあるため湯地氏と袂を分つにしても一応湯地氏から明確な手を切る言質を取って置く必要を感じた。それで一日湯地氏を須崎裏町の居宅に訪い重ねて日蓮上人を除いて元寇も国防もあり得ないことを主張し最後の駄目を押し、否応の対決を迫った結果、湯地氏から手を切るのも止むを得ないとの確答を得たので佐野師はここに断然湯地氏と袂を分ち、別に宗門の全力を挙げて「元寇記念日蓮上人銅像」を建設することを宣言するに至った。――〔中　略〕――しかし建碑の申請は内務大臣から同一の場所（東公園内）に二個同様の記念碑を建設することは不合理という理由で却下されて来た。これがため佐野師は安場知事の紹介状を携えて早返上京、直接内務大臣に面接して強硬な膝詰談判を行った。その結果建碑の許可を獲得して意気揚々として帰って来た。そしてその年十一月勝立寺において日蓮銅像建設発会式を挙行したところ、多数の門信徒が参会し、忽ち浄財一千八百円の寄捨と古鏡一千余面の銅像資材の寄附が集まった。――（中　略）――

こうした苦心の集積で東公園内の元寇記念碑（亀山上皇銅像）建設事業は、明治二十一年一月首唱者湯地丈雄氏が計画発表以来十有七年の永い星霜の中に困苦と障害が克服され、全国民国防精神の結晶として実を結び、同三十七年十一月恰も日露大戦争の真最中に完成し之と同時に日菅上人佐野前励師発願の「元寇記念日蓮上人銅像」建設事業も、全国法華宗門信徒の熱烈な支援と浄財の寄捨によって完成、同年同月十八日二つの「元寇記念碑」は同時に盛大な除幕式挙行された。

（博多を語る会「偉大なる洋画家――矢田一嘯画伯の生涯《元寇記念碑建設、陰の協力者》――」、『博多資料』、第九輯、八―一二頁）

〔伝記史料6〕

○「パノラマ世界」火野葦平

湯地丈雄を知つたことは一嘯の生涯にとつて、大きな意味があつた。一嘯は熱血漢湯地が一種の狂人であることが気に入つた。世間からなんといはれても、一つのことに精魂を打ちこんで、融通がきかず、ごまかしもできないやうな人間が一番信用できると思つた。さういふ人物は普通の意味では利口ではないが、馬鹿だと笑はれながらなにかを成就するのである。湯地丈雄が元寇紀念碑を思ひたつたのは、明治二十年のはじめだから、もう十五年間も没頭してゐるわけだ。しかも、大した成果もあがつてゐないのに放棄せず、阿呆のやうになほ一つのことに寄進してゐる。一嘯が元寇絵巻を描いてこれに協力しようと考へたのも、この一本気に共鳴したからであつた。

「あんたがいつしよにやつてくれるといやあ、吾輩は百万人の味方を得たごたる」

と、湯地もよろこんだ。

湯地丈雄は熊本の産で、警察畑に長くゐた。明治七年、江藤新平が佐賀で乱をおこしたときにはその鎮定に功があつた。しかし、元寇紀念碑を作らうと考へはじめると、まるで狐憑きみたいになつてしまつたのである。趣意書を発表して資金募集をはじめたのが明治二十一年、湯地が福岡警察署長時代だから、根気はよい。しかし、その間には幾多の波乱があつた。最初は蒙古首斬塚を計画したり、北条時宗の像を作ることになつたりして、最後には亀山上皇に落ちついたのだが、別に、日蓮宗をめぐる他宗のいざこざがからんでゐた。蒙古襲来と、立正安国論を唱へて国難来を告げた日蓮上人とは切りはなせないからである。計画が進められて行くうちに、他宗の僧侶がやかましくいひだした。元寇紀念碑はそのまま日蓮宗の宣伝であるから、国家的見地から賛成できないといふのである。このため、日蓮宗の方では単独に日蓮上人僧を建設するといふことになり、元来の元寇紀念碑、亀山上皇像との二つ計画が平行して進められることになつたのであつた。さうして、明治三十七年、福岡東公園に、二つの銅像除幕式が同じ年に盛大に行はれたのである。

しかし、それは後のこと、まだ海のものとも山のものともつかぬ不安の時代には、湯地丈雄の苦労も並大抵ではなく、これに協力する矢田一嘯も必死なのであつた。また、一嘯には自分の元寇絵巻を代表作にしたいといふ芸術上の野心もあつたので、まつたくこのために身魂をすり減らした。気が気でないのは当の一嘯だけではなく、女房のトミもさうだつた。もともと一嘯は頑健な方ではない。そのため、日清戦争のときも兵役を免除された。おまけに心臓を害してゐて、風呂などもまるでカラスの行水である。その一嘯が仕事となると夢中なので、トミの気苦労は絶え間がなかつた。今夜も嵐の中に出て行つたので、トミはそつと後をつけて出た。

暴風雨はますますはげしくなるばかりである。博多湾はまさに地獄の様相を呈してゐた。

（火野葦平「パノラマ世界」、『小説新潮』、一九五五年四月号、二六四—二六五頁）

〔伝記史料7〕

○　佐野前励師、元寇記念日蓮上人銅像建立へ

この元寇記念碑建設に、日蓮宗本仏寺住職佐野前励（日菅）は熱烈な協力を申し出た。日蓮宗は、日蓮聖人が文応元年（一二六〇）幕府執権北条時頼に「立正安国論」を呈上し、その中で他国侵逼の難として元寇の役を予言したことに始まる。このため高さ九メートルの石柱の上に北条時宗の像をのせる記念碑に日蓮の肖像をはめ込む条件が整い、宗門あげて協力することになった。ところが仏教各派から猛烈な反対が起こり、記念碑建設そのものがおぼつかなくなった。それならば、ということで日蓮宗のみの力をもって日蓮聖人の銅像を建設することとし、佐野上人は時の内務大臣西郷従道に直談判して許可を得た。

（吉岡完祐『元寇——元寇史料館パンフレット——』、一二三頁）

註

湯地丈雄による元寇紀念碑建設運動を、側面から助けていたのが、日蓮僧の佐野前励師。しかし、建碑運動を推進するにしたがい、叙上のような理由で、食い違いが惹起してしまう。そこで一時、佐野前励師ら日蓮宗関係者は、元寇紀念碑建設運動から手を引き、

日蓮の銅像を造立しようとするに至った。しかし、佐野前励師は、もともと元寇紀念碑建設運動に篤い情熱を持っており、援助を惜しまなかったという。その辺の事情については、次掲史料である、〔伝記史料8〕・〔伝記史料9〕に詳しい。

〔伝記史料8〕

○「亀山上皇の銅像建設に与って努力したことは無上の光栄」
——佐野前励師の感慨——

東公園の松林の上に、亀山上皇銅像と日蓮聖人銅像が屹立して玄海灘の方向をにらんでいる。この二つの銅像は、日を同じくして、明治三十七年十一月八日に除幕式を挙げることが出来た。熱血の人であった湯地丈雄の全国に渉る募金運動をもってしてもうまくいかなかった。当事者たちは、運動の当初に宮内省から金千円の御下賜をえたので感激してその発足を祝い、これを伝えて全県民の事業としたのだが、県下また朝野をとはず歓迎の誠意を披瀝した。しかし、明治二十四、五年に於ける政界の動揺、つゞく天災地殃、さらに日清戦争というわけで、事業も暗礁にのりあげてしまった。

しかし、恩賜金の光栄をにないながら、ぐずぐずして過ぎていくことは、発起者側の進退問題を呼び県民の恥辱を招くものである。そこで、委員長であった時の県知事深野一三は、事業の達成に非常な覚悟であたっていった。しかし財界は依然として不況で資金の調達はとても覚束なく、残るは恩賜金に頼るという苦境に陥ちてしまった。万策つきた深野一三は、ある日、前励を訪問して、この苦衷を訴えて援助を依頼したのであった。

はじめ元寇記念碑は日蓮聖人像をはめこむ約束であったのに他宗の反対によって変更され、それゆえに前励は日蓮宗門の力で、亀山上皇像とはべつに日蓮聖人銅像を建てる決心をしたのである。発端から考えると、前励に頼まれる筋合のものではない。しかし前励という人は寛仁で義侠心に富んだ人であった。

「よろしい、おひきうけ致しましょう」

と、きっぱりいった。感激した知事は、しっかりと前励の手をにぎってうち振った。亀山上皇の尊像模型彫刻と銅像鋳造並びに運搬のことを前励はひきうけたのであった。

前励は即座に全県民に呼びかけるような独自な工夫をしたのであった。前励の義侠によって十有幾年、福岡県としての難問題が解決されたわけである。除幕の頃の福岡県知事であった河島醇は感激して上人に感謝状と金銀製の香炉を贈呈して謝意を表わした。東公園に建っている日菅上人頌徳碑の裏面の碑文がそれである。その碑文を読む機会がない人もあろうと思うので、こゝに碑文をそのまゝ写し書きしておくことにする。

この碑文は永く前励の偉績を語るものである。前励の熱誠な尽力によって亀山上皇と日蓮聖人の銅像が建ったその功績は不滅であろう。前励も宗祖の銅像を建設した以上に嬉しかったのであろう、後になって次のようにいった。

「日蓮宗の僧侶が宗祖の銅像を建てたということは当然な話だが、亀山上皇の銅像建設にも与って努力したことは無上の光栄だ。これだけは後世に伝へていいことだ」と。前励の感激の深さを偲ぶべきである。

（原田種夫『佐野前励上人』、一五〇―一五三頁）

〔伝記史料9〕

○ 佐野前励師への「感謝状」——元寇紀念碑建設運動の功績に対して——

《解説》佐野前励師への「感謝状」は、「日菅上人頌徳碑」——元寇記念日蓮上人銅像の傍に立つ——の裏面に刻まれている。日蓮宗の僧侶である、佐野前励師は、元寇紀念碑建設に賛同して、この運動の首唱者湯地丈雄を助けた人である。佐野前励師は、その功績によって、左のような「感謝状」を受け取った。（原漢文）。

感謝状

明治二十一年ノ比、元寇記念碑ノ議一タビ本県下士志ニ唱導セラル、ヤ、翕然（きゅうぜん）トシテ朝野ノ賛同ヲ得、一時非常ノ盛況ヲ以テ世人ニ歓迎セラレタリ、偶々君布教ノ為九州ヲ巡歴シ福岡ヲ過ギ建碑事務所ヲ訪ヒ、主唱者湯地丈雄ニ合シ之ガ唱導ノ由来ヲ聴キ、深ク其挙ヲ賛シテ曰ク、我宗祖日蓮上人ハ蒙古襲来ノ外患ヲ予言シ、立正安国論ヲ著シ一身ヲ犠牲ニ供シ、以テ掃敵ヲ祈願シ、法徳ヲ後昆ニ発揮シタル愛国心ノ凝結ハ普ク人ノ知ル所タリ、故ニ吾人上人ノ誠意ヲ紹述シ奮テ此事業ニ協力スベシト誓約セラル、是君ガ建碑ノ事ニ尽力セラレントスルノ発端タリ、上述ノ如ク該事業ハ所謂一気呵成ノ勢ヲ以テ世上ヲ風靡セシニモ拘ハラズ、二十四、五年ノ比ニ至リ、政界ノ動揺、其他天災地殃荐リニ臻リ、人心挫折シ、事業ノ進渉ニ非常ノ打撃ヲ蒙リ、一時中止ノ已ムヲ得ザルニ陥リ、爾後数年建碑ノ事後世人ノ口吻ニ上ラザルニ至リシハ、深ク遺憾トスル所ナリキ、三十五年十月予之ヲ本県ニ承ケ自ラ委員長トナリ熟々思ヘラク、抑々該事業タル曩ニ本県ニ対シ宮内省ヨリ恩賜金ノ栄ヲ荷ヘルヲ以テ、之ガ完成ヲ図ルハ亦県民ノ義務ニ属スルモノト云ハザルベカラズ、然レドモ如何セン未ダ資金ノ充実セザル為、工事ノ進捗意ノ如クナル能ハズ、苦心経営ノ中ニ着々基礎工事ヲ進行セリ、先是前委員長深野一三氏ハ、事業困難ノ状ヲ君ニ告ゲ、碑上奉安スベキ、亀山元皇ノ尊像模型彫刻、及銅像鋳造運搬ノ事ヲ負担セラレンコトヲ謀ル、君ノ義侠心ニ富メル奮テ其嘱ヲ容レ、爾来鞠躬尽力、模型漸ク成ルニ及ビ、君ハ宗門ノ紛擾ニ関シ不幸奇禍ニ罹ラレ、其単独ノ企画ニ係ル日蓮上人銅像ノ経営ト共ニ忽チ一頓挫ヲ来スニ至レリ、然レドモ久シカラズシテ紛議解決厄難ヲ脱セラル、ヤ、建碑事業ニ対シ斡旋益々努メラル、於是乎予ハ前約ニ基キ更ニ君ニ謀ルトコロアリ、其銅像ノ材料ハ其筋ノ下附ヲ得、君ハ専ラ之ガ鋳造建設ノ事ヲ担任ス、爾後工事ヲ督励シ夜以テ晷ニ継ギ予定ノ工事ヲ遂行シ、茲ニ十里松原白砂青松ノ地ニ高サ七十有余尺ノ大碑ヲ完成シ、尊厳ナル異彩ヲ発現スルヲ得タリ、嗚呼既往十有七年間ノ長日月、幾多ノ障碍ヲ受ケ其成功ヲ見ル能ハザリシ本県ノ難事業ニシテ、刻下一般経済界ノ恐慌、商工業ノ不振ノ時難ニ際会シ、恰モ振古無比ノ事変ノ裡ニ之ガ完成ヲ告グルヲ得タルハ、偏ニ君ガ終始一貫熱誠尽瘁ノ力ニ由ルモノニシテ、其功ヤ実ニ多大ナリト謂フベシ、仍テ金属製香炉一個ヲ呈シ、聊カ感謝ノ意ヲ表ス。

明治三十七年十二月二十七日

元寇記念碑建設事務委員長
従四位勲三等　河　島　醇

日蓮宗僧正　佐野前励殿

（原田種夫『佐野前励上人』、一五一―一五二頁）

註

佐野前励師は、湯地丈雄の元寇紀念碑建設運動に、叙上の「感謝状」が語っているように、大いなる力を尽くした人物である。湯地丈雄とは、袂を分かちて別離するような形で、宗祖日蓮上人を銅像とする、元寇記念日蓮上人銅像建設の方へも、その全精力を傾注することとなる。したがって、元寇紀念碑――亀山上皇銅像――とともに、元寇記念日蓮上人銅像建設に関する功労者とも言われている。

〔伝記史料10〕

○日菅上人頌徳碑――佐野前励師略事歴――

師諱は日菅、濃州の人。長じて東都正法寺佐野日遊師の門に入り、因って其の家を襲ぐ。師、人と為り豪宕、義を乗るや貞、事に処するや敏、夙に益世扶宗の志を懐き、学成るや敢然、起って一宗一本の議を倡へ容れられず、去って筑の本仏寺を董す。衆望忽ち臻る。曽て博多湾頭を過ぎ、緬かに元寇の往事を思い既然志を発し、大聖の巨像を此の地に営み、以て立正安国の祖猷を光揚せんことを期す。経営惨憺寝食を忘れ、遂に以て之を成す。是より先、官民相謀りて亀山上皇の尊容を隣域に剏むるの挙あり。其の業半途にして艱む。官、師の助力を乞ふ。師快諾し、併せ以て之を完成す。是に於て元寇記念の二大聖像、屹然として白砂、青松の間に並立し、太洋に雄臨するを得。誠に天下の偉観たる。後、擢んでられ、宗務総管に任ず。幾も無く布教財団を創し、又移民を策し、救恤を勗め感化を励ます等、効績甚だ多し。後に兼て元寇記念館を造り、以て衆を益す。倶に万世の光と、為すに足る。大正元年九月七日寂す。寿五十四。挙世、痛惜す。今茲有志相議り、徳業を貞珉に録し、諸を不朽に伝へんと予に題撰を需む。師は予が雙榎(か)の同窓なり。輒(すなわ)ち悦(よろこ)んで嘱(しょく)に応ずと云ふ。

昭和九年五月　　田中智学　篆并叙

二十三回忌の折り建立

（「元寇記念日蓮上人銅像の傍に立つ碑文」表面より筆写、原文は漢文体）

註

「日菅上人」とは、佐野前励師を指す。「元寇記念の二大聖像」とは、元寇紀念碑——亀山上皇銅像——と、元寇記念日蓮上人像の二つである。佐野前励師は、「二大聖像」の建設に、尽力したと言うのだ。

付編論文

湯地丈雄の護国教育

——元寇役史を通しての啓蒙運動——

○ 湯地丈雄の護国教育

——元寇役史を通しての啓蒙運動——

はじめに

本稿では、明治期における湯地丈雄の護国運動と、教育について考えたい。そもそも護国運動は、今で言うところの国防意識高揚のそれで、国を護ろうとする主張の実践である。湯地のそれは、とくに元寇役の回顧から発し、その紀念碑を建立することによって、当時の国難に想いをはせるというものであった。したがって、元寇紀念碑を全国民の献金で、建立する運動が、イコール護国運動であった。元寇紀念碑——亀山上皇銅像——が完成した後には、この碑の存在そのものが、以後における護国運動のシンボルとなった。

「護国」の名詞は、湯地による運動に冠せられ、唱導強調される。「護国」の文字は、湯地丈雄の著作の題名にもなっており、またそれぞれの書物の本文にも頻出する。

『元寇反撃　護国美談』とか『元寇画帖——護国記念精神教育——』とかあるのが、その例である。文字通り「国を護る」という意味。湯地丈雄が、「護国○○」という形で、「護国」を冠したのは日本においての使用例としては、早い時期である（因みに護国神社の名称は、新しく昭和十四年にそれまでの招魂社を、改称したものである）。とにかく、護国運動とは、元寇撃退再評価運動であり、国防意識高揚のための啓蒙運動でもあった。したがって、護国運動を推進する目的は、幼児から成人までも網羅する、大衆に対する社会教育の一面があった。

元寇撃退再評価運動は、元寇紀念碑建設計画の実現を掲げ、ここに凝縮された形で完成する。また、矢田一嘯描くところの大油絵——パノラマ画・テンペラ画——を携行しての講演会開催は、大いなる効果をもたらし、啓蒙の動きを大きく発展させていくのである。しかし、元寇撃退再評価運動は、元寇役の紀念碑——湯地丈雄の言う元寇紀念碑——建設計画実現や、大油絵——パノラマ画・テンペラ画——携行の講演会という、啓蒙の動きのみには、とどまらない。加えて、書物二編を、広く世の中に出版する活動によって、より多くの民衆を啓蒙しようとする大きな意図も、そこには存在していた。

本稿では、大油絵——パノラマ画・テンペラ画——を携えての講演と、著作二編について叙述したい。即ち、講演活動と出版活動について、社会教育の立場から、考察し且つ紹介したい。

湯地丈雄という人物は、元寇撃退再評価運動、即ち護国教育運動を、内外に展開した人として、元寇研究史上よく知られている。(1) したがって、その活動が、すべてにわたって、明らかにされているかに思われている。しかし、現実には、そうではない。湯地丈雄による元寇撃退再評価運動は、広般で多岐多様に至っている。本稿では、その多岐にわたる講演活動と、出版活動について、未だ紹介されていない部分や、知られざる活動実態について、扱っていく。

とくに湯地による護国教育を、教育学的観点から、見ることにしたい。教育学とは言っても、いろいろの分野がある。本稿のそれは学校教育によらない、いわゆる社会教育——国民教育と換言してもよい——との関係から、検討していく。不特定多数に対する大衆教育即ち啓蒙運動の見地から、論じるのである。また、教育技術の上から考えると、視聴覚教育の実践という、評価しなければならない一面を、湯地の護国教育は有している。

一　全国巡回しての講演

元寇紀念碑建設のために、明治二十一年一月に建碑計画を公表した湯地丈雄は、その後警察署長を辞して巡回講演の旅に出る。

『蒙古襲来研究史論』（川添昭二）には、

湯地は明治二三年三月、官を辞してこの運動に専心した。蒙古襲来に関する各種幻灯映画数十枚を作っていわゆる護国幻灯会を各地で開催し、矢田一嘯の手になる元寇大油絵十数枚を携えて全国各地で展覧会を開催している。(2)

とある。さらに、次のように言う。

湯地は自らの運動を「護国ノ大業」とし、「教育上ニ利セン」との観点から（「紀年略表」）軍歌唱歌の類を印刷散布し、護国幻灯会の開催、大油絵の展覧会、元寇講話をおこなっていったのである。それら啓蒙的諸手段を通じての国民への教化力は広く強かった。(3)

湯地丈雄はその初期の頃の巡回では、幻灯会と講演の組み合せている。明治二十八年頃からは、幻灯をほとんど使用せず矢田一嘯の描く大油絵——パノラマ画・テンペラ画——と講演との組み合せをもって、日本全国を巡回した。パノラマ画は、立体画法による遠近を強調した描写法である。油絵言うなればテンペラ画は、ヨーロッパでは教会の壁画などを描くのに用いられた。油絵——厳密には同一ではないようである——をもって、十四枚にわたる元寇役の歴史画を作成して、陳列展覧した。これら十四枚は一連の元寇役の始終を、絵に託して描いたものである。縦七尺そして横九尺の大きさを誇り、見る者の視覚に訴えている。現代の長さの単位に換算すると、縦二メートル三十一センチ、横二メートル九十センチとなる。今の視覚教育のはしりと言えよう。

幻灯の元となるガラス板に描かれた画――種板――は、今では現存していないが、色彩が施されていたようである。一方、大油絵はパノラマ画でありテンペラ画法によって描かれており、総天然色である。したがって、「日本史教育における造形と色彩」というテーマから、このパノラマ画を見ても、きわめて注目され得るもの。

とにかく、巡回して視覚と聴覚に訴えて行くやり方は、当時としては斬新であり、且つ意欲的手法であった。講演をして油絵を見せるその名称は、青森市の例では、「国民教育歴史講話　元寇大油絵展覧」としている。「歴史講話」を「国民教育」として、捉えていることに注目しなければならない(4)。「国民」とは、日本国民を指し、日本人に国家意識を自覚してもらうための「教育」と、解してよいだろう。「国民教育」を具体的に実施するには、歴史の教訓を、平易に誰でも理解可能のレベルにまで、降ろさなければならない。どうしても、「歴史講話」と銘打つ必要はあったのである。そもそも、「講話」には、「ある題目について、わかりやすく説いて聞かせる」との意味がある。どうしても、「講演」では聴衆には、堅すぎるニューアンスを与える。また、これに並列する形で、「元寇大油絵展覧」とあり、「国民教育歴史講話」と「元寇大油絵展覧」とは、両者同等の重みを持っていた。

幻灯使用にしても、油絵の陳列にしても、視覚教育であって、一般大衆や低学年児童を啓蒙・啓発するには、最適の方法であった。加うるに、耳からの講演は、聴覚のそれであった。合すれば視＋聴覚いわゆる、現在の視聴覚教育であり、その草分け的存在とも言い得るだろう。まさに、世間の視聴を集めることによって、目標達成にも成功している。

なお、湯地丈雄が視覚教育を、思いつく発端となったのは、『蒙古襲来絵詞』の存在ではなかったか。竹崎季長の委嘱によって絵師が、当時の合戦の有様を描いたもので、江戸時代からもう史料として重要視されていた。明治時代になって、前田香雪「蒙古襲来画巻に就て歴史画の効力を述ぶ」というような論文が、『太陽』に載せられている。この例を見ても、目で見て理解する視覚教育への関心が、高まりつつあったようである。(5)『蒙古襲来絵詞』が、「歴史画」であるならば、幻灯が映し出す画も、また矢田一嘯が描くところの十四枚の大油絵――パノラマ画・テンペラ画――も、「歴史画」にほかならない。

現代のようにテレビ・映画・漫画など映像文化に恵まれていない明治時代の人々にとって、湯地丈雄が発案した幻灯と大油絵――パノラマ画・テンペラ画――を使っての啓蒙活動は、大きな効果を発揮したであろう。

なお、十四枚の大油絵――パノラマ画・テンペラ画――は、元寇紀念碑建設後には、東京の靖国神社遊就館に、納められたのである。そのうち十一枚が現存している。欠けているところの三枚は、関東大震災のため、破損し失われている。

○第一図　元皇帝フビライと群臣たち
○第二図　正面に北条時宗の肖像、その下に大宰少弐覚恵が、元の牒状を読む
○第三図　文永の役時、対馬の宗助国が奮戦
○第四図　宗助国の戦死する図
○第五図　文永の役時、壱岐の平景隆が力戦
○第六図　文永の役時、敵軍博多湾へ上陸する図
○第七図　元上陸軍、千代の松原に陣する
○第八図　戦間期の建治元年、元使を鎌倉で斬る
○第九図　紫宸殿より伊勢神宮へ、勅使発遣

○第十図　伊勢神宮へ、勅使到着する
○第十一図　弘安の役時、博多湾での攻防
○第十二図　河野通有等、元艦船を攻撃する
○第十三図　大暴風雨起り、敵艦船覆滅
○第十四図　筑前海岸の今津付近の惨状

現在、亡失して原画がないのは、第二と第三、そして第六図である。[6]なお、現存する十一枚の大油絵――パノラマ画・テンペラ画――は、余りにもそれぞれが大きいため、常時陳列公開するだけのスペースがない。したがって、平成四年五月に「靖国神社と近代美術のあけぼの」展のような特別展に、出品された如き数少ない例以外は、倉庫で保管されている。

二　湯地丈雄の著作

本章以下では、湯地丈雄が、編纂したあるいは、部分執筆した元寇関係の書物二編を紹介する。そして、湯地丈雄の旺盛なる元寇撃退再評価運動――「護国」運動――が、書物出版という形を採って、実行されていく経過を辿ってみたい。

出版活動で発行された著作の本文の中で、元寇紀念碑建立計画の実現化を訴えている。それとともに、その巻末の広告のページで、各種の形態をとる広告を載せて、運動の拡大化を図っているのだ。

因みに、湯地丈雄が、編纂したり共著として名を連ねたりしている書物二編は、それぞれその対象読者を、異にしている。

○『元寇反撃　護国美談』　湯地丈雄編纂、対象読者　一般人向け。教育者も意識している。増補版がある。『増補元寇反撃　護国美談』が、その書名で、前者のまさに増補版。「増補」部分には、冒頭に年表が新しく加わり、表紙の絵が添付されただけであった。内容そのものは、殆ど元版のそれと同じであった。したがって、厳密には、元版と増補版とを区別して二編としなければならないが、大きく変化していないので、本稿では、両者を一編として扱うことにした。なお、書物の題名の中に、湯地の激しい「護国」の精神が込められている。

○『少年世界　元寇』　湯地丈雄分担執筆（共著）、対象読者　少年向け。

日本国内のあらゆる読者階層を年頭に置きつつ、それぞれに適した書物を二編出版する活動により、効率よく元寇役の知識を各階層に植えつけようとするのだ。

本稿で扱う二編の出版は、啓蒙のためは勿論、湯地丈雄の大きな目標であった元寇役の紀念碑建設計画実現のための、一つの手段でもあった。したがって、湯地による、著作二編の出版と、元寇紀念碑建設計画実現は、切り離して考えることはできない。そもそも、このような湯地丈雄による、元寇撃退再評価運動は、遠い昔のこととして忘れられてしまった、元寇役の回顧そのものであった。元寇撃退にかけた先人の熱意と勇勲を再発掘し、再評価をしようとする雄大なものであった。その象徴が、元寇紀念碑建設計画の実現であった。それゆえに、元寇紀念碑建設計画に、結び付く二編の出版は、意義あることになる。元寇撃退再評価運動にも、大きく連環貢献していた。

三　『元寇反撃　護国美談』（増補版も含む）

『元寇反撃　護国美談』の著者は、緒言の冒頭部分に、「紫山居士著」とあり、「紫山居士」なる人により作成された。奥付を見ると、「元寇紀念碑建設主唱　湯地丈雄」が、「編纂者」とある。「紫山居士」は著者、湯地丈雄は、編集者であるらしい。また、「紫山居士」と並べて、「中洲居士補」とあり、「補」訂者もいたようである。「紫山居士」も、この「中洲居士」の本名も、分からない。

この本では、形の上で「著」者と、「編纂者」と分けている。奥付には、著者の欄がなく、「編纂者」として、「湯地丈雄」を挙げている。「紫山居士」と、「湯地丈雄」は、同一人物か、とも考えたが、推定の域を脱し得ない。巻末にあるあとがきに相当する「湯地丈雄志るす」の一文から考えると、どうも、同一人物であるらしい。即ち湯地丈雄が、「紫山居士」を、称して書いているのかもしれない。

「中洲居士」――この名も湯地丈雄のペンネームと思えるのだが――が、さらに「補」訂している。それを最終的に「編纂」して、著作にまでまとめたのが、湯地丈雄であったと解してよい。

発行所は、青湖堂であった。発行年は、「明治二十四年十月廿二日」が、初版として出版されている年月日である（明治二十四年は、後述する『少年世界　元寇』も、出版されている年）。この年明治二十四年は、明治十九年八月に起った長崎における清国水兵暴行事件と、明治二十七年八月の日清戦争勃発との、ほぼ中間頃に位置している年であった。日清間が緊迫化の度を高めている最中の国際情勢を、考え併せれば、時宜に適した出版時期であったと言えよう。国防意識高揚に一役買っていたことは、疑いないところであり、その影響力も大きかった。

その体裁は、縦一八・七センチ、横一三センチ。本文は、七四頁であり、付頁が二頁となっている。あとは、広告として元寇紀念碑関係その他が、五頁分ある。絵の作者は、明記されてはいないので、不明である。ただし、「硯海」と絵の端にサインがある。「K」とある場合もある。絵は、六枚である。一枚を左右それぞれ一頁分、つまり計二頁を使用した形となっている。

一般人向けの書物としては、絵を多くそして、一つの絵には二頁分の広さを与えて、大きく掲げている。これが、特徴である。これは視覚から元寇役という大事件を、分かりやすく庶民に訴えようとする、狙いがあったと思われる（むしろ、後述する『少年世界　元寇』よりも、絵の数は少ないが、扱った容量・スペースは総量合計すると、『少年世界　元寇』よりも大きい）。そして、その絵それぞれには「文永十一年蒙古軍対馬ヲ侵掠スル図」とか、「河野六郎軽舸ニ乗シテ敵艦ヲ襲撃スル図」というような説明が、付けられている。

この本が一般人対象であることは、たしかである。だが、冒頭部分に、「大木文部大臣之演説摘録、明治廿四年十二月廿日鹿鳴館ニ於テ」を掲げて、元寇撃退再評価の必要性を説いている。大木喬任文相の「演説摘録」であり、ここには、「教員諸君の当に務むへき所なるを信ず(7)」とある。小学校などの教員に訴えているのだ。しかも、当時の文部行政の最高責任者が、わざわざ声高に「演説」している。ここで教員に求められているのは、国防意識の高揚である。教員を、教育すれば、イコール児童・生徒に伝達され、国防意識は浸透していく。「教員」は、すでに学校を卒業した社会人である。その社会人を教育しようとするのであるから、今風の教育学的言葉で言うならば、一種の社会教育あるいは社会人教育なのだ。「鹿鳴館ニ於テ」の「演説」なので、直接、この本に寄せたものではないのかもしれないが、内容が合致しているためなのか、とにかく収録されている。「大木文部大臣」とは、佐賀出身の大木喬任である。文部行政の整備につくした人（増補版には、その地位を去っていたからか、紙面の制約からか、削除されている）。

湯地丈雄というと、それに配するに、大油絵——パノラマ画・テンペラ画——を描いて、湯地丈雄の全国講演を助けた矢田一嘯を想起するが、明治二十四年の『元寇反撃　護国美談』出版時には、その組み合せはなかった（第四章で、紹介する予定の『少年世界　元寇』も、明治二十四年であり、矢田一嘯とのコンビは見られない。したがって、同書の挿絵も矢田一嘯とは別人）。湯地丈雄と矢田一嘯が、出会うのは、これから三年位を経てからであった。

この本には、奇妙なことに、目次はなく、「緒言」の後直ちに、「第一回　蒙古帝国の勢力」に入り、「第七回　弘

『増補　元寇反撃　護国美談』の表紙

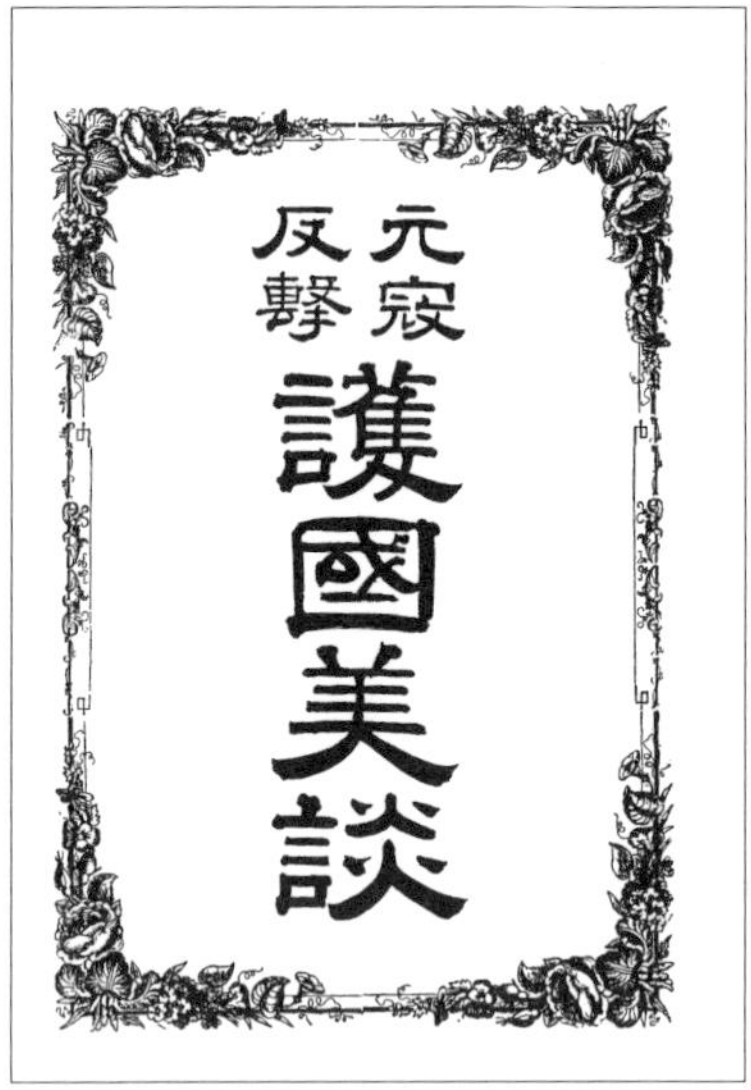

『元寇反撃　護国美談』の表紙

安の役」を経て、「結論」、そしてあとがき部分に相当する、「元寇紀念碑建設首唱湯地丈雄志るす」で終結している。もともと、湯地丈雄の講演会の副読本の如き、あるいは副教材のような役割を、この『元寇反撃　護国美談』は、任わされていたのではないか。『蒙古襲来研究史論』では、「『俚俗の耳に入易き』小冊子[8]」とあるが、まさに、講演会用パンフレットとしても、活用されたのではなかったか。奥付には、「正価金拾銭」とある。

『増補　元寇反撃　護国美談』の「凡例」には、次のような著作方針が、列挙されている。

一　本書ハ胡元蒙古ガ、梟猛ヲ宇内ニ逞フシタル余威ヲ以テ、我日本帝国ニ寇セシヲ、文永弘安ノ二役ニテ、之ヲ殲殺シタル事蹟ヲ、詳録シ歴史ノ出処ヲ示セリ

一　文章痛快事実簡明、間々挿画シテ、読者ヲ倦怠勿ラシム

一　敵国外患ヲ忘レサルハ、経国ノ主本ナリ、本書ヲ読テ国家ノ感念ヲ振起シ、本書ヲ見テ忠君愛国ノ精神ヲ啓発スルハ、是レ本書ノ主眼ナリ

一　本書ノ精神ヲ読了セハ、学生ノ戯戦ニモ心ヲ配リ、源平ノ争ヒ又ハ南北或ハ戊辰ノ役西南ノ乱ニ擬スルヲ改メ、悉ク対外ノ戦備ニ習フニ至ルヘシ(9)

注目すべきは、最後の条。日本史上で起った幾多の内乱の例を挙げ、これに拘泥してはならないと言う。「学生ノ戯戦ニモ心ヲ配リ」て、内乱に「擬スルヲ改メ」て、「悉ク対外ノ戦備ニ」集中せよと、挙国一致の必要性を述べている。まさに、教師へのメッセージなのである。

「学生ノ戯戦」とは、遊戯・ゲームの類を指す。因みに「学生」を指導する立場にいる者は、学校の教師にほかならない。したがって、ここで湯地が訴えている対象は、小学校や中等学校等の先生と解してよいだろう。教育界における指導者の意識改革を、まずなしとげた後に指導者を通して、「学生」一人ひとりに、日本という統一国家を認識させようとの企図なのである。

世に、紅白合戦として紅軍（赤旗—平氏）そして、白軍（白旗—源氏）と組み分けして、遊戯・ゲームを楽しむ風潮がある。これを、批判しているのだ。源氏と平氏が戦った「源平ノ争ヒ」のように白・紅両軍分かれて遊ぶことは、停止すべきだという意味のようである。「南北」とは、大覚寺統（南朝）に対し、持明院統（北朝）の皇位争い。南北朝の争いを、このように言う。「戊辰ノ役」とは、幕末から明治へ移行する時に、起っている内乱をこう呼ぶ。続いて記されている「西南ノ乱」とは、西郷隆盛が明治政府に反旗を翻した、西南戦争にほかならない。たとえ、「戯戦」であっても、内輪の争いをテーマとする勿れ、と主張する。

湯地丈雄自身、「戊辰ノ役」では熊本藩士として、さらに「西南ノ乱」即ち西南戦争では、政府軍の立場に立って参加したのであるが、内乱の悲惨さと、無意味さを身をもって体験したのであろう。それゆえに、挙国一致の体制を確立し、対外戦備を整えなければならない、という主張になる。

日本歴史の中で、最後の内乱となった西南戦争から、年を隔てること遠くない時期に、統一国家日本の意識すべきは、国外であると喝破する。国外の列強に伍していくには、統一国家の原点、挙国一致の要となるのは、皇室と天皇その人である、と主張する。元寇撃退再評価運動――「護国」運動――は、対外認識からスタートし、外国対日本という図式の中で、日本の防衛を考えようとする。

統一国家日本が、否応なく対外認識を強制され、日本の防衛を深刻に考える契機となるのは、隣の大陸にあった清国の存在である。清国によるところの日本への横暴な態度であり、その対日圧迫であった。清国水兵の長崎における暴行事件は、その好例であった。清国の前身は、六〇〇年の時間の懸隔があるにせよ、あの元帝国なのだ。片や満洲族もう一つはモンゴル人という、建国民族の差異はあるにしても、清国と「元寇役」時の元帝国とは、二重写しとなるのだ。湯地丈雄による主張の根源も、すべてここにある。

ところで、あとがきというような一文は見当たらないが、それに代わるものとして、次のように、湯地丈雄の名をもって、「志るす」としている。巻末のつけ足しのような頁を、わざわざ設けてそこで述べている。

当時攻守の事実に暗くてハと云ハるものもあり、此等の便利をはかるために、仮に此編ハてきたるものなれハ、事実の誤りを訂正するの暇もなく、脱略も数多し、見る者当時の事ハ、此二役に起りて此に終りしにあらす、遠近古今種々さま〳〵の関係よりして、発りたる徴証あり、その精覈なる事ハ、左に掲けたる伏敵編と、靖方溯源とに就て志らるへし、――〔中　略〕――臣民ハ必す此二書ノ事実を知りて、よく意味を味はひなハ、忠義の心を発揮するに余りありて、今日対外の策を講する津梁とならん(10)

とあるのが、それである。「伏敵編」は、元寇役関係史料集『伏敵編』（山田安栄編）である。「靖方溯源」とは、神代より亀山天皇の文応年間に至る対外の事がらを、記した交渉史とも言うべき史料集『靖方溯源』を指す。二つの史料集ともに、一対の形になって発刊された。

重要なのは、この『伏敵編』の存在である。より深化した知識を得るためには、この『伏敵編』に「就いて知らるへし」として、購読を推奨している。片やこちらは、啓蒙書としての『元寇反撃　護国美談』。そして、より高度な内容を持つ『伏敵編』という形で、言わば両書難易ワンセットにして、読者をして元寇役という大事件に誘って行こうとする。

『伏敵編』の価値については、その収集史料の豊富さゆえに、元寇関係の専門的研究書の巻末には、いつでもその書名が、参考文献として第一に挙げられる位である。今もその学問的影響力は、きわめて大なのである。ましてや、当時としては、もっとその比重は、高かったことは勿論である。

この一文の後に、『伏敵編』と『靖方溯源』両方の広告を付している。『伏敵編』についての広告では、

文応元年に起り中間に蒙古襲来の事あり、末は嘉吉年中外交修睦の事に終る(11)

と、その内容を略記している。

なお、『元寇反撃　護国美談』は、増補版が後に出版されている。『増補　元寇反撃　護国美談』が、それである。筆者の手許のそれは、明治二十九年五月廿九日に六版として出されている。発行所は、「護国堂」となっている。冒頭部分に、前記の「凡例」と六頁にわたって詳細なる年表を増補している。これが、「増補」部分であって、本文は全

く旧版と同じである。表紙には、絵を入れているのが、新しいところである。「蒙古軍」と「日本軍」を配し、「蒙古軍」の残虐行為をモチーフにしている。旧版の『元寇反撃　護国美談』の表紙は、書名を中央に配置したのみであって絵は全くない。

四　『少年世界　元寇』

『少年世界　元寇』の著者は、緒言の冒頭部分に、「湯地丈雄」と並べて、「高橋熊太郎」とある。両者に掛けて「同著」と記されており、両者による共著と見なされよう。なお、奥付には、「編輯人」として、「高橋熊太郎」の名が、一人のみ挙がっている。代表「編輯人」として明記されたものであろうか。とにかく、湯地丈雄が、著者の一人である事実は、はっきりしている。

「湯地丈雄」と「高橋熊太郎」が、分担執筆して書き、奥付の「編輯人」の欄に、「高橋熊太郎」の名を、まとめ役と書いたという意味であろうか。奥付には、著者とか共著の欄は、設けられておらず、この「編輯人」の欄が、それに相当する形で定められている。

「同著」とあり、共著である事実はまちがいないが、どの部分が誰によって書かれたのか、湯地丈雄と高橋熊太郎それぞれの、分担部分は分からない。

発行所は、学友舘であった。発行年は、「明治廿四年六月二十日」であった。

その体裁は、縦の長さが一八・四センチ、横一二・二センチとなっている。本文は一一一頁、広告が三頁の構成となっている。絵の作者は、明記されていない。絵は、口絵として、二頁分を割き、本文中には、半頁分の挿絵を九枚を入れている。カット絵として、一ヶ所に、埋め草のようにして（縦三・五センチ×横四センチ）を、入れている。

『少年世界　元寇』の表紙には、二人の人物が描かれている。表紙に対する説明がないので、この二人は誰を指しているかは不明。けれども、本そのものが元寇役の書物であれば、執権北条時宗と、元帝国皇帝世祖フビライであるはずである。上段の円内の日本武士は、北条時宗であり、下段の四角の中の人物は外国人風であり、フビライを意味しているのだろう。

緑色を地として、金色を所々に使用した肖像画であり、書名の題字は黒色である。

奥付には、この書の定価が記されていない。巻末の広告の欄に、「少年世界」として、『秀吉の遠征』『元寇』『八幡太郎義家公』の書名が挙がっている。[12] そして、「少年世界は月を追ひ編を重ね発行すへし定価一冊前金十銭なり」[13] とある。他の二著が少年にとって、興味をひきやすい英雄の固有名詞を、題名にしているのに、『元寇』のように事件名をテーマにした、少年向書物の発行は珍しい。

『少年世界　元寇』の表紙

「少年世界」というのは、「実に家庭の重宝少年の益友たるものはこの少年世界なり」[14] とある如く、少年を啓発するシリーズ物の歴史書群であった。雑誌ではなかった。

なお、『少年世界　元寇』という書名は、一見、少年向けゆえに、容易且つ簡単なる内容と思いがちであるが、そうではない。挿絵の類は、むしろ、『元寇反撃　護国美談』よりも少ない位である。また、第二章では、「元及び蒙古の境域一斑」と題し、地図一葉を配して、[15] 読者の理解を助けようと試みている。内容のレベルは、低くはなくて、一般人向けと言っても、通用する内容となっている。

「例言」には、次のようにある。対象者を「十四五歳」に定めている。

一、児童心意の発育順序は、凡六七歳迄を直覚期とし、十四五歳迄を想像期とし、十八九歳迄を論理期とす、故に著者ハ此の書を以て、想像期に適応せしめんとの考なり

一、此の書ハ、父兄朝夕の教化に資し、児童の余師に供するの主意なれば、これに頼りて父兄ハ、教導督励の労を取り、児童ハ、学校課外の余師に、供せられんことを切望す

一、此の書ハ、平易を主とするを以て、文章にハ別に趣味を加へず、唯専ら少年児童の通読し得るを、以て目的とせり

一、図画ハ、勉めて要所のみを入れたり、時々問を起こして、児童の記臆（ママ）を試むるも可なり

一、余等がこの書を著述するに当て、伏敵編々纂者なる山田安栄君の、懇篤なる校訂を受けたるハ、深く同君に謝する処なり

一、此の書ハ、家庭の教化、児童の余師に供するの主意なれば、勉めて元寇の大略を記せり　其の委しきことハ、伏敵編に就て見るべし。(16)

ここでとくに、注目すべきは、「此の書ハ、家庭の教化、児童の余師に供するの主意なれば、……」と述べている一文である。「家庭の教化」とは、家庭内での教育を意味しているし、「児童の余師」とは、学校の先生以外の「師」の存在を意味している。そして「師」に準えて、とこの本を目している。この本は、平易に言うなれば、児童の学校外における先生のようなものと、言いたいようである。そして、『伏敵編』という元寇史料集についても言及する。この書物が学問的にも高いものであるとして、わざわざ「伏敵編々纂者なる山田安栄君の、懇篤なる校訂を受けた」

と記した。少年向けとは言え、歴史的事象記述の正確さを、期せんとしている姿勢がよく分かる。一大史料集としての「伏敵編」の読者、あるいは購読者予備軍としての、少年達にも大いに、期待しているところがある。「其の委しきことハ、伏敵編に就て見るべし」とあるのは、『少年世界　元寇』から、『伏敵編』へと年齢的成長に伴って、書物も易から詳細へと移り、元寇役認識をも深めてもらいたいという、著者湯地丈雄達の希望が、存在している。

因みに、『伏敵編』は、山田安栄編纂による、元寇関係の諸史料を集めた史料集であった。吉川弘文館から、出版されている。明治二十四年十一月が、その刊行年月であった。『伏敵編』の刊行年が、『少年世界　元寇』と同年であることと相まって、『伏敵編』は、より専門的知識を、『少年世界　元寇』は、平易な啓蒙書という、それぞれの役割分担を果たしつつあった。そして、『少年世界　元寇』を読了した読者や購読者を、さらに『伏敵編』に、惹きつけようとする狙いもあった。購読者のレベルアップを企図している（『少年世界　元寇』と『伏敵編』との関係は、このようなものであったが、この関係は『元寇反撃　護国美談』と『伏敵編』との関係とも、全く同然である）。

湯地丈雄が推進しつつあった元寇紀念碑建設の動きに呼応して、この『伏敵編』は、「輔車モ啻ナラサルアリ」[17]という如き、関係を持っていた。

この『少年世界　元寇』を読了し、啓蒙された人々を、さらに高度な内容を盛った『伏敵編』に、引きつけたかったのである。啓蒙書から専門書へと、読者の元寇役に対する知識が高まれば高まる程、元寇撃退再評価運動は成功する。さらに、その具体的象徴としての元寇紀念碑建立も実現化する。

厳密に言うならば、『少年世界　元寇』が、出版されたのは、明治二十四年六月である。『伏敵編』が、発行されたのは、同年十一月である。『少年世界　元寇』の方が、時期的にやや早い。したがって、『少年世界　元寇』が出版された時点では、『伏敵編』は未刊状態であった。それゆえ、本文中で、『伏敵編』の宣伝広告を行なうということは、

『伏敵編』の扉

一種の出版予告でもあった。

ところで、何故に、元寇役を採り上げるのかについて、

> 少年諸子よ。少年諸子は小国民なり。諸子は、山河風土の絶美なるこの瑞穂の国に生れ、世界万国に比類なき万世一系の皇室を戴けり。されば神聖なる皇室を尊び、絶美なる我が国を愛し、之を万世不易に守護せざるべからず。こゝに其の大義を重んじ、護国の義務を全ふしたる、いと愉快に心地よき美談あり(18)。

と述べている。

皇室を尊崇し、我日本を愛べしと主張して、「護国の義務を全ふしたる、いと愉快に心地よき美談」の好例として、元寇撃退を挙げる。因みに、「護国」とは、国防にほかならない。「護国の義務」とは、国防義務と言ってよい。本文の後半部に至って、

> 元軍の来寇は、実に国家存亡の由りて、以て判る、所なり、我が大日本帝国の人民は、実に一死を決して是の大難に当りたり、時宗の英断ありと雖も、諸将の胆勇ありと雖も、颶風ありと雖も、愛国の精神にして、振起すること此の如くならずんば、安んぞ能く彼の如き強敵を折きて、我が帝国の威武を海外に輝かし、神州男児の勇気

を、世界に示すこと此の如きを得んや、[19]

と結んでいる。

とにかく、少年向けとは言っても、湯地丈雄の元寇撃退再評価運動を理解するには、湯地自身が著作（共著）した『少年世界　元寇』にも、注目し且つ検討しなければならない。逆説的に言うならば、湯地丈雄という人物が、書いた書物であるからこそ、啓蒙書であれ少年向けのそれであっても、看過できないのである。[20]湯地丈雄という人物研究の一助にも、この書物の存在は、なり得ると言えよう。

もう一つこの書物の特色として挙げられるべきは、元寇役という大事件を書名として大書し、その経過・推移を扱っていることである。普通、少年向きのものなると、元寇役の渦中の中にあって、防衛意志を固めて、元軍を撃退した執権北条時宗に焦点を当てての、伝記的記述になりやすい。英雄としての中心人物を核にして、叙述する方が少年にとっては理解しやすいと見なされて、しばしばこの方法が採られる。しかし、『少年世界　元寇』は、あえて人物中心主義を採らず、元寇役を真正面に据えた形で、その始終を述べている。

五　元寇紀念碑建設運動との関係

元寇撃退再評価運動は、元寇紀念碑建設へ向かって動き出していた。大油絵——パノラマ画・テンペラ画——携行の各地講演会も、本稿で扱った二編の出版も、本稿の本文では取り上げずに註の欄で紹介した『元寇画帖——護国記念精神教育——』や、『元寇画鑑』の出版も、この運動の一翼を担っていたわけである。紀念碑建設実現のための、啓蒙の一手段でもあった（紀念碑完成後は、さらに広汎なる護国運動の展開に資するための、手段となった）。

したがって、元寇紀念碑建設の運動に、言及せざるを得ない。

『元寇反撃　護国美談』の緒言では、外国の例を引き合いに出して、

夫れ世界各国孰れの国に於けるも、国家名誉の事あれば、則ち之を其国の歴史上に大書し、又た特に堂塔若くは碑碣を建立し、当年祖先の名誉を旌表すると同時に、後世子孫をして永く其事を記念せしむることを、勉めざるはなし。合衆国の独立塔に於ける、仏国・独国の凱旋門に於ける、亦皆な此意を表するに外ならざるなり(21)

と。「合衆国の独立塔」とは、アメリカの首都ワシントンにあって、一八八四年完成したいわゆる、ワシントン紀念塔である。初代大統領の名を冠したもの。「仏国」の凱旋門は、パリのエトアール広場のそれで、ナポレオン一世時代の戦勝紀念のために造営された。シャルグランドの設計による。「独国」の凱旋門とは、多分、ラングハンスによって設計の、ベルリンにあるブランデンブルク門を指すのであろう。一七八八～九一年にかけて造られ、パリの前記凱旋門に比せられる建造物である。

「独立塔」にしても、「凱旋門」にしても、個人または国民のなしとげた功績を、永久に記念するモニュメントにほかならない。湯地丈雄による元寇役の紀念碑のモデルは、まさに、

○アメリカの独立を紀念した「合衆国の独立塔」、即ちワシントン紀念塔。

○ナポレオン一世の戦勝を誇って、建造されたパリのエトアール広場にある凱旋門。

○ブランデンブルク辺境伯領よりプロシア王国へと、富国強兵策を採りつつ発展して、後のドイツ帝国の中心となった国。その栄光を紀念した門。

という一塔・二門にあった。これら外国にある紀念塔・紀念門は、アメリカ国民・フランス国民そして、ドイツ国民の象徴でもあった。言い換えるならば、それぞれの国における国民主義のシンボルでもあり、国民一人ひとりの誇りでもあった。

しかも、「合衆国の独立塔」は、イギリス本国軍を破って得られた、「独立」の「塔」である。ナポレオン一世の「凱旋門」は、フランス周辺国を撃破した、その名の通りの「凱旋門」であった。ブランデンブルク門は、プロシアによるドイツ統一戦争の勝利を、祝って造られたのである。共通する所は、外国軍あるいは、領邦国家としてのライバルを、軍事的に駆逐したり撃破した点にある。

湯地丈雄が、日本国民という意識――国民意識――結集の中心に、元寇役の紀念碑を建設して、ここに置こうと考えたのは、自然の成り行きであった。強大なる元帝国軍という外国軍を駆逐して、国土を防衛したところの元寇役。その時の元帝国軍襲来撃退を、紀念する方法が、日本では最良の方法であった。翻って、明治時代における我日本が、置かれた現状に言及する。そして憂い嘆ずるのである。さらに、次の如く主張するのが、それである。

然るに我国歴史上、最も名誉を有する、開国以来一ありて二なき。弘安の役十万の元軍を、鏖殺して国家の独立を、保持したる護国軍の為めに、是れまで未た曽て、一の紀念に供すべきものだも存在せざるは、豈畢生の遺憾にあらずや。今日生存競争の世、優勝劣敗の時に於て、余輩四千万の同胞兄弟が、永く祖先に承けたる、日本帝国の名誉を保持し発揮するは、一に護国の精神の、強弱如何に因らずんはあらず。元寇紀念碑建設の一挙は、蓋し亦た偶然にあらざるを知るへし。(22)

と。ここで弘安の役に参加した当時の日本軍を、「護国軍」と称しているのは、注目されてよい。実際に、文永の役にも弘安の役にも、日本軍は攻撃型の大艦船を持っていない。沿岸待敵防衛を余儀なくされており、今風に言うならば、専守防衛であり且つ、自衛戦争であったからである。とくに、ここでは、弘安の役における日本軍を、「護国軍」と呼んでいるが、文永の役における日本軍も同じであった。「護国軍」が、強くなるためには、「護国の精神」がそれに伴っていなければならないと述べている。「一の紀念」碑もないと前段では、日本における現状を嘆じているが、後段では、はっきりと声高に、元寇役の紀念碑建設の必要性を説く。

湯地丈雄が、元寇紀念碑建設の必要性を、最初に感じたのは、古戦場に立って往時に想を廻らしたことである。それが、動機となっている。歴史への追慕にほかならない。その間の事情を、次のように述べているのだ。言わば、歴史の教訓としての紀念碑建設を、思い立ったのである。

我々祖先の国家の為めに、其身を犠牲に供したる、古戦場に一片の紀念碑と称するものなく、其功名を旌表し、其雄魂毅魄を寄するに足るべきものなし。豈に遺憾の限りならずや。古人の英霊をして、知ることあらしめば、其れ将た何とか謂はん。噫我同胞兄弟は、何を以て古人に地下に見えんや。爰に元寇紀念碑建設の壮挙あるに際して、蒙古来襲の始末を略叙して、以て天下同志の士に告ぐと云ふ。(23)

とあるのがそれである。「爰に元寇紀念碑建設の壮挙あるに際して、蒙古来襲の始末を略叙して。天下同志の士に告ぐ」とあり、『元寇反撃　護国美談』の出版の意義を、唱導且つ強調している。

とくに、元寇紀念碑建設の地が、弘安の役に関係する土地であったため、「弘安護国の大紀念標」と言っているのが、注目される。即ち、『元寇反撃　護国美談』には、元寇紀念碑の建設意義を、高らかに宣言している。

今昔の感慨は、余等をして、爰に元寇紀念碑と称する、一大碑標を建立するの一挙を企てしめぬ。請ふ脳底に感覚を惹起したるの士は、幸に余等建碑発起者の志を賛成し、速に此の弘安護国の大紀念標を、当時の交戦地に建立することを、得せしめよ。是れ祖先の偉勲を表彰する為めなり。——〔中　略〕——余豈に一身の為めにするものならんや。又た一私人一地方の為めにするものならんや。元寇紀念碑建立の一挙は。実に日本帝国の為めのみ。余等は敢て其の他を知らず(24)。

巻末に、具体的な募金のための「広告」が、載せられている。

一　工事準備ニ付、石材ノ運搬ハ、明治廿三年三月ニ起コシ、四月二日ニ起工式ヲ挙行シ、引キ続キ敷地開鑿等準備中ニテ、義捐金ノ集マルニ応シ進歩ス。因テ目今募金ノ事、益々急ナリ。御賢察ヲ仰ク。

一　愛国ノ志士仁人、希クハ多少ヲ論セス、義金ヲ投シ、国光ヲ揚ケ、併テ護国心ヲ、将来ノ為メ養成スルノ、一助タラン事ヲ、希望仕候。就テハ目的ヲ成就スル上ニ、意見アル諸君ハ、御遠慮ナク忠告玉ハ、独リ事務者ノ幸甚而已ニアラス、国家ノ為メニ切望仕候(25)。

「護国心」「養成」とともに、「国光ヲ揚ケ」たいとの希望もあった。募金団体名を、この趣意文の後に付す。「元寇紀念碑建設事務所事務委員等頓首(26)」とある。啓蒙書であるとともに、募金の効果を狙った出版である事情も、認めなければならない。

『少年世界　元寇』においても、筆は「元寇紀念碑」に及んで、完成後の感慨を予想している。

今昔の感慨は余等をして、爰に元寇紀念碑と称する、一大紀念標を建設するの一挙を企てしめぬ、諸子若し他日この紀念碑の下に至ることあらば、是の紀念の原因たりし、当時を回想して、念々去るに忍びざるの感あらん。此れは是れ筑前博多湾頭に臨める小丘に、建設するものにして、我が大日本帝国に生るゝもの、、寸時も忘る可からざる、護国の大紀念標なり。

少年諸子よ諸子は。この書を読み。この紀念標を見て、遠く祖先の偉勲を想ひ起すと共に、我が皇室を尊び、我が国を愛し、我が国を護るの精神に富み、この大義を重んじ、国威を海外に輝すことを、心掛け給ふべし。(27)

さすがに、少年向きのためか、募金の広告は見当たらない。読者が、少年であるゆえに、募金能力なしと、判断したためであろうか。ただひたすら、皇室への尊崇と、護国の精神発揚を、少年達に訴えている。

明治二十一年一月に、湯地丈雄が計画を発表して以来、十七年余をかけて、元寇紀念碑は、千代松原、今の福岡市博多区東公園に建設された。時は、明治三十七年十一月であり、日露戦争の最中に完成している。衣冠束帯姿の亀山上皇の銅像が、高い台座の上にあるのが、それである。(28)最初の計画段階における原型というのは、高い石塔の上に馬上で采配を振っている、北条時宗の像をのせたものであった。しかしあの元寇役の際に、「身を以って国難に代らん」として、伊勢神宮や、石清水八幡宮に祈禱された亀山上皇像が、現実の今に続くところの、元寇紀念碑となったのである。(29)因みに「身を以って……」とあるのは、『増鏡』に見える一文で、亀山上皇の熱禱ぶりを、象徴的に記しているもの。

元寇紀念碑完成の陰には、本稿で紹介した二編の如き、小冊子ではあるが、啓蒙書とも言うべき書物の存在があった。そして、これら二著の果たした役割をも、忘れてはならない。

おわりに

湯地丈雄による全国巡回講演について、触れてきた。青森市におけるそれをピックアップして、一例として調べ且つ紹介してきた。未だ知られざる巡回講演の一コマであった。幻灯を持って行なった講演会、その後大油絵――パノラマ画・テンペラ画――を携えての講演会は、元寇撃退再評価運動の象徴としての、元寇紀念碑建設に帰結するに至った。一般大衆や少年少女あるいは、教員を対象にした湯地丈雄の運動は、現代の教育学的言い方をもってするならばまさに社会教育(30)である。当時の呼称法では、その内容を冠した護国運動且つ護国教育であった。

湯地丈雄が、編纂したか、もしくは著わした二編の書物の紹介をもしてきた。この二編が、ただ単なる啓蒙書にとどまらず、湯地丈雄の企図した元寇撃退再評価運動――元寇紀念碑建設――実現の一翼を担う宣伝物でもあった。いや、ただそれだけの宣伝物というよりも、護国運動・護国教育にとっては、教科書であり、且つ副読本でもあった。これら二著が一般大衆、少年少女そして教員を、対象に発行されている以上、相当数の部数が出版されていたはずである。しかも、厚さも体裁も小冊子で簡便であったから、経済的にも購入して読むことは、そう難しいわけではなかったと思われる（現代でも、古書肆や古書販売展目録にも、時々その書名が見うけられる現象からも、これを首肯できる）。とにもかくにも、明治期の単なる出版文化史に位置づけられるものではなく、湯地丈雄の元寇撃退再評価運動の中で、これら『元寇反撃　護国美談』（増補版を含む）と、『少年世界　元寇』は、社会教育史としても語られて、しかるべきものなのである。

註

（1）川添昭二『蒙古襲来研究史論』（雄山閣、一九七七年）一四〇頁、一一六―一一九頁、一二二頁。仲村久慈『湯地丈雄』（牧書房、一九四三年）。ところで、『蒙古襲来研究史論』の一四〇頁の筆を借りれば、「弘化四年（一八四七）の出生」「明治一九年（一八八六）、四〇歳で福岡警察署長となった」「後半生を元寇記念碑建設運動に捧げ、大正二年（一九一三）一月一〇日、東京の自宅で死去した」とある（本稿で扱った『元寇反撃　護国美談』や、『少年世界　元寇』では、「元寇紀念碑」と称し、「紀」の字を使っている）。仲村久慈の『湯地丈雄』は、単行本の専伝であり、湯地の講演活動の全足跡を辿るのに、きわめて便利である。

（2）『蒙古襲来研究史論』、一八八頁。

（3）同右、一一九頁。湯地丈雄による運動の一環としての、幻灯の集会は、講演とともに、「護国幻灯会」と銘うって映写された。ところで、幻灯とは何か。フィルムや絵などに光を当て、レンズで拡大して幕に映して見せる装置。今で言うスライドに、ほかならない。幻灯は、アメリカから、渡来したものである。宮田高男編『映画・スライド――現場の教育を生かすために――』（視聴覚教育選書3）、学芸図書、一九六〇年）三五頁には、「学校教育、社会教育、宗教教育などにもスライドは活用された。学校教育の面では、――（中　略）――経費の関係で一八八三年（明治十六年）に中絶してしまった。鶴渕氏はこの後、幻灯を社会教育に利用することを考え、大日本教育幻灯会を組織して各地で教育幻灯会を開催して好評を博したが、これも一八九六年（明治二十九年）「活動写真」の輸入によって衰えてしまった」とある。「この後」とは、「一八八三年（明治十六年）」以後を指している。そして、「『活動写真』の輸入」の「一八九六年（明治二十九年）」頃までが、その全盛期であったと言う。なお、社会教育は、「通俗教育」とも呼ばれた（四三頁）。幻灯は一八八九（明治二十二）年あるいは一八九〇（二十三）年ごろから、全国的な流行となった。このような幻灯の、日本における普及の歴史と、湯地丈雄の初期の護国運動・護国教育とは重なるのである。まさに幻灯使用は、運動の媒体としては、打って付けのものであった。

（4）東奥日報社『東奥日報』（明治三十四年六月十三日）広告。

（5）『蒙古襲来研究史論』一二九頁。前田香雪の論文は、『太陽』の一巻一号（博文館、一八九四年十二月）、一七五―一七七頁に、所収されている。ところで湯地の油絵と幻灯による講演活動は、教育学的に言えば、日本における視聴覚教育の先駆けをなすものではなかったか。下中弥三郎編『教育学事典』、第三巻（平凡社、一九五五年）、一〇一頁「視聴覚教育」の項には、

「感性的方法を使用しながら、被教育者の理論的認識をたかめ、これを永続的にし、かつ実践的にするための技術的教育をいう」と定義している。この定義に則れば、湯地の護国教育の「被教育者」は、言うまでもなく展示油絵の観覧者となる。

（6）十四枚の「大油絵」を書物に収めている、いわゆる画集――写真集――は存在する。編集者は湯地丈雄。『元寇画帖――護国記念精神教育――』（皇典講究所・國學院大学出版部、明治四十二年五月七日発行）が、それである。英文の解説も、日本文の対訳のようなスタイルで付せられている。明治四十二年には、すでに湯地の念願としていた「元寇紀念碑」は建立されて、すでに五年経過（建立年は明治三十七年）している時である。したがって、この書の発行は、湯地の元寇撃退再評価運動、そしてその表徴たる「元寇紀念碑」建立運動の総括的報告書出版という性格も持った。なお、「護国記念精神教育」という副題が付せられているが、この副題こそ、湯地丈雄が唱導した「護国」「教育」そのものなのである。「護国」「教育」は、「精神」「教育」の一点に、凝縮され得ることを示す。「護国」「精神」「教育」は、元寇紀念碑建設に至るまでの、運動のエネルギーを、碑の完成後のさらに後代にまで維持しようと図っている。「護国精神教育」高揚の継続へ向けての、運動へと発展させていく。もう一つは、『元寇画鑑』である。明治三十年十一月二十九日発行、東洋堂。「画作兼発行者鈴村譲」とあるが、中味は、まちがいなく十四枚の大油絵――パノラマ画・テンペラ画――と、その解説を収めている画集にほかならない。筆者が見た本の奥付には、湯地の名は、出ていない。だが、十四枚の大油絵――パノラマ画・テンペラ画――の画集たるは勿論、付せられている解説も、前掲の『元寇画帖――護国記念精神教育――』と、文章の上でも相通じる個所が多々ある。それゆえ、湯地丈雄の参加・関与があった、と見るべきものである。その他、『国民教育元寇画』がある。明治三十年十二月十七日の湯地丈雄の序言があり、その頃の発行と見てよい。さらに、『元寇』（奥付なし）の画集も存在する。なお、関東大震災で失われてしまった三枚の原画写真を、現在見ることができるのは、ここに掲げた四画集の上のみである。したがって、この四画集の存在意義は大きい。

（7）『元寇反撃　護国美談』、冒頭部分。

（8）『蒙古襲来研究史論』、一一八頁。

（9）『増補　元寇反撃　護国美談』、凡例。ところで、三番目で「敵国外患ヲ忘レザルハ」云々、と断言している。因みに、この言は、世界史を〝歴史の鑑〟として見ることにより、発せられている。「護国の義務は、上天子より下庶民に至るまで、苟も其の国に生息する者、皆之を負担せざるはなきなり」とした上で、「護国の義務」論から、「往昔」の国家論へ移る。「希臘・羅馬」の興亡に言及する。さらに、「近時」における、「英・米・普・仏・露、等」の「富強」を指摘している（同書、増補版、二一二頁）。

(10)『元寇反撃　護国美談』、巻末の部分の一―二頁。
(11)同右、巻末部分の二頁。
(12)『少年世界　元寇』、広告部分の二頁。
(13)同右、広告部分の二頁。
(14)同右。
(15)同右、五頁に相当する個所。
(16)同右、例言。
(17)山田安栄『伏敵編』(一八九一年、吉川弘文館)、巻六　大尾。
(18)『少年世界　元寇』、二頁。
(19)同右、一〇七―一〇八頁。続いて一〇八頁には、「其の功亦大ならずや。其の志亦壮ならずや。想ふて此に至れば、今日の国民たるものは、夢にだも我が祖先の功績を、忘るべからざるなり」とある。歴史の教訓を無にしてはならない、歴史から学べと言うのである。そこには、安易なる神風論に、逃避する態度が見られない。護国という大義を、全うするのは、日本国民の自覚と不断の努力に、依るものと喝破している。
(20)明治期、少年向けの元寇関係の書物は、いくつか、刊行されているが、質的にも量的(ページ数)にも、高レベルを保っているのは、『少年世界　元寇』を措いてない。例えば、手許に大和田建樹『相模太郎』(〈日本歴史譚第九編〉、博文館、一八九八年)という題名の少年向けの本がある。元寇という未曽有の大事件を描いている割には、「相模太郎」の部分は、量的には、三一頁という薄さである。したがって、その制約からか質的にも、舌足らずの感は否めない。
(21)『元寇反撃　護国美談』、七頁。なお同書の口絵には、「重自国之歴史者、文明之士、軽自圀之歴史者、不教之民、文明之士、養護国之元気、不教之民、忘建国皇恩」という湯地丈雄作の詩を載せている。とくに、「自国の歴史を重んずる者は、文明の士」としており、注目される。愛国の歴史教育が、護国の心を養成するには、如何に大事であるかを、ここで強調してやまない。
(22)『元寇反撃　護国美談』、七―八頁。
(23)同右、四頁。
(24)同右、七三―七四頁。
(25)同右、広告部分の一―二頁。

(26) 同右、広告部分の二頁。
(27) 『少年世界　元寇』、一一〇―一一一頁。
(28) 『蒙古襲来七〇〇年――海底に甦る日本侵攻の謎――』、一二〇頁。元寇紀念碑が日露戦争中に、完工した事実も、偶然とはいえ、湯地丈雄の護国運動を、象徴的に表わしている。
(29) 原田種夫『佐野前励上人』（鎮西身延山　本仏寺、日菅上人報恩会、一九六六年）、一一四―一一五頁。
(30) 細谷俊夫他編『教育学大事典』、第三巻（第一法規、一九七八年）、二三五頁には、「社会教育」の項がある。「社会教育は、広義には、社会制度の一環として組織された学校において展開される正則の教育以外の、すなわち学校教育以外の、様々な教育を総称する」とある。他書によれば社会教育は、後にイコール通俗教育なども、呼称されたようであるが、湯地の運動はこの呼び方にも適うものであった。筆者としては、巡回講演展示教育などと、称してもよいと思っている。勿論、社会教育の範疇に入れてよい。

追記――この論文を、本書に収載するのに、一部の用語の言い換えと、若干の個所について、補足説明と訂正を施している。ただし、論文全体の構成と論旨は、変更していない。

（太田弘毅『藝林』、第五三巻一号、藝林会、二〇〇四年四月、八三―一〇八頁）

引用・参考文献

○川添昭二『蒙古襲来研究史論』（〈中世史選書1〉、雄山閣出版、一九七七年）

○『福岡県全誌』、下巻（一九〇六年）

○長谷川安民『元寇』（掛軸・グラビア版）（長谷川規一郎、一九〇七年）、福岡市博物館蔵。特別に実見のための許可を受け、現物を調査した。一幅の掛軸として、その中に十四枚の大油絵――パノラマ画・テンペラ画――を収録している。『よみがえる明治絵画――修復された矢田一嘯「蒙古襲来絵画」――』にも、写真入りで紹介されている（二六頁）。その解説には、「単色印刷・紙、掛幅装　明治四十年（一九〇七年）、一五〇×五三・六㎝」とある（七六頁）。掛軸の上段部分にある、「蒙古全盛之帝王名臣」図の左横に、「此の写真版の冊子等を購読し給ふべし」とあり、『元寇』（掛軸・グラビア版）に対応する「写真版の冊子」が、存在していたことを示している。この「写真版の冊子」が、次掲の『元寇』（奥付なし）に相当するようだ。

○編者不明『元寇』（奥付なし、発行所、発行年不明）。矢田一嘯描く十四枚の大油絵――パノラマ画・テンペラ画――のモノクローム版写真集。『元寇』（掛軸・グラビア版）の題字「元寇」と、『元寇』（奥付なし）の「元寇」とは、その文字書体も全く同一である。両者の間には、不可分の関係があった。即ち、『元寇』（掛軸・グラビア版）を、単行本化したものが、『元寇』（奥付なし）で、明治四十年（一九〇七年）の出版と見てよい。編者は長谷川安民か。また発行元は長谷川規一郎であろうか。

○湯地丈雄『元寇画帖――護国記念精神教育――』（皇典研究所・國學院大学出版部、一九〇九年）

○湯地富雄『録音秘話　前畑ガンバレと私』（一九九六年）〈湯地家家史、非売品〉

○湯地丈雄『精神教育対外軍歌』（護国堂、一八九三年）

○湯地丈雄・高橋熊太郎『少年世界　元寇』（学友館、一八九一年）

○湯地丈雄・高橋熊太郎・鵜飼兵太郎『日本と蒙古の対戦　元寇』（湯地丈雄、一八九三年）。この書物と前掲の『少年世界　元寇』とは、表紙の題名は、異なっているが、その書かれている内容は、全く同一である。『少年世界　元寇』の方が、『日本と蒙古の対戦　元寇』よりも、発行年が先になっており、前者の表紙のみを付け換えて、後者が再度出版された。

○湯地丈雄「元寇紀念碑建設募集広告」（『東雲新聞』、明治二十二年（一八八九）二月九日付附録）。新聞の附録であり、一枚単独の広告となっている。

○靖国神社遊就館蔵『大油絵』――パノラマ画・テンペラ画――十一枚の原画（カラー写真）。平成四年四月一日「靖国神社と近代美術のあけぼの」展で撮影された。

○湯地丈雄『国民教育元寇画――元寇歴史紀念大画写真版――』（湯地丈雄、一八九七年）

○湯地丈雄『国民教育元寇油絵大幅製作序言』（広告ビラ）表裏に印刷（一八九六年一月三十日、湯地丈雄製作して、新愛知印刷にて印刷す）。

ビラの表には、十四枚の大油絵――パノラマ画・テンペラ画――についての解説を載せている。その裏面には、「軍歌」として、元寇関係の軍歌のいくつかを載せている。その歌詞は勿論載っており、歌曲は当時の音譜表記法たる、数字を用いての記譜――数字譜――が記されている。

○湯地丈雄『孫みやげ――日本無双紀念碑咄し――』（福岡元寇紀念建設事務所、一八八九年）

○湯地丈雄『元寇夜語り』（湯地丈雄、一八九三年）

○湯地丈雄『精神教育　元寇反撃　歴史画光栄録』（湯地丈雄、一九一二年）

○湯地丈雄『懸題優等作文抄録――護国之光――』（湯地丈雄、一八九一年）

○福岡市博物館蔵『蒙古襲来物語』（十一枚構成の絵ハガキ）。特別許可を得て、現物を実見調査。「単色印刷・紙十一枚昭和初期。九・一×十四・一㎝」（『よみがえる明治絵画――修復された矢田一嘯「蒙古襲来」――』（八〇頁）とある。写真での紹介は、同書（四八―四九頁）にある。この絵ハガキの製作者や発行元は不明。

○野上伝蔵『湯地署長――元寇紀念碑の由来――』（福岡県警友会、一九五九年）（第二刷　牟田敏雄、一九九五年）

○安場保吉『安場保和伝――一八三五～九九　豪傑・無私の政治家――』（藤原書店、二〇〇六年）

○井上精三『博多郷土史事典』（葦書房、一九八七年）

○小中村義象『少年之宝筑紫のあた波――一名元寇始末――』（大倉書店、一八九〇年）

○紫山居士・中洲居士『元寇反撃　護国美談』（青湖堂、一八九一年）湯地丈雄の著作と見てよい。

○紫山居士・中洲居士『増補　元寇反撃　護国美談』（護国堂、一八九六年）

○山田安栄『伏敵編』（吉川弘文館、一八九一年）

○鈴村譲『元寇画鑑』（東洋堂支店、一八九七年）

○日本テレビ『蒙古襲来七〇〇年――海底に甦る日本侵攻の謎――』〈ドキュメントシリーズ12〉（同社、一九八一年）

○吉岡完祐『元寇』（元寇史料館パンフレット）（元寇史料館、一九九四年）

○柳田純孝（文）、西園礼三（写真）『元寇と博多――写真で読む蒙古襲来――』（西日本新聞社、二〇〇一年）

○陸上自衛隊第四師団司令部『元寇――本土防衛戦史――』（同司令部、一九六三年）〈非売品〉

○熊本県教育委員会文化課『竹崎城』〈熊本県文化財報告書17〉（同会同課、一九七五年）

○堀内敬三『定本日本の軍歌』（実業之日本社、一九六九年）

○鷲尾義直『国難と時宗』（牧書房、一九四一年）

○青木矮堂「元寇狂と呼ばれたる故湯地丈雄翁」（『海之世界』、第二〇巻八号、日本海員掖済会、一九二六年）
○筑紫豊『元寇危言』（福岡郷土文化業書1）（積文館、一九七二年）
○松尾郡平『元寇演説筆記』（栗原書房、一八九四年）
○山中立木『元寇歌』（発行所不明、一九二八年）
○広田哲堂『竹崎季長公と元寇の国難』（長崎次郎書店発売、一九三〇年）
○火野葦平「パノラマ世界」（『小説新潮』、一九五五年四月号、新潮社）
○鈴木隆『時宗新論』（高千穂書房、一九四四年）
○原田種夫『佐野前励上人』（鎮西身延山本仏寺日菅上人報恩会、一九六六年）
○名越二荒之助「国難（蒙古襲来）を描いた大パノラマ画――ベトナム、インドネシアと日本の場合を対比して、〝成熟した国家〟とは何かを考える――」（『民族戦線』、第五五号、民族戦線社、一九九二年十月）
○東奥日報社『東奥日報』（同社、青森）
○福陵新報社『福陵新報』（同社、福岡）
○福岡日日新聞社『福岡日日新聞』（同社、福岡）
○九州日報社『九州日報』（同社、福岡県）
○読売新聞社『読売新聞』（同社、東京）（西部本社、福岡）
○安岡昭男『日本近代史』増補新版（芸林書房、一九九七年）
○田中智学「日菅上人頌徳碑」福岡市東公園にある、元寇記念日蓮上人銅像の傍に立つ碑。
○東雲新聞社『東雲新聞』（同社、大阪）
○明治ニュース事典編纂委員会編『明治ニュース事典』、第三巻（毎日コミュニケーションズ、一九八四年）
○明治ニュース事典編纂委員会編『明治ニュース事典』、第四巻（毎日コミュニケーションズ、一九八四年）
○国史大辞典編集委員会編『国史大辞典』第七巻（吉川弘文館、一九八六年）
○博多を語る会「偉大なる洋画家――矢田一嘯画伯の生涯《元寇記念碑建設陰の協力者》――」（『博多資料』、第九輯、同会、一九五七年）（謄写版印刷）
○仲村久慈『湯地丈雄』（牧書房、一九四三年）
○鎮西身延山本仏寺『文化財――元寇絵ハガキ、福岡県浮羽町――』（同寺）。矢田一嘯が描いた、現在の福岡県うきは市浮羽町本仏寺所蔵の十四枚の大油絵――各百号の大きさ――。それをカラーの絵ハガキにしたもの。
○元寇史料館『日蓮聖人銅像』（同史料館）日蓮聖人銅像護持教会監修による十二枚の絵ハガキ。
○八巻明彦『軍歌歳時記』（ヒューマン・ドキュメント社、一九八六年）
○八巻明彦「『元寇』の歌と日清戦争」（『歴史と人物』、通巻第七八号、中央公論社、一九七八年二月）
○湯地丈雄『忠勇遺芳』（護国堂、一八九九年）
○西本匡伸『よみがえる明治絵画――修復された矢田一嘯「蒙古襲来絵画」――』（福岡県立美術館、二〇〇五年）
○太田弘毅「湯地丈雄の護国教育――蒙古襲来史を通しての啓蒙運動――」（『藝林』、第五三巻第一号、藝林会、二〇〇四年四月）
○太田弘毅「湯地丈雄著『元寇画帖について――外国人にも蒙古襲来を知らしめた書物――」（『政治経済史学』、第三四四号、政治経済史学会、一九九五年二月）
○太田弘毅「明治期の元寇回顧運動――湯地丈雄の著作を中心に――」　於東北女子大学、同大学公開講座、一九九六年七月二十八日（日）会場配布のレデュメ
○太田弘毅「湯地丈雄の元寇撃退再評価運動――護国精神高揚のための三著作――」（『松浦党研究』、第二〇号、松浦党研究連合会、芸文堂、一九九七年六月）
○太田弘毅「元寇画鑑と大パノラマ画――視覚を通しての護国運動――」（『松浦党研究』、第二二号、松浦党研究連合会、芸文堂、一九九九年六月）
○中上史行『壱岐の風土と歴史』（中上史行、一九九五年）
○名越二荒之助「元寇（蒙古襲来）を描いた大絵巻――現代日本に『成熟した国家意識』の再興を訴える――」（『日本及日本人』、通巻第一六四一号、J&Jコーポレーション、二〇〇一年八月）
○神谷後司「復権！北条時宗――聖旨に添い奉った湯地丈雄の熱誠――」（『日本及日本人』、通巻第一六四一号、J&Jコーポレーション、二〇〇一年八月）
○玄洋社記念館「今年・建立から一〇〇周年――福岡市・東公園の亀山上皇銅像――」（『玄洋』館報、第八七号、同社、二〇〇四年一月）
○中村光二「警察余聞――亀山上皇の銅像――」（『月刊はかた』、第三〇号、福岡名店百選会、一九九一年五月）
○牟田敏雄「建立一〇〇周年を迎えた亀山上皇銅像――山崎朝雲作の福岡県指定有形文化財――」（『ふるさとの自然と歴史』、第三〇〇号、歴史と自然をまもる会、二〇〇四年九月）

○元寇紀念碑建設事務所・同東北事務所『元寇紀念碑建設広告』（同所、発行年月日なし、実物ビラ）
○木下直之「靖国神社に眠っていた巨大油絵」（『芸術新潮』、第四三巻第五号、新潮社、一九九二年五月）
○撮影者不明「矢田一嘯の肖像写真」（撮影時不明、西日本新聞社）〈キャビネ版一葉〉
○石井研堂『増補改訂　明治事物起源』上、〈明治文化研究会編　明治文化全集別巻〉（日本評論社、一九六九年）
○日本近代教育史事典編集委員会編『日本近代教育史事典』（平凡社、一九七一年）

あとがき

本書を、編著者が編纂・上梓するに至った、直接の動機となったのは、次の書物の存在によってである。川添昭二先生の著作『蒙古襲来研究史論』（雄山閣、一九七七年）が、それである。この本は、その題名のように、「蒙古襲来」——元寇役——の研究史を、集大成した書物なのである。この中の一章に、「明治時代における蒙古襲来研究」がある。そこで、「元寇紀念碑建設首唱」——「元寇紀念首唱」とも称す——者の湯地丈雄や、これを助けた画家矢田一嘯という人々による、元寇紀念碑建設運動を詳細に語っている。さらに、彼等によってなされた、元寇紀念碑建設運動が、とりもなおさず、一大国民運動——護国運動——にまで、発展した経緯についても、詳細に記述している。したがって、この『蒙古襲来研究史論』は、本書を編纂した編著者にとっては、本書のテーマにおける史料収集や研究の出発点となっている。学問的恩恵を受けていることは、計りしれない。

湯地丈雄が、執筆し製作し発刊した単行本小冊子・広告ビラは、点数としてはきわめて多い。しかし、その何点かを除いて、ほとんどが、「元寇紀念碑建設首唱　湯地丈雄」「元寇紀念首唱　湯地丈雄」名で自費出版のような形で、上梓されている。したがって、現存するものが少ない。ましてや、広告宣伝用のビラや、パンフレット等も印刷され、配布されたらしいのだが、残っているものは殆どない。

本書の編著者は、前掲の『蒙古襲来研究史論』の巻末にある「文献目録」を頼りに、関係する史料の収集に乗り出した。国立国会図書館を始め、各大学図書館を訪れて、元寇紀念碑建設運動や、それに伴う護国運動関係文書の入手に努めた。また、東京神田で開催される古書市に顔を出したり、地方の古書店からの通信販売目録を利用し、「文献目録」にも、その名が見えない珍しい本も購入した。したがって言わば、稀覯本の部類に入る、若干の本の内容をも、本書に収め得たのである。

本書には、編著者による、言わば足で歩いて収集した、元寇紀念碑建設運動と護国運動の史料が、多く収録されている。かくして、本書は、元寇役研究史において、史料集としての役割を、大きく担うことができる。それゆえ、本書を出版物として世に送り出す、意義は十分にあると信ずる。また、本書は、湯地丈雄やこれを助けた矢田一嘯による、元寇紀念碑建設運動と、それに伴う護国運動の再評価に連結する、契機となり得るものとも、自負し確信している。

なお、湯地丈雄の子孫であられる、湯地節子氏からも、いくつかの史料を含む、家史の提供及び引用の許可を受けた。また、本書に収載している、矢田一嘯描くところの、十四枚の大油絵――パノラマ画・テンペラ画――の原画、現存するのは十一枚だが、その現所蔵者靖国神社は、亡失した三枚を含めて、本書に転載――『元寇』（奥付なしの写真集）を介した形であるが――することを、快諾許可された。さらに、福岡県うきは市の本仏寺からは、同寺が所蔵する大油絵（百号）十四枚の『元寇絵ハガキ』や、幻灯史料の提供を、福岡市にある西日本新聞社からは、矢田一嘯の肖像写真の転載許可を受けた。その他、福岡市にある、湯地丈雄顕彰会の牟田敏雄代表にも、いくつかの史料提供を受けている。以上の方々が史料提供、あるいは転載許可という形で、本書の作成・発行に、御協力下さった。これは、まさしく『元寇役の回顧――紀念碑建設史料――』公刊の意義を、理解して下さったからにほかならない。各位に対し、ここに感謝の意を表する。

最後になったが、本書の出版について御尽力下さった、錦正社の中藤政文社長に、厚く御礼申し上げる。

平成二十一年九月吉日

編著者　太田弘毅

ら

か

さ

た

ま

や

ら

わ

人 名 索 引
(氏族名を含む)

あ

た

な

は

か

さ

し

な

は

ま

や

ら

地　名　索　引
（国・王朝名を含む）

あ

ま

や

文　献　索　引
（書名・論文・雑誌名を含む）

あ

か

索　　引

──►：矢印の右側の項目を見よ

事　項　索　引
（事件・戦争・特定の年代・施設を含む）

編著者略歴

太田　弘毅（おおた　こうき）

著者略歴

昭和14年　仙台市生まれ
昭和38年　早稲田大学第一文学部東洋史専修卒業
昭和40年　同大学大学院文学研究科東洋史（修士課程修了）
同　　年　海上自衛隊第一術科学校教官（普通学としての歴史担当）
平成３年　東北女子短期大学教授（歴史学担当）
平成４年　東北女子大学教授（歴史学・アジア史概説担当）
平成17年　同校を定年退職、現在に至る

学会

軍事史学会理事
松浦党研究連合会学術顧問

主著

『蒙古襲来——その軍事史的研究——』（〈錦正社史学叢書〉、錦正社、平成九年一月）

元寇役の回顧——紀念碑建設史料——

平成二十一年十一月　一日　印刷
平成二十一年十一月十八日　発行

※定価はカバー等に表示してあります。

著　者　太田　弘毅
出版者　中藤　政文

発行所　錦　正　社
〒一六二—〇〇四一
東京都新宿区早稲田鶴巻町五四四—六
電　話　〇三（五二六一）二八九一
ＦＡＸ　〇三（五二六一）二八九二
ＵＲＬ　http://www.kinseisha.jp/

印　刷　㈱平河工業社
製　本　㈱ブロケード

ISBN978-4-7646-0330-1